KB023127

워낭소리,
인생 삼모작의 이야기

생태, 유기농, 사람이 상생하는
공동체 세상을 꿈꾸며

워낭소리, 인생 삼모작의 이야기

— 생태, 유기농, 사람이 상생하는 공동체 세상을 꿈꾸며

지은이 | 김성훈
초판 1쇄 발행 | 2014년 2월 21일

펴낸곳 | 도서출판 따비
펴낸이 | 박성경
편　집 | 신수진, 이정규
디자인 | 이수정

출판등록 | 2009년 5월 4일 제313-2010-256호
주소 | 서울시 마포구 동교로 17안길 11(서교동) 1층
전화 | 02-326-3897
팩스 | 02-337-3897
메일 | tabibooks@hotmail.com
인쇄 · 제본 | 영신사

ISBN 978-89-98439-07-1 03300

값 16,000원

워낭소리, 인생 삼모작의 이야기

생태, 유기농, 사람이 상생하는 공동체 세상을 꿈꾸며

김성훈 지음

어둠이 깊을수록 별은 더욱 빛난다

⋮

공직을 떠난 후 지난 5년 동안 오히려 동분서주, 무사분주 더욱 바빠진 세월이었다. 어디서건 농민, 소비자, 학생들이 부르면 흔쾌히 찾아가 생각을 나누고 사연을 들었다. 풀뿌리 민초들과 함께 기뻐하기도 했고 슬퍼하기도 했다. 때로는 울분을 대신 토로하기도 하였다.

시민사회, 유기농·환경 운동단체들의 부름이 있으면 사양하지 않고 기꺼이 동참하였다. 내셔널트러스트, 환경정의, 정농회, 기후변화센터, 국민TV, 꿈보따리 정책연구원 그리고 다시 경실련. 모두 무보수 명예직의 조건이었다. 나이 칠십 줄에 들어서서까지 정규직으로 급여를 받는 공인(公人)의 자리일랑은 한사코 사양하였다. 후진들에게 나아갈 길을 내주지는 못할망정 그 자리를 염치없이 차지하여 공금을 축낸다는 것은 왠지 주책이 없어 보였다. 이젠 가진 것들을 사회에 되갚으며 풀뿌리 민초들의 애환을 위로해주고 대변할 나이가 아니던가.

부당한 사회비리와 불의를 보면 피하지 않고 앞장서서 준엄히 꾸짖고 나무라기도 하였다. 높은 자리, 좋은 곳에 계시는 기득권 당사자들에게는 이러한 삶의 방식이 몹시 거슬렸던 모양이다. 재야 시민·농민·환경 운동의 한가운데 박혀 낮은 자들의 대변인 역을 자임하며, 공개적으로 정부 정책을 규탄하고 대안을 거리낌 없이 제시하는 나를 지목하여 이리저리 조이며 구박해오기 시작하였다. 특히 대통령이 두 번이나 사과한, 30개월령 이상 광우병 의심 미국산 쇠고기와 위험부위(SRM)까지 완전 수입개방한 데 따른 촛불시위 사태 때라든지, 편향적인 한·미 FTA 협상을 졸속으로 처리했을 때, 그리고 무모한 4대강, 대운하 사업들을 얼렁뚱땅 추진하였을 때 극렬히 반대하는 시민운동 단체의 장(長) 역할을 맡은 것이 유죄였다.

맨 먼저, 한 극우보수 신문이 총대를 들었다. 나를 비롯해 몇몇 시민운동가를 인격적으로 파탄 내는 기사를 써내어 대통령으로부터 칭찬과 감사의 전화를 받았다고 한다. 그리고 그 후 종편TV 허가를 받아냈다. 자유인들의 인권을 짓이기고 거둔 논공행상이 아니길 바랄 뿐이다. 연이어서, 정부의 행·재정적 지원을 받는 준정부기관들의 자문역 자리에서도 상부의 뜻이라며 쫓겨나는 수모를 당해야 했다. 전화가 도청되고 금융계좌가 추적 조사되기도 했다.

가장 견디기 어렵고 안타까운 일은 내가 4년간 머물렀던 직전의 직장이 경찰, 검찰, 교육부, 감사원으로부터 차례로 특별조사 또는 감사를 당한 것이다. 그때마다 물어보고 조사하는 사항은 총장이었던 필자의 비위 사실 여부였다. 얼마 후 대한민국 국무총리실 공직윤리지원관실의 민간인 불법사찰 사건이 세상에 폭로되었다. "BH(Blue House, 청와대) 하명"의 피조사자 명단 첫 번째에 오른 필자의 이름과 조사·보고 사항이 파일을 통해 공개되었다. 이명박 전 대통령께는 참으로 미안스럽게도, 나에게서 비리나 횡령 등 공직자로서의 품위를 훼손한 어떠한 행위도 드러나지 않았다. 이명박 전 대통령과 나는 평소 모르는 사이도 아닌데 이렇게 핍박을 가하다니. 이제 나나 그분이나 초야에 돌아와 있으니, 언젠가 다시 한 번 만날 날이 있을 것이다. 그러면 "그때 약점을 안 잡혀서 죄송하다"고 도리어 내가 먼저 사과를 해야 할 것 같다.

환경 생태계를 보전하고 농업과 자연을 살리며, 사람 그것도 착하디착한 우리의 영원한 풀뿌리 민초들을 살리라는 봉화 산골 어느 일소(役牛)의 '워낭소리'는 오늘날 모든 소가 고기소(肉牛)로 키워지는 세태에서 일견 사라진 듯 보인다. 하지만, 억압받고 푸대접받는 서러운 백성들의 가슴마다에는 아직도 워낭이 걸려 있다고 생각한다. 해와 달이 거듭할수록 개방론자들의 부귀영화가 쌓여가는 곳에 농어민, 노동자, 서민들의 워낭소리가 울리고 있다. 개발론자들의 흥청망청 돈놀이 뒤켠에는 갈 곳을 잃고 헤매는 노숙자, 부랑아 그리고 이농 행렬이 뒤따른다. 개방론자와 개발론자들의 돈더미 거래의 현장에는 넝마주이 같은 일부 관료와 정치인들, '찌라시'를 닮은 일부 언론사 주구들 그리고 앵무새 같은 어용

학자들이 희희덕거리며 떡고물을 나눠 갖는다. 그들에게 민초들의 워낭소리는 들리지 않는다. 그들만의 천국이 나락(지옥)으로 떨어지는 날, 아무리 후회해도 소용없을 워낭소리만이 처량히 울릴지 모른다.

"농사를 포기하라! 농촌을 떠나라!" 노랫소리 드높은 곳에 언젠가 하늘의 저주와 응징의 북소리가 쿵쿵 울려퍼질 날이 찾아올까 두렵기만 하다. "할배, 소 팔아, 소를 팔아!"라고 외치는 봉화 할머니의 울부짖는 소리가 안타깝기만 하다. 하늘이 '가엾다' 하며 노부부를 끌어안고 축복을 내리실 날이 찾아온다면 얼마나 좋을까. 그러니 제발 노동자, 농민, 서민을 울리지 말라. 짓밟지 말라. 행여 성난 민초들의 원성이 하늘을 뚫고 천광에 메아리 칠 때 민심(民心)이 천심(天心)이 돼 지상으로, 큰 재앙으로 되돌아올지 누가 아느냐. 그러니 제발 순진무구한 민초들에게 그 못된 망나니 같은 신자유주의 방망이를 휘둘지 말라. 그놈의 '효율, 이윤, 경쟁력, 국익, 그리고 개발'이라는 말들을 함부로 내뱉지 말라. 그만큼 먹었고 그만큼 했으면 숨이나 좀 쉬다 가자꾸나.

우리 세대에게 주어진 '시대정신'은 사람들이 대자연과 공존공생하면서 골고루 잘사는 영생의 지속 가능한 공동체사회 건설이어야 한다. 1퍼센트를 위한 승자독식의 체제가 아니라, 만인을 위해 만인이 공생공영하는 협동사회여야 한다. 땅도 살고 하늘도 살고 사람도 함께 살리는, 생명체 간의 균형과 조화를 이루는 생명농업의 길이어야 한다. 태어날 때부터 부와 지위가 천양지차인 차별의 사회가 아니라, 서로 간에 의지하고 상부상조하는 균형사회여야 한다. 그것은 우리 인류가 끊임없이 추구해야 할, 포기할 수 없는 영원한 이상이며 가치이다.

40여 년 교수로서의 일모작 생각들이 평론집 《쌀의 정치경제론》(시인사, 1984)에 담겼다면, 9년여 공인으로서의 이모작은 첫 칼럼집 《더 먹고 싶을 때 그만두거라》(한국농어민신문사, 2009)에 실었다. 이제 시민·농민·환경 운동가로서의 인생 삼모작은 이 책 《워낭소리, 인생 삼모작의 이야기》로 대신하고 싶다. 비록 누추하고 모자라지만, 앞으로도 가진 바 재능과 경험과 열정을 다 쏟아 이 세상 끝날 때까지 워낭소리의 볼륨 키우기에 정진할 생각이다. 비록 이 세상에서는 노인도 청년도 안녕하지 못하지만, 고통도 시련도 다 지나간다. 그리고 지구는 여전히 아름답고 민초들은 여전히 착하다. 어둠이 깊을수록 별은 더욱 빛난다.

이 책은 도서출판 따비의 박성경 대표와 신수진 편집장이 출판을 먼저 제안하였고, 필자는 졸고임을 무릅쓰고 동의하여 출간을 결정하였다. 여기에 실린 칼럼들은 그동안 정기적으로 한국농어민신문과 인터넷신문 프레시안에 발표했던 글들과 여러 언론 매체에 실렸던 칼럼을 편집자가 선택하여 수정 없이 엮었음을 알려드린다. 또한 각 부의 마지막 글과 5부의 글들은 여러 매체에서 나에 대해 다룬 것으로, 내가 살아온 삶과 나의 생각을 가감 없이 보여주는 글들로 가려 뽑았다.

이 기회에 한국농어민신문사의 윤주이 사장, 이상길 편집국장,

김선아 부장 그리고 프레시안의 박인규 대표에게 감사드린다.

마지막으로, 나의 연구 및 집필 활동과 유기농·환경·시민단체 활동 그리고 가정생활을 헌신적인 봉사로써 지탱해준 나의 아내 박인아에게 이 책을 드린다.

2014년 2월

農薰 김성훈

차례

2부 • 오고 또 올 후손들을 위한 농업

3부 • 민초(民草) 편에서 살기, 참 어렵네요

4부 • 인생살이는 가볍게, 먹을거리는 바르게

5부 • 續 나의 삶, 나의 생각

농촌·농민은 국정의 실험 대상이 아니라 섬김과 돌봄의 대상이다. 이 땅에 생명을 낳고 생명과 환경 생태계, 문화 전통을 지키고 가꾸는 다원적 공익 기능의 집합체이기 때문이다. 이것은 이미 고 박정희 대통령이 애써 지키고 가꾸려던 자조·자립·협동의 상생정신에 담긴 개념이다. 농업이 가진 환경, 생태, 문화 전통, 지역사회 공동체, 도농상생 등 다양한 공익적 기능을 감안하여, 박근혜 정부의 농정은 시야를 보다 넓고 길게 가져야 한다. 그리고 미국, 브라질만 쳐다보지 말고, 우리나라와 농업 조건이 유사한 독일, 스웨덴, 스위스, 오스트리아 등 유럽 국가들을 더 공부하고 참고하여 농정을 본래의 자리인 '국민농업'으로 돌려놓아야 한다.

1부

•

다 지나간다

다
지나간다

⋮

세상의 모든 사물은 다 지나간다. 생각도, 사상도, 주의주장도 다 변하게 마련이다. 영원히 변하지 않는 진리가 있다면 그것은 '모든 것이 변한다'라는 것뿐이다. 생명이 붙어 있는 모든 생물은 아무리 크고 높고 세다고 해도 다 지나가게 마련이다.

사람도 마찬가지다. 영원히 활개를 칠 것같이 막강한 권력을 휘두르던 왕후장상도, 산더미 같은 금은보화를 쌓아올린 천하의 갑부도 다 지나간다. 그래서 장자가 일찍이 말했고 이태백이 노래했다. "천지(天地, 세상)는 만물의 역려(逆旅, 주막)이요, 광음(光陰, 세월)은 백세의 과객(過客, 손님)이다. 부생(浮生, 뜬구름 같은 인생)은 꿈과 같도다"라고.

동화 속의 이야기이지만, 옛날 어느 임금은 특별한 신하를 두었는데 그의 임무는 임금이 깨어날 때와 잠자리에 들 때마다 "임금님께서는 죽습니다"라고 크게 외치는 것이었다. 죽음은 누구든 무엇으로도 막을 수 없음을 하루 두 번씩 일깨우는 역할이 그의 임무이었다. 그 임금은 태평성대를 이루고 성군으로 추앙되었다. 오늘날 임기제인 민주주의 정치체제하에서는 이 같은 특별한 임무를 띤 신하를 둘 필요는 없다. 그러나 누군가 최고 통치권자에게 매일 아침, "○○○ 님, 임기는 몇 년 몇 개월 며칠이 남았습니다"라고 고하도록 할 일이다. 그래야 시쳇말로 '있을 때 잘하여' 그만두었을 때 무사할 것이 아닌가!

새해를 맞이하는 마음

충북 민예총 이철수 회장과 문화예술인들은 기축년(2009) 설날 아침 조령산에 올라 고천문(告天文)을 바치었다. "오늘 우리는 천하의 과객으로 여기 서 있다. …… 고락의 바뀜이 아침이슬 같고, 겨울 북풍설한이 길지 않음이 세상의 이치라는 것을 우리는 안다. 새해 새 세상에는 더러움과 헛된 집착과 간교함과 무지함과 비열함과 탐욕과 패권의 제국(帝國)을 북풍이 쓸어가버리고 진실과 사랑과 평등과 믿음과 착함과 다정다감함과 평화의 아름다움이 저 눈밭처럼 찬란하기를 빌고 빈다. …… 분단 조국을 애처러워하는 만큼 통일을 위한 진심의 원력(願力)을 세워서, 새해의 제단에 바치노라. 신자유주의 망령이 자유무역협정(FTA)으로 횡행하는 이 천지의 사악한 기운을 조령산맥의 정기로 물리치리라. 놀치는 역사의 무대 위에서 난무하는 세계무역기구(WTO)의 험악한 세상에서도 따스한 인정과 가슴 일렁이는 예술로 이 한해 역시 광영이 가득하리라."

한 해를 보내고 새해를 맞이함에 있어서 지위고하나 나이, 직업에 관계없이 누구나 자기 나름의 감회가 있고 각오와 결의를 새로이 다듬는다. 모르긴 해도 대한민국의 민초들은 지금 이 순간 한반도에 또다시 민족상잔의 피비린내가 없고 평화가 깃들기만을 마음속으로 빌고 또 빌고 있을 것이다. 서해안에서 비명에 간 젊은 영혼들이 안식처를 찾지 못해 구천에 떠돌고 있지 않을까 걱정한다. 농사를 천직으로 삼고 생명산업 분야에 종사해온 농업인들에게 지난 한 해는 참으로 서글프고 좌절된 시간이 길고 길었다. 폭풍이 몰아치듯 무관세의 FTA들이 연달아 체결되고 외국 농산물이 홍수처럼 밀려드는데, 쥐꼬리만 한 논농업 직불금마저 도시 공직자와 땅 투기꾼들에게 가로채이고 쌀값은 폭락하고 배추, 무 등 여름 채소는 죄다 비가 쓸어갔으며 군과 통치자들이 포격연습에 올인하고 있는 사이 구제역이 전국에 창궐, 52여 만 마리의 생축을 동토에 묻어야 했다. 살길이 막막한 농민들이 부지기수다. 노동자들의 삶 역시 팍팍하고 불안정하기 이루 말할 수 없다. 삶과 일터에서 생명의 끈을 놓은 민초들의 비참함이야 필설로 달랠 길 없다.

그런데도 전국 방방곡곡은 무슨 개발, 무슨 살리기 사업의 불도저 소리와 삽질로 산과 하천이 잘려나가고 논밭이 뒤엎어지고 있다. 자연산천 살리기인지 죽이기인지 분간하지 못할 대규모 개발 계획들이 요란하게 5,000년 민족의 생명줄 곳간을 시나브로 절단 내고 있다. 이상기후로 지구촌이 바야흐로 2~3년 빈도의 애그플레이션(Agflation, 농산물 가격 주도의 물가상승) 현상으로 식량위기가 고조되고 있는데, 우리나라의 식량 자급률이 세계 최하위인 26퍼센트로 떨어져도 아무도 경각심을 보이지 않는다. 결식아동, 노약자, 농민, 노동자, 중소 상공인 등 약한 사람을 위한 정책은 보이지 않고 비즈니스 프랜들리 신자유주의 깃발만 요란하게 나부낄 뿐이다. 아둔한 머리로 아무리 생각해봐도 도통 이해할 수 없는 정책들과 사업들이 하마처럼 국민세금을 퍼삼키며 전개되고 있다. 아, 자기들만 잘 먹고 잘살면 무슨 재미이던가?

서로의 체온으로 몸을 데우고

사람은 본디 자연의 일부이다. 잘나고 힘세고 많이 가진 사람들이 과학기술과 상업적 셈법을 교묘히 써서 자연을 강제로 정복하고 자신의 명리(名利)만 추구한다면 말 못하는 자연은 참고만 견딜 것인가. 지금 이 순간 과도한 도시 산업개발과 막개발 난개발들로 자연의 보복, 하늘의 재앙을 불러들이고 있지 않은가. 세계 으뜸의 환경오염, 생태계의 불균형, 동식물의 멸종, 수자원의 오염, 거기에 전쟁위험까지, 이 모두가 생명과 자연을 경시하는 우리 현대 정치 문명의 부정적인 후과들이다. 생명을 천시하고 환경 생태계를 방기하는 그런 사회는 장차 자연의 보복에 시달릴 것이고 그런 정권, 그런 지도자는 결국 국민을 사지로 몰아넣는 죄악을 범하게 된다. 최소한 쓸모없는 짓을 하지 않는 것이 자연과 생명을 파괴하는 일방적 개발주의, 맹목적 자유무역주의보다 훨씬 더 낫다.

지난해 세상을 떠난, 현대 중국인의 구원(久遠)의 정신지도자 지셴린(季羨林) 전 베이징대 부총장은 아흔일곱이 되던 해에 수필집을 내놓아 전세계 지성인들을 감동시켰다. 이름 하여 《다 지나간다》(허유영 옮김, 추수밭, 2008)이다. 무릇 "천지란 만물이 잠시 쉬었다 가는 곳이고, 세월이란 끝없이 뒤를 이어 지나가는 나그네와 같다." 유수같이 흐르는 세월이 서글펐지만, 곰곰 생각해보니 장자의 말처럼 나쁜 것들도 다 그러할 것 같아 애달프거나 슬퍼하지 않는다.

사람들이, 아니 우리나라 정치·경제·사회 지도층들이 새해부터 서라도 조금 더 고상하게, 조금 덜 거칠게, 또 조금 더 부드럽게, 조금 덜 데면데면하게 살았으면 한다. 비록 힘없고 노쇠한 민초이지만 지셴린 선생으로부터 배운 덕담으로 올해 마지막 송구영신을 갈무리하고 싶다.

가고 싶지 않은 길이지만 가야만 하고, 하고 싶지 않은 일을 하여야만 한다면, 울고 버티고 저항해봐야 탐욕에 눈이 어둔 그들이 꿈쩍이나 할까. 차라리 웃으며 빨리 지나가도록 바라는 것이 천리(天理)가 아니던가! 민초들의 삶에 혹독한 겨울이 깊어질수록 부디 얼어 죽지 말고, 따뜻한 봄이 찾아올 때까지는 고슴도치들처럼 서로의 체온으로 몸을 데우고 시래기로라도 어떻게든 이 겨울을 넘기고 볼 일이다. 만사가 "다 지나간다"지 않던가!

| 프레시안 2010년 12월 31일 |

차라리 나를 처벌해달라

지난해(2008) 연말 국무총리실로부터 내려온 지시에 따라 최근 농림수산식품부가 2004년 '쌀 소득 보전 직불제'를 설계한 당시 김모 과장과 최모 사무관을 직위해제하고 징계위원회에 회부했다고 한다.

이런 우스꽝스러운 조치가 제발 사실이 아니길 바라는 사람이 비단 나뿐만이 아닐 것이다. 정책 실패 결과에 대하여 단 한 번도 제대로 책임을 물은 적이 없던 이 정부가, 이미 국가공무원법상 징계 시효가 훨씬 지난 쌀 직불금 사안에 대하여만 눈을 부릅뜨고 짐짓 화난 체하는 데는 딴 이유가 있는 것 같다. 아무튼 쓴웃음이 절로 나온다. 마치 한여름 밤 열대야 현상 때문에 잠을 못 이룬 나랏님께서 모기님을 보고 시퍼런 칼을 뽑아 드는(見蚊拔劍) 것이나 다름없다 하겠다.

징계의 당위성을 논하려면 이 제도가 어떻게 우리나라 농정에 도입됐는지 그 전말과 목적, 성격을 분명히 밝혀야 한다. 쌀 직불금 제도는 1999년 국민의 정부 시절 당시 농림부 장관이 내각에서 도입 필요성을 제기해 채택되었다. 상당한 우여곡절과 심한 진통 끝에 마침내 그해 국무회의 예산 심의 과정에서 2002년부터 실시하겠다는 예산 관계 장관의 약속을 받아낸 것이다.

쌀 직불금 설계자 징계 쓴웃음

1995년 발족한 WTO는 회원국들로 하여금 농산물 가격 보조와 생산비 지원을 하지 않도록 하는 대신 농가 소득을 직접 보상하는 직접지불(direct payment) 제도를 허용하고 있다. 그래서 유럽연합(EU), 미국 등 선진국들은 WTO가 발족하자마자 기다렸다는 듯이 종래의 가격 및 생산비 보조 금액에 더하여 소득 직불 방식으로 농가 지원을 강화하고 나섰다. 심지어 미국 등 일부 국가는 합법이 아닌 방식으로 수출 진흥 금액마저 오히려 늘려 지원하기도 했다. 그리하여 농가 소득 보상 성격의 직불금 제도는 국제규범상 공인된 표준제도로 정착되었다. 그런데 유독 대한민국 정부만이 WTO 의무 이행(가격 및 생산비 보조 중단)은 신속하고 성실히 이행하면서도 권리 행사(직불제 도입)는 차일피일 미뤄왔던 터였다. 그 이유는 뻔했다. WTO를 핑계로 농업 보조 예산을 깡그리 삭감할 수 있게 된 마당에 다시 소득 직불금으로 농업을 지원하고 싶지 않았기 때문이다.

그래서 당시 농림부는 전략상 논 농업 직접지불금 제도를 먼저 주장하기 전에 예산 지원 규모가 훨씬 적은 친환경 농업 지원 직불금 제도를 제안하여 일단 1999년부터 실시하였다. 그다음 본격적으로 논 농업 직불제를 도입하려면 WTO와 예산 당국을 설복할 논리가 필요했다. 그것이 다름 아닌 '논 농업의 공익적 기능'이었다. 최근 창녕·창원에서 열린 람사르 총회에서도 재확인된 논과 습지의 다양한 공익적 기능을 유지하고 나아가서 농약과 비료 등 화학물질의 사용을 줄임으로써 환경 보호와 소비자와 농민의 공익을 배가하자는 것이 쌀 직불 제도를 도입하자는 이유로 제시되었다. 제일 먼저 이 취지에 공감하신 분이 당시 김대중 대통령이었다. 그러니 그토록 반대하던 경제 수석과 예산 및 경제 관계 장관들은 어쩔 수 없이 따를 수밖에 없었다. 단 시행 준비를 위해 1년을 늦춰 2002년부터 실시하게 된 것이다. 다른 나라와는 직불제 품목만 다를 뿐 100퍼센트 WTO 규범에 합치되는 국제표준제도가 되었다.

그러다가 노무현 정부가 들어선 이후 2004년 기왕의 '논 농업 직불제'에 추가하여 쌀 가격의 변동폭을 교정하고자 변동가격 직불제를 보탠 것이 다름 아닌 '쌀 소득 보전 직불제'다. 즉 쌀 소득 보전 직불제는 당초의 논 농업 직불제를 한층 강화해 더욱 알차게 보완한 것이다. 그런데 대선을 치른 후 농지 제도가 급격히 문란해지고 투기성 논 거래가 성행해 직불금을 수령할 대상자가 모호해졌을 뿐만 아니라, 도회지에 사는 불법 농지 소유주들의 편의를 봐주는 조항이 추가되고 양도세 감면 혜택을 누릴 수 있게 되면서 불법 수령자가 양산되었다.

요컨대 불법적인 직불금 수령 행위 발생은 쌀 직불 제도의 모순 때문이라기보다는 투기적 소유를 부추긴 농지 제도의 해이 현상 때문이었다. 더욱이 이 같은 농지 투기자들이 대부분 우리나라의 공직자를 비롯한 사회 지도층과 가진 자들이라는 사실이 중요하다. 그래서인지 지난해 말 국회는 쌀 직불금 불법 수령에 관한 국정조사 특위까지 구성해놓고서도 그들을 옹호하는 여야 간의 정쟁 때문에 불법 수령 공무원의 명단조차 공개하지 못하고 청문회도 개최하지 못했다.

문제의 본질은 농지의 투기화

근본적으로 쌀 직불금 불법 행위를 막으려면 헌법 정신에 따라 농지 제도를 바로잡는 것이 최우선이다. 불법 직불금 수령 행위를 발본색원하는 길은, 문란해진 농지 제도를 선진국형으로 고쳐 공익성이 있는 농지에 대하여서는 철저히 투기적 행위를 근절하는 것이다. 그런데도 굳이 2004년 재개정된 쌀 소득 보전 직불제를 누가 설계했는지 따져 징계하겠다면, 먼저 쌀 직불금 제도를 어느 정부에서 누가 주도하여 관철시켰는지를 물어야 한다. 그것은 1999년 국민의 정부 당시 농림부 장관이었던 바로 이 사람이다.

원인을 제대로 규명하려면 어느 때부터 누가 공직자를 비롯한 투기꾼들이 양산되도록 농지 제도를 풀어주었는지를 따져야 한다. 그러지 않고서 애꿎게 상관 지시에 순응하여 WTO가 허용하는 쌀 소득 보전 직불제를 기안한 공무원들을 문책하려 한다면 어불성설이다. 이렇듯 정부와 국회가 정답을 알면서도 구태여 발뺌을 할 희생양이 필요하다면 차라리 세월을 거슬러 이 제도의 법률적 원조격인 이 사람부터 처벌해야 한다.

다음 달에 두 명의 선량한 공무원을 희생양을 만들고자 열릴 예정인 징계위원회에 감히 부탁한다. 제발 이 사람을 불러 쌀 직불제의 시시비비를 떳떳이 물어달라. 그리고 처벌하고 싶으면 공개적으로 나를 처벌해달라.

| 한국농어민신문 2009년 1월 26일 |

누구를
위한
농협 개혁인가

한꺼번에 죄다 이루려고 하다가 아무것도 제대로 얻지 못하고 좌절하는 낭패가 다름 아닌 성급하고 과도한 개혁의 실패다. 이는 조선 왕조 초기 개혁가 정도전의 말로가 어떠했는지, 또 중종 때의 성리학자 조광조 등 사림들의 개혁 시도가 왜 무산됐는지를 곱씹어보면 쉽사리 알 수 있다. 혁명이 아닌 개혁이 성공하려면, 한 번에 모든 것을 이루려 해서는 안 된다. 가장 중요하고 모두가 공감하는 부분부터 착수하여 단계적으로 개혁해야 한다. 우군을 계속 확보하면서 반대 세력이 커지지 않도록 치밀하게 진행하여야 개혁이 성공한다.

개혁(改革)이란 문자 그대로 가죽을 벗기는 일이다. 가죽을 벗겨가는 과정에서 한꺼번에 죄다 이루려는 과욕이 발생하면 우군은 줄어들고 반군이 늘어난다. 죽은 척 숨을 죽이고 있던 기득권 세력들이 이때다 하여 짐짓 다른 색깔의 반기를 들고 일어나 개혁을 뒤집어버린다. 기득권층의 반동 세력이 강해서가 아니라 개혁 세력의 과욕과 성급함이 개혁 실패의 직접적인 원인인 것이다.

과욕 버리고 치밀해야 개혁 성공

최근의 2단계 농협 개혁 사태를 보고 있으면 과거의 실패사가 되풀이되지 않을까 하는 불길한 예감에 사로잡힌다. 이명박 대통령의 호통 한마디가 발단이 된 농협 개혁은 지배 구조의 경직성 때문에 역대 농협 회장들의 잇단 비리가 발생했다고 진단한 데 있었다. 그렇다면 우선 이것부터 고치고 볼 일이다. 그런 다음에 국민의 정부 시절 못 다한 개혁 과제들을 하나둘 고쳐나가야 할 일이다. 오늘날 농협 구조와 운영만 제대로 개혁했어도 농업·농민 문제의 상당 부분이 해결된다고 믿는 사람들이 많다. 분명한 것은 세계에서 제일 땅값이 비싼 영세 소규모 농업으로는 탐욕투성이의 세계화 개방 체제를 뛰어넘기가 지난하다는 사실이다. 그래서 협동을 통한 규모의 경제성(economy of scale)을 키우기 위해 농협을 개혁하는 것이다.

대표적인 개혁 의제가 비경제적인 중앙회의 비대화와 회장직의 권력화 해소다. 이 밖에도 지지부진한 유통 사업 원인 제거, 단위조합 영세화와 난립 해결, 옥상옥(屋上屋)과 같은 중간 단위 조직 정비, 신용과 경제 사업의 분리 또는 효율화 도모, 그리고 농정 실패와 맞물려 있는 비농민화된 농협 사업 개혁도 풀어야 할 숙제다.

이 모든 문제를 한꺼번에 해결하려는 과욕이 앞설 때 기득권층은 그에 비례하여 반개혁적인 움직임을 눈덩이처럼 키운다.

회장은 자신의 기득권을 포기하고 농협을 개혁하겠다고 공언하고 있음에도, 딴전을 피우는 사람들이 태업하거나 반대의 불을 지핀다. 기십억 원의 농민 돈을 외국계 용역회사에 바치고 얻어낸 용도 불명의 금융개혁보고서의 내용조차 아직 전면적으로 공개하지 않고 있다. 정부 농협개혁위원회에조차 원본 공개를 기피하고 요약 구두 보고만 형식적으로 행하였다고 한다. 이래서야 신·경분리 등 농협 개혁이 제대로 될 리가 없다.

2000년 7월 1일, 당시 대통령 내외가 임석한 1단계 농협 개혁 완수 보고회 때 발표된 2단계 농협 개혁 구상 역시 오리무중이다. 1단계 농협 개혁은 세 개로 분리된 농업·축산·인삼 협동조합의 중앙회 조직을 하나로 대폭 축소·통합하는 데 그쳤지만, 2단계 개혁은 농민 조합원들이 피부로 혜택을 누릴 수 있도록 중앙회 조직을 개편하고 유통 사업을 강화하고 일선 조직을 통합하여 농민 조합원의 실익을 최대로 키워내는 것이어야 한다. 과거 1단계 개혁의 미흡함이 지금의 추가적인 개혁 요구를 불러들였기 때문이다. 그 반성의 토대 위에서 이 정부의 농협 개혁안이 세워졌음에도 지금 개혁 기조가 휘청거리는 것은 무엇 때문인가.

껍데기 버리고 알맹이만 골라야

그것은 개혁 방향과 내용, 그리고 단계별 실천 우선순위에 대한 합의를 구하지 않은 채 모든 것을 한꺼번에 개혁해내려는 과잉 의욕에 자기 이익을 지키려고 사력을 다하는 기득권 세력의 로비가 더해졌기 때문이다. 대통령 말씀 따로, 회장과 임원들의 속셈이 따로, 개혁위 위원들 간의 이해가 따로 있고, 입법의원들의 이해가 따로 있기 때문이다. 게다가 정부를 대표하는 고위관료들의 확고한 의지가 부재하니 우왕좌왕 갈팡질팡할 수밖에 없다. 그 사이에 우군은 차츰 줄어들고 반군은 우후죽순처럼 이곳저곳에서 일어나고 있다. 이번에는 또 누가 국회의사당에서 '배를 째는' 영웅주의적 돌출 행위를 할지 아무도 모른다. 야금야금 FTA다 WTO 개방이다, 가격 폭락이다 하여 농민들은 빚더미에 파묻혀 마냥 신음하고 있는데, 고액의 월급을 받는 협동조합 조직만 비대해져서야 과연 농업이 살아남을 수 있겠는가.

이쯤에서 농협개혁위는 잠시 멈추고 시작점을 되돌아보아야 한다. 가장 근본적이고 기본적인 질문에 자문자답부터 먼저 해야 한다. 누구를 위한 협동조합 개혁인가, 그리고 무엇을 위한 협동조합 개혁이어야 하는가. 사이비 관료, 사이비 농협 간부, 사이비 농민 지도자를 가려서 문제의 소재를 파악해야 한다. 껍데기들을 불어 내버리고 알맹이만 골라내야 한다. 그리고 단계적으로 실천해낼 개혁안을 만들어야 한다. 제발 한꺼번에 모두를 해내려는 과욕을 버리고 존이구동(存異求同)의 슬기를 발휘하기 바란다. 잘못하면 용두사미, 태산명동(太山鳴動)에 출서일필(出鼠一匹) 격이 되지 않을까 걱정스럽다.

| 한국농어민신문 2009년 3월 26일 |

아 어찌할꼬, 쌀이 '웬수'가 되다니

⋮

추수기를 앞둔 시중의 쌀값은 한가위 특수에 아랑곳없이 15년 전과 같은 가마당 12만 원대로 폭락하여 농민 생산자들은 넋을 잃고 있다. 이 같은 기묘한 경제 왜곡 현실에 대한 학자들의 처방은 백가쟁명(百家爭鳴)이고 정부 대책은 문자 그대로 한심하기 그지없다. 모두들 지극히 간단명료한 해법을 눈앞에 두고도 짐짓 모른 체하며 비경제적인 논리와 서로 다른 속셈으로 정공법을 외면하고 있다.

이처럼 사회적 비용(세금)이 훨씬 더 드는 방향으로 시행착오적인 처방을 남발하고 있는 배경이 농업, 그중에서도 쌀농업은 골치만 아프고 재무적 수익성이 없으니 그만 버리고 싶다는 의도가 아니기만을 바란다. 그러나 지금도 이 정권의 핵심에서 살아 준동하는 경제 수뇌부들의 언행, 즉 "앞으론 농업 이야긴 더 이상 하지 말자"라는 태도를 짚어볼 때 속내를 익히 읽을 수 있다. 문제는 천문학적인 비용을 들여 설사 시장에서 몇 십만 톤을 격리한다고 시장가격이 제대로 회복되지도 않으려니와, 항구적으로 수급 불안정 문제가 소멸되지도 않을 것 같다는 점이다. 자칫 쌀 경작 절대농지(논)만을 훼손하는 엄청난 우와 손실이 예상된다. 한편 논의 형상을 파괴하여 딴 용도로 농지를 전용할 경우 일조유사시(一朝有事時)에 원상회복은 거의 불가능하다.

쌀값 폭락 대책, 친환경 유기농 전환

경제협력개발기구(OECD) 회원국 중에 최하위권인 식량 자급률 26.7퍼센트인 나라에서 마치 쌀이 터무니없이 과잉생산되고 있는 것처럼 착각하여 아예 그 생산기반마저 망가뜨릴지 모른다는 위기감이 하늘과 땅을 어둡게 뒤덮고 있다. 21세기에 들어 지구촌은 세계적인 이상기후 현상과 중국, 인도 등 신흥 공업국의 등장으로 농산물 가격이 뛰어올라 애그플레이션이 빈번히 일어나고 식량 수요에 비하여 공급이 부족해지는 현상이 가중되고 있다. 다른 한편 한국의 식량 자급률은 점점 떨어져 식량위기가 국가적 안보를 위협하고 있다.

사실을 직시해보자. 애시당초 지금 남녘땅에 쌀이 남아도는 이유는 수입 때문이다. 전두환 정권 초기 수년간 정치적으로 과다 매입한 쌀 재고량이 해마다 장부상 이월되어온 데서 비롯하다가 2004년 노무현 정권 때 잘못 협상한 WTO 쌀 의무수입 협정 결과 최근까지 매년 30여 만 톤의 외미를 무조건 들여오고 있는 데 기인하는 것이다. 위 두 가지 요인을 제쳐두고 일방적으로 국민의 쌀 소비량이 매년 줄어들고 있는 현상만을 표면적으로 크게 내세우는 것은 올바른 해법 도출을 더욱 더디게 할 뿐이다. 매년 들여오는 의무 수입량과 기타 자유로이 수입하고 있는 주식용 쌀 수입량만큼만 굶주림에 허덕이는 북한과 저개발 국가에 다시 내보내도 당장의 국내 쌀 시장 수급 문제는 안정시킬 수 있다.

그리고 전국의 쌀농사를 단계적으로 친환경 무농약, 유기농법으로 전환하면 소비량 대비 과잉 공급 문제를 자연스레 해결할 수 있다. 친환경 유기농업으로 전환하면, 공급 측면에선 초기 상당 기간 절대생산 수량이 줄어들지만, 소비 측면에선 자연 본연의 온전한 식품(whole food)에 대한 국민적 수요를 증가시킨다. 환경 생태계도 좋아진다. 절대경지 면적도 단 한 뼘 사라지지 않는다. 이렇듯 장기적으로 친환경 유기농업으로 전환해가면 우리나라의 쌀 수급 문제도 안정시키고 환경 생태계 보전과 소비자와 생산자의 잉여가치를 증대시키는 이중, 삼중 효과가 기대된다.

물론 이때 정부의 전방위적 친환경 유기농법 지원 조치가 반드시 뒷받침되어야 한다. 예컨대, 2002년부터 WTO 협정의 규범에 맞추어 세계 최초로 시행되고 있는 논 농업 직불 제도를 강화하면 된다. 즉 쌀농사의 다원적 공익 기능을 살릴 '논의 형상 유지 보전'과 '농약 등 화학물질 사용 감소'를 조건으로 도입해 실시 중인 논 농법 고정 직불제를 친환경 농업 직불제와 병합하여, 친환경 유기 쌀농업 농가에 대한 지원을 배가해주면 된다. 그럴 경우 전통적인 관행 쌀농업이 친환경 무농약 또는 유기농업으로 더욱 신속하게 전환하는 계기가 될 것이다. 거기에 적절한 판로 확보와 유통 대책이 추가된다면 전체 쌀 수급시장은 튼실하게 안정될 것이 확실하다. 그런 면에서 전라남도의 제2차 유기농 발전 5개년 계획은 아주 바람직한 본보기다. 순수 완전한 유기농산물의 비중을 선진국 수준인 전체 생산량의 10퍼센트 이상까지 끌어올리겠다는 의욕에 찬 계획은 지금 생산자, 소비자 모두로부터 크게 환영을 받으며 착실히 추진되고 있다.

수입하는 양만큼이라도 농민 지원해야

거창한 명분을 내걸고 낯부끄럽게 겨우 5000톤의 쌀을 북쪽으로 보내면서 이산가족 만남을 정례화하자느니 뭐니 떠들 일이 아니다. 기왕에 '인도주의와 박애정신'의 깃발을 올릴 바에야 제대로 지원해야 한다. 올해 국내에 도입될 외미 수량(약 33만 톤 이상)만큼이라도 북한과 아시아·아프리카 등 빈국들의 영양실조, 기아선상에 있는 노약자·어린이·임산부들에게 공적 원조(ODA) 현물 지원 방식이나 차관 형식으로 내보낼 일이다. 그렇게 하면 국내 쌀 시장도 안정되어 생산 농민들도 살릴 수 있으니, 이야말로 진짜 인도주의적 해법이라고 말할 수 있다. 그리고 관행농법을 친환경 유기농법으로 전환하는 것이 항구적으로 쌀 수급을 안정시키는 해법이 아니라고 감히 부정할 자 누구인가! 사람도 살리고 하늘과 땅과 물, 자연도 살리고 다가오는 자자손손 이 나라 겨레를 살리는 길이 아니던가.

필자가 유기농업의 이론과 실제를 공부한 캐나다에서는 사람이 먹는 음식을 가지고 규범에 어긋나게 장난치는 개인이나 기업에게는 유괴범에 준하는 엄한 '형사처벌'을 받도록 한다. 이것이 선진국들의 국민감정이며 법정신이다. 그래서 소비자 국민들은 시장에 나온 식품의 안전성을 안심하고 믿고 사 먹는다. 그리고 생산 농민, 소비자, 정부는 땅과 물을 살리고 하늘(공기)을 살리며 사람의 건강과 생명을 살리는 유기농업 보급에 정성을 다한다.

그뿐만 아니라 국가와 국민 너나없이 굶주리고 취약한 사람들도 온전하고 좋은 신선식품에 쉽게 접근할 수 있도록 하는 각종 지원 활동에 적극적이다. 일부 도시 소비자들은 한 걸음 더 나아가 농약 등 화학물질을 쓰지 않고 땅과 하늘의 기운으로 농사짓는 올바른 친환경 유기농업을 지원하는 데 팔을 걷고 나서고 있다. 도시지역사회가 지원하는 친환경 유기농업 운동(CSA)이라든지 도시텃밭 농업이 지금 요원의 불길처럼 미국, 캐나다, 유럽 대륙을 달구고 있다.

배고파 굶어 죽는 사람을 방치, 외면하는 것은 생명을 존중하는 인간으로서 수치스러운 일이다. 기독교 박애주의 전통 때문인지 선순환을 강조하는 부처님의 대자대비 사상의 결과인지는 확실치 않지만, 제대로 된 온전한 식품을 인간에게 허락하고 베풀어주신 하늘과 땅의 섭리인 것만은 확실하다. 우리는 지금 쌀이 남아돌아 흥청망청 소비하고 술을 빚고 가공용으로 사용하면서 매년 15조 원어치나 음식 쓰레기로 버리고 있다. 다른 한편, 한 하늘 아래 같은 땅 위에 같은 핏줄로 태어난 북녘의 동포들은 지금 먹을 쌀이 없어 수많은 사람이 영양실조와 각종 질병 그리고 궁핍으로 죽어가고 있다. '원수를 사랑하라'고 가르친 예수 그리스도를 받드는 신자들과 대자대비 사상을 따르는 불자들이 이 나라 남녘땅에 가득한데도 이런 반종교적 상황은 이어지고 있다. 아, 이 천형(天刑), 이 업보(業報)를 어찌할거나. 세상에 쌀이 '웬수'가 되다니.

| 한국농어민신문 2010년 9월 16일 |

동냥은 못 줄망정 쪽박을 깨서야

⋮

'돈 버는 농어업, 살맛 나는 농어촌'을 구호로 내건 이명박 정부가 전국 농어민들의 절대적인 지지와 기대를 모으며 출범한 지가 벌써 3년이 훌쩍 지났다.

이명박 정권은 농림 분야에서 우리 농어민들에게 큰 실망을 안겨주었다. 그 첫 번째는 이 정부 초대 경제 수장인 기획재정부 장관이 처음으로 열린 경제장관 회의에서 "농업이란 말은 이제 그만하자! 농민 문제는 복지 차원에서 풀면 된다"라고 농업 포기 방향을 밝히면서부터 시작되었다. 농업 문제는 정부 정책에서 끝내고 농민들에게는 생활보조금이나 대주면 된다는 뜻으로 받아들여진 것이다.

아니나 다를까, 이명박 대통령께서 미국 대통령과 캠프 데이비드 산장에서 만나기 하루 전 서울서 열린 미국산 쇠고기 개방 협상 과정에서, 한국 측 협상 대표가 갑자기 새벽 2시에 '광우병 의심 30개월령 이상'의 미국산 쇠고기와 부산물(위험물질 포함)의 수입 개방에 전격 합의해주었다. "소수 축산 농민들에게는 안됐지만 소비자들은 반길 것"이라는 안이한 정책 판단이 근 3개월간의 촛불시위라는 사회적 대재앙을 불러들인 것이다. 청소년은 물론 유모차를 밀며 나온 아이 엄마까지 남녀노소가 전국적인 촛불시위를 이어갔다. 깜짝 놀란 대통령이 두 번이나 대국민 사과를 하였고, 어렵사리 다시 미국과 재협상한 끝에 30개월령 이하의 쇠고기와 일부 위험 부산물의 수입 개방으로 수정되었다. 국가가 단 한 명의 국민의 생명이라도 소중히 보호해야 한다는 교훈을 배운 것이다.

"다방 농민의 도덕적 해이", 정부의 수준 드러내는 말

두 번째 실망은 한·미 FTA다. 지난해 말 한·미 합동 서해포격 훈련과 미 항공모함 조지워싱턴 호의 훈련 참여에 대한 보은(?)인지는 몰라도, 바로 속개된 한·미 FTA 추가 재협상에서 미국이 문제 삼은 자동차 개방 조건을 대폭 양보했다. 이뿐 아니라 추가적인 후속 조치로 머잖아 수입 쇠고기에 대한 연령제한 조치가 풀리게 될 것이라는 소문이 미국 쪽에서 솔솔 흘러나오고 있다. 한·미 FTA로 인해 우리나라 농축산업에는 천문학적인 피해가 예상되어 문자 그대로 풍전등화 격인데도, 협상의 주역을 맡은 통상교섭본부장은 얼토당토않게 우리나라 농민을 폄하하는 폭탄 발언을 했다. 재협상 이후 국내에서 개최된 어느 세미나에서 그분은 "다방 농민들의 모럴 해

저드(도덕적 해이)가 문제다. 정부가 투자했더니 엉뚱한 데로 새더라", "이제 우리(정부)가 (농업을 위해) 할 수 있는 한계에 오지 않았나 하는 게 저의 솔직한 고백이다"라고 주장하였다. 오죽하면 수많은 농민이 엄동설한임에도 서울에 올라와 통상교섭본부장의 망언을 규탄하며 사퇴를 요구했을까. 알고 보니 그동안 FTA가 좋다고 선전·홍보하는 데 백억 원 넘게 써놓고도 번역 비용이 적어서 한·EU, 한·미 FTA 협정문을 수백 군데나 오역한 장본인이, 우리나라 농업에 희망이 없는 것이 '다방 농민'들 탓이라고 도리어 큰소리를 친 것이다. 그분은 지금 이 순간에도 그 높은 자리를 차지하고 있다.

지금 대한민국 산야엔 구제역 바이러스가 창궐하여 전국의 농민들과 국민이 전전긍긍하고 있다. 단군 이래 최대의 대재앙이라 부를 만큼 350만 두에 가까운 소, 돼지와 600여 만 마리의 닭, 오리가 꽁꽁 얼어붙은 땅속에 파묻혔다. 그것도 상당수를 생매장하느라 문자 그대로 아비규환이다. 농민들은 애지중지 기르던 생축을 묻거나 지키기 위해 뜬눈으로 밤을 지새우고 반죽음 상태다. 외지에 나간 아들딸, 손주들의 설날 귀성을 자제시켰을 정도다. 동네 밖 출입은커녕 이웃 간 방문마저 삼갔다. 일선의 공직자들은 혹한에 살처분 매몰하느라 죽음에 이르는 고통을 감내하고 실제 죽어가기까지 했다. 하늘이 내린 저주가 아닌지 천벌이 두려워 위령제라도 올려야 하지 않나 조신(操身)하고 있다.

이 와중에 이 나라의 경제 총수라는 장관이 느닷없이 축산농민들의 '도덕적 해이'를 규탄하고 나섰다. 총리 공관에서 열린 당·정·청협의회에서 "경찰이 백날 도둑을 지키면 뭐하나? 집주인이 도둑을 잡을 마음이 없다"며, "보상비 360억 원을 네 형제가 나눠서 받은 경우도 있다. 지금 현실보상을 무작정 해주기 때문에 일부 농가에서는 도덕적 해이가 문제가 되고 있다"고 구제역이 농민 탓인 양 말했다. 방역 당국도 인정한 엄연한 관재(官災)를 축산농민 탓으로 돌리다니 이 정부의 고위 실세들에겐 "다방 농민"만 보이는가 보다. 그렇다면 경북과 강원도에서 구제역 감염을 막지 못해 정부의 축산기술연구센터들마저 10억 원이 넘는 씨숫소들을 살처분한 것도 '다방 농민' 때문이란 말인가. 구제역 방비를 위한 중앙정부와 지방자치단체의 검역기구 정비와 장비 인력 확보 등 예산 조치를 책임지는 기획재정부는 지금까지 무엇을 했다는 말인가.

민심, 천심 거슬러 재앙 올까 걱정

뿐만 아니다. 이 나라 여당의 국회 사령탑이라는 양반은 우리나라에는 축산업이 맞지 않는다고 폭언을 했다. 축산 없는 경종농업(耕種農業)이 어디 있는가. 모든 육류 고기를 수입에 의존하자는 말인가. 대안도 대책도 없는 무책임한 말이다. 한술 더 떠서 전직 농림부 장관이라는 여당의 최고위원께서는 구제역 매몰지의 침출수로 유기질 비료를 만들어 쓰자고 친히 실험까지 했다. 이 모두가 '돈 버는 농업, 살맛 나는 농촌'을 만들겠다는 대통령의 뜻을 받드는 언행들이 아니기만 바랄 뿐이다. 후보 시절, 그분은 우리나라 유기농업 발상지 중의 하나인 팔당 지역 유기농가를 방문해 경운기도 몰고 쌈채소로 점심까지 드시면서 유기농업이 우리나라 농업의 살길이라고 하셨다. 그런데 지금 4대강 자전거길과 녹색공원을 만드는 데 장애가 된다고 정부가 앞장서 그 유기농민들을 몰아내고 있다. 그러고는 얼마 전 유기농업 예찬론을 다시 피력하시니, '말 따로, 정책 행동 따로'가 도를 넘었다.

명색이 환경부 장관이라는 사람이 국회 증언에서 유기농업이 일반 농사보다 수질을 더 오염시킨다고 하고, 당시의 농림부 장관은 그 말이 맞다고 태평스럽게 맞장구쳤다. 차기 대권을 꿈꾸는 모 도지사는 팸플릿과 TV 광고까지 동원하여 유기농업이 수질을 오염시킨다는 기상천외한 주장을 펴서 세계 유기농학계에 웃음거리가 되고서야 최근 슬그머니 팔당 농민들에게 사과하는 사태를 빚었다. 대통령이 좋아할 만한 말이라면 폭론 폭설을 마음대로 주장해도 괜찮은 것인지 속내를 알다가도 모를 일이다. 옛말에 "동냥은 주지 못할망정 쪽박일랑 깨지 말라"고 했는데 이들 전현직 고관들은 높은 곳의 한 분을 제외하곤 보이는 것이 없는 모양이다.

이 정권의 농업, 농민 모욕 언행이 이렇듯 도를 넘고 지나쳐 자칫 민심과 천심을 거슬러 더 큰 재앙을 불러들이지 않을까 심히 걱정이다. 아직 1년 반이 남았기에 더욱 걱정이 된다.

| 한국농어민신문 2011년 5월 2일 |

한·미 FTA에 황홀해하는 사람들

⋮

우리나라는 WTO에 가입한 이후 지난 16년 동안 쌀을 제외한 모든 농산물 시장을 관세화의 방식으로 개방했다. 이전보다 관세율은 평균 24퍼센트 감축하였으나, WTO는 외국 농산물의 과다 수입으로 인해 국내 농산물 가격이 폭락할 때 특별긴급수입제한조치(SSG)에 의해 구제받을 수 있도록 제도화하고 있다.

그러나 관세화에 의한 무역자유화 조치에 만족하지 않은 미국은 세계 최대 경제권인 유럽연합 27개국에 효과적으로 맞서기 위해, 1994년 캐나다, 미국, 멕시코를 따로 묶어 북미자유무역협정(NAFTA) 체제를 출범시켰다. 이것이 바로 FTA의 원조다. 모든 경제·무역 활동을 무관세로 통합하여 하나의 경제 공동체를 새로이 만들어낸 것이다. 이에 자극받아 세계 각국은 WTO 체제 안에서 별도로 양자 간 무관세 FTA를 맺기 시작했다. 짝짓기가 번성하여

2011년 현재 WTO에 등록된 FTA는 무려 202개나 된다. 그러나 미국의 FTA는 그 후 10여 년간 11개를 체결하는 데 그쳤다. 우리나라가 지금까지 체결한 FTA가 8건에 45개국(그중 5건 16개국은 발효 중)이고, 동시다발로 진행 중인 FTA가 8건에 13개국, 그리고 준비 중인 것만 7건에 13개국인 점에 비추어보더라도 미국의 FTA 체결 성과는 아주 지지부진하다. 초기에 체결된 NAFTA를 제외하고는 세계 유수의 국가들이 미국과는 FTA 맺기를 기피하고 있다.

모두가 기피하는 미국과의 자유무역협정

그 이유는 2005년의 세계은행(IBRD) 연례 보고서에 명백히 밝혀져 있다. 세계의 FTA는 대체로 세 가지 유형으로 분류되는데, 그중 미국식 FTA가 가장 혹독하고 종속적인 유형인 것으로 정평이 났다. NAFTA에 의한 멕시코의 피해 사례가 산 증거다.

FTA의 첫 번째 유형은 남·남(South-South Type)형이다. 예컨대 한·칠레, 한·싱가포르, 한·아세안 FTA처럼 합의된 상품과 서비스 부문에 대해서만 관세 철폐 조건으로 무역 자유화를 규정하는 비교적 단순한 협정 방식이다. 그런데도 우리나라가 2003년 칠레와 최초로 FTA를 체결할 때 협상 기간이 무려 3년 3개월이나 걸렸고 도중에 결렬·중단 등 옥신각신하는 과정에서 한국의 가장 취약한 부문이었던 사과, 배, 낙농, 육류, 쌀 등에 대해서는 예외 조치를 인정받았다. 물론 정부는 시설포도, 키위 등 과일 농가들에게 상당한 보상을 해주었다. 한·칠레 FTA 결과 2003년까지 전무

했던 우리나라의 칠레 농산물 수입액이 2009년 1490억 원으로 늘어났다. 김현종 전 통상교섭본부장이 2005년 3월 국회 모임에서 FTA로 인한 농산물 수입 증가액이 40억 원에 불과할 것이라고 말했던 것이나 정부가 연간 586억 원의 증가를 예상했던 것과 대비된다.

두 번째 유형은 EU형이다. 주요 협상 내용은 재화와 용역의 관세 철폐 및 무역 조건 개선, 노동의 자유로운 이동 등과 관련된 자유무역 촉진이다. 문화, 교육, 지적재산권 등 비경제적 요인들과 경제 관련 법규 및 정책에 대해서는 구속하지 않는 것이 원칙이다. 그럼에도 불구하고 한·EU 협정에서 보듯 우리나라는 장차 농업, 특히 낙농·양돈 등 축산업에서 큰 피해가 예상된다. 그리고 대기업 운영하는 기업형 슈퍼마켓(SSM) 규제에 관한 국내 입법 조치마저 지레 멈칫하고 있다. 또 EU가 한국산 제품들에 대하여 반덤핑 조치를 남발하지 않을까 걱정이 태산이다.

세 번째 유형이 미합중국과의 FTA다. NAFTA와 한·미 FTA에서 보듯, 상대 국가의 모든 경제 활동과 이해 관련 각종 정책 규범에 대하여 미국 표준에 부응하도록 종합적으로 동조화시키는 것이 이 협정의 본질이다. 앞의 두 유형처럼 무역 자유화와 관세 철폐는 말할 것도 없고, 투자 및 일반 경제 정책의 법규와 규범, 지적재산권, 교육, 문화, 오락산업 정책의 동조화 조치를 포함하는 포괄적인 경제 통합 협정이 미국식 FTA다. 다만, 노동 이동의 경우 호주에 한해서는 전문직 종사자의 미국 취업을 1만 5000명까지 허용하였으나, 우리나라는 거절당했다.

그 대신에 한·미 FTA에는 이루 헤아릴 수 없는 일방적인 조치들이 포함되었다. 투자자가 정부를 상대로 제3의 기관에 손해배상 소송을 할 수 있는 투자자-국가 소송(ISD) 조항을 비롯하여 체결된 협정조건을 되물릴 수 없는 역진(ratchet) 방지 조항, 개성공단 제품의 한국산 인정 지연 조치, (자동차 같은) 특정 제품에 대하여 협정 위반시 무관세 혜택 철회(snap-back) 조치, 노무현 정부가 한·미 FTA 추진의 이유로 내세웠던 서비스산업 부문의 개방에 열거된 업종 외에 무제한 허용, 금융·외환 위기 시 외환 유출입 통제 불가능, 외국산 섬유 원사(原絲) 사용 제품의 국산 불인정……. 이뿐 아니다. 한·미 FTA 발효 첫 연도에 그동안 WTO 체제에서 5~40퍼센트의 관세를 부과해오던 농수축산물의 관세가 약 38퍼센트의 품목에서 완전히 사라지게 된다. 그리고 5년 내에는 60퍼센트의 품목이 무관세로 자유화된다. 10년 이내에는 90퍼센트의 농축산물이 관세 없이 자유로이 수입 개방되며, 최종 15년 이내에 모든 농축산물을 관세 부담 없이 수입할 수 있게 되었다. 이리하여 미국은 약 110억 달러(약 12조 원)의 수출이 늘지만 한국은 자동차 등에서 예상되던 약간의 수출 증가마저 지난 연평도 사태 때의 추가 재협상으로 기대할 수 없게 되었다.

한·미 FTA, 경제적 항복 문서

이는 일종의 '경제 항복 문서'나 다름없다. 한국은 한·미 FTA로 인해 30여 개의 경제·무역 관련 법규를 고치거나 제정하겠다고 합의했으나 미국은 반덤핑 조항 개선, 개성 제품의 국산 인정 등 우리 측이 요구한 네 가지 개정 사항을 모두 거절했다. 앞선 세 가지 FTA 유형 중 미국형이 "가장 지독하다(the most tough and hard one)"고 결론 내린 세계은행의 연례 보고서가 틀린 말이 아니다.

노무현 정부는 정권 초기에는 우리나라의 사정이 농업이 없는 싱가포르나 홍콩과 같을 수 없다고 미국, EU, 중국 등 농업강국과의 FTA를 최후의 고려대상으로 미뤘다. 그러나 2006년 1월 참으로 급작스럽게 한·미 FTA 협상 개시를 선언하며 부랴부랴 11개월 18일 만에 전격적으로 타결하였다. FTA와는 전혀 관계없는 쇠고기, 스크린 쿼터, 복제약품 가격 등 선행 조건도 미리 양보하였다. 마치 군사 작전을 방불케 하였다. 그리고 협상 주역들을 영전시켰다. 마침내 2007년 10월 부시 미국 정부의 묵인, 방조, 후견(?)하에 역사적인 남북 정상회담을 무난히 치를 수 있었다.

2008년 1월 당시 이명박 대통령 당선자가 청와대로 고 노무현 대통령을 방문했을 때 한·미 FTA를 가리켜 노 대통령의 "가장 잘한 치적"이라고 치켜세우기까지 하였다. 퇴임 후 김해 봉하마을에 은거해 계시던 고 노무현 전 대통령은 2008년말 세계 금융위기 사태를 지켜보면서 한국과 미국의 경제 상황이 달라졌으니 한·미 FTA가 개정되도록 재협상해야 한다고 두 차례나 인터넷을 통해 주장하였으나 때는 이미 늦었다.

이명박 정부는 노무현 정부보다 FTA를 더 사랑하고 특히 한·미 FTA 협정을 신주단지처럼 떠받들고 있다. 미국의 추가, 재재협상 요구에도 선선히 양보하고 모두 들어주었다. 광우병 의심 30개월령 이상 쇠고기와 부산물도 국회 비준이 끝나면 양보받을 것이라며 미국 조야는 한창 들떠 있다. 이 정부는 한국 농수축산업의 킬러, 중국과의 FTA도 서두르고 있다. 국내 농축산업이야 사라지건 말건, 국내 경제·문화 산업이 미국화되어야 세계화되는 것이고 잘 사는 길이라고 확신하는 듯하다. FTA 만능론에 빠져 있는 사람들일수록 정당, 정치인, 언론, 교수, 종파, 사회지도자를 막론하고 그것이 친미, 반북이면 무조건 다 좋다는 식이다. 그것에 반대하면 좌파라고 낙인찍는다. 그리고 OECD 국가 중 식량 자급률이 최하위권인 우리나라의 부족한 식량과 식품일랑 돈만 있으면 얼마든지 사 먹을 수 있고, 환경 생태계쯤은 막개발로 망가져도 돈만 벌면 그만이라는 물신사상에 중독되어 있다.

FTA 반대하면 좌파인가

온 국민이 FTA에 미쳐 있는 것인가? FTA에 미친 사람들이 이명박 대통령 혼자거나 이 정권만이라면 좋으련만, 그렇지가 않은가 보다. 그렇다면 이렇게 재재협상을 거치면서까지 허망하게 내주기만 한 굴욕스런 협상, 불평등한 망국적인 협정, 청사에 길이 부끄러운 불공정한 FTA가, 아주 많이 가진 자들과 보수주의자들의 합창이 울려퍼지는 가운데 존재할 리 없었을 것이다.

| 한국농어민신문 2011년 6월 2일 |

100년 만의 폭우를 겪으며 새로운 지도자를 대망한다

⋮

예부터 나라에 큰 재앙이 내려 백성들이 곤경에 빠지면 임금 된 자는 자기의 도덕적, 정치적 책임을 통감하였다. 지난날의 행적을 되돌아보고 반성을 깊이 한다. 자기가 치정(治定)을 잘못하여 하늘의 노여움을 사게 되었고 그 결과 나라와 백성들이 괴로움에 빠지게 된 것이라고 겸허히 자기 잘못을 뉘우친다.

가뭄이 오래 지속되어 농사가 안 됐을 때나 비가 너무 많이 내려 홍수 피해가 극심하였을 때, 임금은 궁 밖에 제단을 높이 쌓고 목욕재계한 다음 머리 풀고 소복하고 올라가 몇 날 며칠을 식음을 전폐하고 하늘에 사죄와 용서를 비는 제사를 올렸다. 그리고 나라의 곳간을 풀어 피해를 입은 이재민들을 배불리 공양하였다. 그것이 임금 된 자가 갖추어야 할 최소한의 덕목이요 예의였다. 적어도 옛 선인들은 자연재앙을 인재(人災)라고 겸허히 받아들였다.

예를 들어 조선 왕조 태종 대왕은 형제를 여럿 물리치고 임금 자리에 올라 한동안 뛰어난 치적을 올렸다. 그러나 후년에 연 3년째 삼남 지방이 가뭄에 시달려 농작물의 생육이 제대로 안 되는 대기근에 직면하였다. 태종은 자기가 부덕한 소이(所以)라고 반성하며 단을 쌓고 소복하고 머리 풀어 근 열흘이 되도록 식음을 전폐하며 하늘에 죄를 빌었다. "하늘이여, 하늘이시여, 과인이 불민하고 부덕하나, 제발 우리 어린 백성들을 어여삐 살펴보시사 제 목숨을 바치오니 이 땅에 부디 단비를 내려주소서"라고 빌고 또 빌다가 쓰러졌다. 그날이 음력 5월 10일이었다. 기진맥진 실신한 태종 대왕의 눈물이 비가 되었는지 온 나라에 흠뻑 단비가 내렸다. 지금도 파종 후 생장 기간인 음력 5월 10일에 내리는 비를 가리켜 사람들은 태종우(太宗雨)라고 부른다.

자연 재앙 앞에서 국가 지도자는?

이상에 인용한 짧은 고사가 국가 재난에 임한 국가 최고 지도자가 보여줄 최소한의 의무요 예의일 것이다. 이런 정도의 폭우가 내렸으면 다른 어느 나라 도시도 성치 못하고 그 피해가 마찬가지였을 것이라는 투의 가벼운 변명보다는, 행정이 미흡했고 불민하여 이렇게 큰 인명과 재산의 피해를 국민에게 안겨드렸노라고 인간적으로 미안해하는 언행을 보여주어야 했다. 단을 쌓고 머리 풀고 소복하며 식음을 전폐한 채 기도하지는 못할지언정 최소한 마음가짐만은 그동안의 치정과 행적을 반성하면서 수해 방지에 최선을 다

하지 못한 죄를 기도를 통해서나마 하늘에 빌었기를 바란다.

100여 년 만에 최악이라는 폭우를 하필이면 이 정부가 가장 애호하는 대한민국의 부자와 고관들이 많이 산다는 강남·서초 지역에 쏟아부은 하늘의 뜻이 무엇인가. 국가 지도자라면 이와 같은 대자연의 역습과 보복에 대하여 지난 행적을 되돌아보고 반성하는 자세가 선행되어야 할 것이다. 기껏 어용 언론을 동원하여 '불가피성'만 되뇌는 지자체장과 최고 지도자들의 행태는 피해 국민을 두 번 죽이는 것이나 다름없어 보인다.

바야흐로 세계는 범지구적인 기후·에너지·식량 위기의 세기에 들어섰다. 그런데도 아직까지 국가 예산 차원에서 반환경적이고 반기후적인 대단위 토목 건설과 원자력 개발에 올인하고 있는 나라는, 과문이지만 우리나라뿐이다. 서울을 비롯해 한반도 도처가 온통 개발, 개발투성이다. 재벌기업과 토건족만 살판이 났다. 이명박 정권 들어 대한민국이 기후변화와 에너지 결핍, 식량 부족에 가장 취약한 나라로 떠오르고 있는 객관적 사실은 우연이 아니다. 지난 세기, 세계 평균의 두 배 수준에 가깝게 우리나라 기온이 상승하였고 이런 현상은 더욱 가속화되고 있다. 혹독한 겨울이 40여 일이나 짧아지고 온난한 봄과 가을이 흐지부지 사라지는가 하면 여름철 장마는 길어지고 폭우 폭풍 현상은 잦아지고 있다.

우리나라는 어느덧 세계 5위의 에너지 소비국, 3위의 화석석유 수입국, 세계 2위의 석탄 및 액화천연가스 수입국이 되었다. 또한 세계 9위의 이산화탄소 배출국이면서 기온 상승과 대기오염도 세계 제일의 나라로 해마다 기록을 갱신하고 있다. 그뿐인가. 석유에너지 생산 제로인 우리나라의 에너지 사용 효율성은 세계적으로 아주 불량한 국가로 분류되어 일본의 3분의 1 수준이다. 그러나 신재생에너지 이용을 포함한 에너지 자급도는 OECD 국가 중 최하위권이다.

경제는 살린다면서 농업은 업수이 여기는 정권

식량(곡물) 자급률 역시 26.7퍼센트로 OECD 국가 중 최하위권에 속한다. 우리나라 식량 사정은 질적으로 가장 높은 수입 의존도를 나타낼 뿐만 아니라, 양적으로도 중국, 일본에 다음으로 높아 해외 의존도가 만성화되고 있다. 올 들어 세계식량가격지수는 공급부족이 가장 심했던 2008년을 훨씬 뛰어넘는 위험 수준을 연일 경신하고 있다. 덩달아 육류, 낙농 제품, 유지류, 설탕 등의 국제 가격 상승세 역시 멈출 줄을 모르고 있다. 지구촌의 이상기후 현상과 더불어 옥수수 등 일부 곡물을 식물성 연료로 전용함에 따라 세계 주요 국가들의 식량 수급 기능에 차질이 빚어졌기 때문이다.

설상가상으로 우리나라에서는 기상 이변에 따른 채소, 과일 등의 수급 불안정과 가격 급등락 현상이 극심한데다가 구제역 파동에 따른 사상 최대의 살처분 매몰로 인해 육류 생산이 지극히 저조하여 가격 파동의 조짐이 나타나고 있다. 특히 주요 사료곡물 생산국들에서 생산 저조와 가격 상승 현상이 지속되어 90퍼센트 이상 수입 곡물로 농후사료를 조달해온 한국 축산업(사료산업)의 미래가 아주 불투명하고 불안하다. 한국의 식품물가 상승률과 전체 소비자물가 상승률은 지난해 이미 OECD 회원국 가운데 각각 3위와 6위를 기록하였으며, 식품물가 상승률은 OECD 회원국 평균에 비해 4.2배나 높다.

자원 최빈국에 인구 초과밀 조건을 가진 우리나라에서 이 정부 들어 전국토 대부분의 토지와 농지, 산지 및 주요 자원들이 도시 투기자본과 많이 가진 자들에 의해 과점되어, 난개발과 막개발 그리고 사회 양극화 현상이 눈덩어리처럼 사태를 악화시키고 있다. 토지 투기가 행정, 사법, 입법, 언론, 교육계를 막론하고 높은 자리에 오르는 자의 기본 덕목이자 필수 자격 요건의 하나가 될 정도이면 더 말해 무엇하랴. 실상이 이러하니 정부의 기후 대책, 에너지 대책, 농지·농업 대책 등이 공허하게 메아리치며 설 자리를 잃어가고 있다. 말로는 저탄소 녹색성장을 부르짖으면서 유기농가와 산림 등을 까부수고, 전 국토는 난개발로 얼룩지고, 원전 개발은 늘어나니 전 국민은 전전긍긍할 뿐이다.

녹색이면 녹색이지 성장과 개발은 또 무엇인가. 말로는 4대강을 살린다면서 전국의 지·하천과 서울 강남 일대에 때 아닌 물 난리 사태는 무엇인가. 무수한 인명 피해와 재산 피해에 대하여는 속수무책이지 않은가. 이런 엄청난 대자연의 역습을 보고도 깨달음이 없다면, 그는 도저히 지도자도 신자(信者)도 아니다. 또 말로는 사회 양극화를 해소한다면서 중소 상공인, 노동자, 농민, 빈곤층의 몰락과 확산 억지 대책은 이미 물 건너간 지 오래여서 미래가 없다. 사탕발림만 난무하고 내실이 없다. 뭘 했다고 세계인들이 그분을 '녹색성장의 어버이'라고 부르는지, 아니 정말 누가 그렇게 호칭했는지 알다가도 모를 일이다.

각종 정부 정책에는 그야말로 진정성이 보이지 않는다. 재벌과 대기업들에게만 이익이 돌아가고 그들에게 유리한 짓만 골라 해대면서 '비즈니스 프렌들리'라고 부른다. 수십조 원을 들여 강 파기에 골몰하면서도 민생 복지는 영 '아니올시다'이다.

새로운 지도자를 기다리며

경제를 살린다 하면서도 국민경제의 첫 번째 기초산업인 생명농업을 업수이 여긴다. 가난하고 어리석은 백성들을 깔아뭉개고, 부자들을 더 부자로 만드느라 여념이 없다. 아, 시간의 길고 짧음의 차이만 있을 뿐 종국에는 높은 분들도, 부자들도 모두 하늘이 내린 자연 재앙과 에너지 식량난 사태에는 희생자가 될 것이 뻔하다. 그런데도 왜들 자기들은, 자기 조직은 살아남을 것이라는 환상에 젖어 있을까.

누가 이러한 난국을 타개할 지도력을 발휘하여 생명력 있는 리더십을 발휘하고 국민들의 열정을 극대화할 것인가가 앞으로 우리 앞에 부여된 국민적 과제다. 이제까지 해온 행적으로 볼 때, 이 정부의 구시대적 사고방식과 설익은 CEO식 행정으로는 해결이 불가능하다는 것이 이미 증명되었다. 서울과 전국에 때 아닌 물난리가 나서 뭇 생령의 생명과 재산을 앗아가는 것을 빤히 보면서도 서울 초등학생 의무급식 여부를 국민투표에 붙이자는 한심한 결의를 한 초거대 여당과 대권 주자들도 결코 다르지 않을 것 같다.

새로운 발상과 새로운 비전으로 새로운 나라, 새로운 세상을 꿈꾸며 운영하려는 새로운 지도자가 나와야겠다. 그러한 인물, 그러한 날들이 하루 빨리 나타나기만을 대망(大望)할 뿐이다.

| 오마이뉴스 2011년 8월 2일 |

1998년,
2008년
그리고 2012년

⋮

예부터 나라에 먹을거리가 넉넉하고, 군대가 강해 국토를 튼튼히 지키며, 나라에 대한 백성들의 믿음이 돈독하면 태평성대라 했다. 대저 이 같은 철학이 동서고금에 국가 경영의 기본이 되었다. 통치자가 독단적인 정치를 하면 신하 된 자들은 다투어 "전하, 아니 되옵니다" 하고 덤벼들었다. 백성들의 먹을거리와 국방, 신뢰관계의 확립이 절대적인 가치판단 기준이었기 때문이다.

지금 우리나라는 식량 자급률이 대략 25퍼센트 정도다. 부족한 75퍼센트는 수입에 의존한다. 지구촌의 기후변화로 세계적 식량 공급도 점점 감소하고 있거니와, 극도의 이윤 추구 행위와 상업화로 인해 각종 질병과 오염으로 수입 농축산 식품의 안전성이 크게 위협받고 있다. 대표적인 사례가 현재 광우병 의심 미국산 쇠고기의 수입 문제다. 주지하다시피 광우병은 구제역병이나 돈콜레라와는 달리 인수(人獸) 공통 질병이다. 광우병에 걸린 소의 뇌처럼 사람의 뇌도 스펀지처럼 구멍이 송송 뚫려 마침내 치매 환자와 아주 비슷한 증세를 보이다 생을 마감한다. 그래서 '인간광우병(크로이츠펠트-야콥병)'이라 부른다. 아직까지 이렇다 할 치료제도 없다. 미친 소의 고기를 먹자마자 즉각 이러한 증세가 나타난다면 수입 쇠고기를 사 먹지 않거나 미리 대비라도 할 수 있으련만, 그렇지 않으니 불안감과 공포가 더욱 커질 수밖에 없다. 장관과 총리, 설사 대통령까지 나서서 미국산 쇠고기는 안전하니 먹어도 좋다고 언론을 총동원해 주장해도 10년 또는 훨씬 후에 나타날 인간광우병까지 아니라고 우기지 못한다. 특히 육식(쇠고기) 수요가 왕성한 어린이를 둔 부모 입장에서는 제 자식의 생명을 걱정하고 염려하는 것은 너무나 당연하다. 식품의 안전성은 그래서 국민들의 최고 최대의 관심사다.

최고 지도자의 철학과 식품 안전

그러나 종종 집권 세력에 따라 식생활의 안전성 확보에 대한 나라의 정책이 오락가락한다. 최고 지도자가 기업의 이윤과 국가의 수익이 최고라고 생각하는지, 아니면 백성들의 먹고사는 문제와 안전성, 신뢰가 중요하다고 생각하는지에 따라 정책이 달라진다. 그런 면에서 1998년과 2008년은 나라의 식품 안전성 정책 향방에서 확연히 구분된다.

IMF 환란 사태로 인해 1998년의 나라 사정은 문자 그대로 단군 이래의 최대 경제위기라고 불릴 만큼 쑥대밭이었다. 농업 부문에서는 한우 등 축산물 가격이 폭락하여 농촌 곳곳엔 팔지 못한 우유가 쏟아 버려지고 돼지, 닭, 오리들이 팽겨쳐졌다. 농림부가 있는 정부 청사와 국회의사당, 전경련 앞마당엔 젖소와 송아지들이 무리지어 버려졌다. "사룟값 때문에 도저히 기를 수가 없으니 장관이 직접 길러달라"는 팻말마저 목에 걸고 있었다.

당시 나라 밖 유럽 대륙에서는 광우병과 구제역 파동이 휩쓸어 200여 명의 인명이 인간광우병에 걸려 죽어가는 사태가 계속되었고 오래지 않아 그 파장이 미국, 캐나다 등 북미 대륙으로 번질 것 같은 추세였다. 쇠고기 수입을 대부분 북미 대륙에 의존하고 있는 우리나라로선 나라 밖의 광우병 사태로부터 결코 자유로울 수가 없었다. 왜냐하면 그 무렵 미국에서는 광우병의 원인인 반추동물의 부산물로 만든 동물성 사료가 소에게 계속 급여되고 있었고, 프리온이 뭉쳐 있는 뇌, 척수, 내장 등 위험물질(SRM)을 제대로 제거하거나 검사하지 않고 있었기 때문이다(이는 지금도 마찬가지다). 특히 소의 이력 제도를 실시하지 않아 광우병이 언제 어디서든 발생할 위험이 있었다.

그러던 어느 날 국무회의가 끝날 무렵 대통령께서 갑자기 우리나라의 식품 안전성에 대해 질문하였다. 먼저 가락동 농산물 도매시장에서 검출되어 논란이 일었던 농약 문제를 거론한 다음, 수입쇠고기의 안전성 문제를 물었다. 심지어 주무 장관에게 국민이 안심하고 사 먹을 수 있어야 할 것 아니냐고 되물었다. 국민의 건강과 생명을 보호하는 것이 국가의 중요 임무이며 책임이라고 강조하는 과정에서 "방역(검사검역)은 제2의 국방"이라는 말이 이날 김대중 대통령의 입에서 처음 나왔다.

그래서 국가 시책으로 탄생한 것이 그해(1998년) 11월 11일의 '친환경 유기농업 원년 선포'였으며, 12월 7일의 '미국산 우제류 가축 및 고기에 대한 수입 위생조건 고시'였다. 인간 광우병의 사전적 예방 대책으로 대한민국 최고 전문가 조직인 가축방역협의회의 건의를 일자일획도 고치지 않고 그대로 받아 정부가 '미국산 우제류 동물 및 그 생산물의 수입 위생조건 고시'를 제정 · 공포(1999. 3. 8 시행)한 것이다. 내친 김에 그 상위 법률인 가축 전염병 예방 법률과 시행령도 전면 개정하였다. 주된 내용은 "미국에서 우제류 가축과 그 생산물(소, 돼지, 양고기)에 광우병, 구제역 등 전염성 질병의 발생이 확인되는 경우, 수출국 정부는 우리나라로의 수출을 중지하는 동시에 관련 사항을 즉시 통보하여야 한다. 수출 재개를 원하는 경우 그 위생조건 등에 관하여 한국 정부와 협의하여야 한다"고 규정한 것이다. 뿐만 아니라 "한국 정부, 수의당국은 우리나라에 수출하는 미국 내의 육류 작업장 등에 대한 현지 위생 점검을 조사할 수 있으며, 위생 점검 결과 부적합할 시 해당 사업장의 대(對)한국 수출을 금지할 수 있다"고 명시하였다.

어떻게 세운 검역 주권인데

국내외에서 적잖은 이의가 제기되었지만 관세 및 무역에 관한 일반 협정(GATT) 제20조와 WTO 협정의 위생 및 검역 조항, 그리고 상위 국내법인 가축 전염병 예방법을 인용하여 밀어붙였다. 4년 후 미국에서 2003년 젖소 한 두를 필두로 2005년과 2006년 각각 광우병이 발생했을 때, 우리 정부는 이 고시에 근거하여 즉각 수입 중단 조치를 취할 수 있었다. 그에 앞서 2003년 캐나다에서 광우병이 발생했을 때도 즉각 쇠고기 수입을 중단시킬 수 있었다. 최소한 100년 후를 내다본 국민의 건강과 생명 안전 제일주의 국정 철학이 확립돼 있었던 결과다.

그것이 10년 만인 2008년 4월과 6월 와르르 무너져내렸다. 어렵사리 지켜온 독립 국가로서의 고유한 '검역 주권'을 이명박 대통령의 첫 방미 선물로 고스란히 미국에 헌정해버린 것이다. 그 내용이 1998년과 180도 바뀌어 우리 국민의 생명과 식품 안전성은 미국 축산업자와 도축업자, 수출업자, 수입 유통업자들의 처분에 맡겨졌다. 정부가 할 수 있는 예방 조치가 없어졌다. 그래서 어처구니없는 해프닝이 일어났다. 개정 고시 내용에는 검역 주권을 포기해 놓고도, 2008년 5월 8일 촛불시위가 맹렬하니까 다급한 나머지 대한민국의 국무총리가 담화를 발표하고 도하 각 신문의 1면에 농림·보건 두 부처 명의로 대대적인 광고 성명을 통해 "미국에서 광우병이 발생하면 즉각 수입을 중단하겠다고 선언"하였다. 2008년 5월 13일 이명박 대통령은 한술 더 떠 미국으로부터 우리나라의 검역 주권을 확보하였다고 말했다. 협상을 통해 양보한 검역 주권 포기 고시 내용과는 전혀 다른 발표였다. 그러하니 대부분의 국민은 2008년 수입 쇠고기 위생조건 고시가 그렇게까지 무참하게 망가져 있을 것이리라고는 차마 의심하지 않았다. 어차피 대국민 발언을 자주 바꾸고 교언영색을 서슴지 않는 '검은 머리 외국인' 같은 통상교섭부 관료들이야 믿지 않은 지 오래됐지만, 최소한 정부 최고위층들의 담화와 성명, 그리고 대통령 말씀은 곧이곧대로 믿었던 것이다.

그러다가 2012년 4월 25일, 미국에서 또다시 광우병이 발생했다. 그런데 우리 정부는 수입 중단 등 자주 독립 국가로서 어떤 조치도 내리지 못하고 우왕좌왕하고 있다. 2008년의 수입 쇠고기 위생조건 협상이 잘못되었음이 드러났다. 이번에는 정부의 궁색한 변명이 연이어 발표되는 가운데 '괴담' 수준의 억지 주장까지, 그것도 관변에서 흘러나오고 있다. 지난 2주 사이에 10여 건의 엉터리 주장과 넌센스 행위가 쏟아져나와 미친 소들도 웃다 죽을 지경이다. 새누리당에서 국회의원 후보로 공천한 두 명이 한 사람은 농림식품부 장관일 때, 또 한 사람은 통상교섭본부장일 때 굴욕적인 수입 쇠고기 위생조건 협상을 했던 사람들이다. 이들이 지금 반성은커녕 듣기에도 민망한 흰소리를 하고 있다.

농림식품 관료들과 검사·검역 공직자들만 안쓰럽다. 배알도 쓸개도 없는 사람들로 국민의 눈총을 받고 있으니 억울할 뿐이다. 미친 소들도 웃을 '쇼'와 기만적인 행사에 동원되어 피땀을 흘리며 고생을 하고 있다. 하루 수천 상자의 수입 쇠고기를 개봉하여 만져보고 냄새 맡으며 검사하는 고충이 이만저만이 아니다. 미국까지 가서 광우병이 발생한 농장도 제대로 방문하지 못하고 농장주마저 만나지 못하는 굴욕을 당했다. 이것이 2012년의 모습이다.

국민의 안전을 외면하는 정부

대통령과 집권 세력의 국정 철학이 딴 곳에 머물고 있는데 전문가의 정직한 판단이 어떻게 바로 설 수 있겠는가. 통상 마찰이 그렇게 두렵거든 '검역 중단' 조치라도 취하라는 충고마저도 거부하는 정부를 어느 나라 정부라고 말하겠는가. 미국서 수출하는 소를 도축할 때 마리당 20달러(킬로그램당 250원) 정도 드는 신속 뇌검사(ELISA)라도 해달라는 소비자단체의 요구마저 외면하는 정부를 누구를 위한 정부라고 불러야 할 것인가.

2008년과 2012년, 대한민국과 국민을 대표하기를 스스로 포기하는 이명박 정부의 자해 행위를 1998년의 정부 관료였던 필자의 눈으로는 도저히 이해할 수가 없다. 더 말하다간 또 민간인 불법사찰 대상으로 찍혀 곤욕을 치를까 덜컥 겁이 난다.

| 한국농어민신문 2012년 5월 10일 |

대통령께 드리는 세 가지 당부

존경하는 이명박 대통령님, 안녕하십니까?

저는 1998~2000년 농림부 장관과 2005~2009년 상지대학교 총장을 맡았던 김성훈입니다. 대통령님께서 서울시장 재임 시 '뚝섬의 서울 숲 공원화' 계획을 추진하셨을 때 이를 적극 지지했던 한 사람으로 저를 기억하실 것입니다. 2007년 대선 기간 중에는 (당시 한나라당 대통령 경선 후보였던 대통령님의 초청으로) 안국동 사무실에서 한 차례 독대 면담까지 했고, 뚝섬의 서울 숲에서 '후보와 차 한 잔을'이라는 프로그램에 초대받아 대통령님과 공개토론을 했던 적이 있습니다.

국내외에 산적한 국정 업무로 영일이 없으실 대통령님께 오늘 이렇게 당돌하게 공개탄원서를 보내게 됨을 해량해주시기 바랍니다. 비서실 쪽에서 혹시 제 탄원서를 대통령님께 보고 드리지 않으면 어쩌나 걱정한 나머지 공개적으로 탄원 드립니다. 사안이 워낙 중요하고 시급하여 체면 불구하고 감히 다음 세 가지 현안에 대해 삼가 소견을 올리오니 가납해주시면 더없는 기쁨이겠습니다.

암흑으로 끌려가는 상지대를 구해주십시오

첫째, 김문기 씨는 안 됩니다. 대통령님의 따뜻한 보수주의 정책에 편승하여 김문기 씨 같은 과거의 대표적인 학원비리 부패분자들이 자기들의 세상이 온 양 발호하는 현상은 어떻게든 막아야 합니다. 그것은 이명박 대통령님께서 성공적인 대통령이 되는 필수 조건입니다. 후보 시절 안국동 사무실에서 대통령님께서는 저에게 단호히 말씀하셨습니다.

"그런 사람(김문기)이 설사 (돈)보따리를 싸들고 나를 찾아오더라도 문 밖에서 쫓아낼 것이다. 나는 그런 돈이 필요 없다." "이런 내 뜻을 언론에 밝혀도 된다. 아니, 김○○ 의원더러 대외에 발표하라고 말하라." 이 말씀은 당시 그 자리에 배석했던 이 모 의원도 들었을 것입니다. 워낙 큰 목소리로 단호히 말씀하셨기 때문입니다.

저는 원주에 돌아오자마자 부총장을 비롯한 대학 간부들에게 당시 후보님의 단호한 비리척결 의지를 가감 없이 전달하였습니다. 모두들 크게 고무된 듯 보였습니다. 그런데 웬일입니까? 지금 교육과학기술부(교과부)와 사학분쟁위원회(사분위)는 대표적인 학원비리 세력 되살리기에 몰입하고 있습니다.

며칠 후 (2010. 7.) 30일에는 사분위가 곧 김문기 씨 측에 상지

대학교를 넘겨줄 결의를 할 모양입니다. 대통령님의 녹색성장 정책을 일찍이 최선두에서 실천, 실용함으로써 전국적으로 크게 명성을 날리고 있는 상지대학교를 또다시 그 부패 세력에게 넘겨주겠다는 것입니다. 대통령님의 친서민 중도보수 노선을 몸소 실천하면서 방송통신위원장과 호흡을 맞췄던 유재천 KBS 전 이사장을 현재 제 후임 총장으로 교수, 직원, 학생들 85퍼센트 이상의 지지하에 영입하여 해마다 발전(교수 논문연구 실적과 입시율에서 전국 최우수 대학)하고 있는 상지대학교를 다시 암흑의 세계로 끌어내리려고 서두르고 있습니다.

대통령님께서는 김문기 씨가 누구라는 것을 다 아시는데, 왜 교과부와 새로 임명된 (주로 법조인 출신) 사분위 위원들은 마이동풍일까요. 김문기 씨를 대리한 변호회사의 로비력이 출중해서일까요, 아니면 천문학적인 부동산과 현금자산을 가진 검은 세력의 위력 때문일까요? 사분위의 이 같은 불가사의한 행태를 영명하신 대통령님께서 과감히 파헤쳐주시기를 1만여 상지인들이 간절히 소망하고 있으니 부디 가련히 보아주시기 바랍니다.

후보 시절 찾았던 팔당 유기농 단지를 잊으셨습니까

둘째, 착하고 착한 팔당 유기농민들을 제발 살려주십시오. 대통령님께서는 후보 시절 안국동 사무실에서 저의 농정 건의를 경청하시고 며칠 후, 수십 명의 선거 참모들과 함께 팔당 두물머리(양평군 양수리) 정상묵 씨 유기농업 농장을 친히 방문하시어 한나절 동안 유기농 농사를 체험하고 농장에서 유기농 채소로 점심까지 드셨습니다. 그 현장에서 경운기도 손수 몰고 모종도 가꾸시면서 "유기농업이야말로 우리나라 농업의 살길"이라는 취지의 말씀도 하셨습니다.

그런데 그 농장 일대의 100여 유기농가 농민들이 지금 4대강 사업으로 모두 쫓겨나게 되었습니다. 장관들과 도지사가 "유기농업이 화학농업보다도 더 수질을 오염시킨다"는 기상천외한 거짓말로 공공연히 국민을 속이면서 그 자리에 자전거길과 녹색공원화 계획을 밀어붙이고 있습니다. 사적으로 저는 이들 유기농민과 30여 년 동고동락해왔고 공적으로는 농림부 장관으로서 환경부, 서울특별시와 더불어 한강의 생명과 환경 생태계 그리고 수질 보전을 위해 적극 이들 유기농업인을 지원했던 사람입니다.

그래서 저는 농림수산식품부 장관, 환경부 장관, 녹색성장위원장 등을 직접 만나서, 한강을 정비하되 이참에 팔당 유기농 단지를 더욱 좋게 현대화하여 2011년 이곳에서 개최될 세계유기농대회를 통해 세계 만방의 2000~3000명 귀빈들에게 대한민국이 얼마만큼 생명과 땅과 물과 사람을 살리고 있는지 보여줄 것을 간곡히 부탁하고 또 부탁하였습니다. 그것이 국격을 높이는 길의 하나라는 점도 누누이 강조했습니다. 그런데 아무런 조치나 변화가 없습니다. 재촉도 해보았습니다만 여전히 자전거길과 공원화 계획뿐입니다. 결과는 쫓겨날 유기농업인들의 격렬한 저항과 천주교·기독교·불교계의 반발입니다.

존경하는 대통령님, 아무리 국정에 바쁘시더라도 잠시 틈을 내시어 후보 시절 직접 방문하셨던 팔당 유기농업 지대를 한 번 둘러보시고 자전거길과 녹색공원으로 만들 것인가, 또는 세계에 자랑할 만한 현대화된 도농 협력의 유기농 지대를 만들 것인가, 아니면 호텔, 리조트 관광단지로 만드는 것이 좋을까, 이 분야 최고 전문가로서 최종 판정을 내려주시기 간절히 소망합니다.

30개월령 선, 누가 뭐래도 절대 양보해서는 안 됩니다

셋째, 30개월령 이상의 쇠고기 시장 완전개방에 대한 유혹을 단호히 뿌리쳐야 합니다. 한·미 FTA를 비준하려면 자동차와 쇠고기 시장을 추가로 개방해야 한다는 것이 미국(의회)의 입장인 것은 주지의 사실입니다. 그러나 이곳 미국 내에서도 무리하게 30개월령 이상의 광우병 의심 쇠고기와 부산물의 완전개방을 밀어붙이다가, 자칫 한국 소비자를 자극하여 도리어 미국에 손해가 되지 않을까 우려하는 지도자도 상당수 있습니다. 다만 30개월령 이상 소를 많이 가지고 있는 몬태나 주 토박이 보거스 상원 상임위원장만이 혼자 우기고 있습니다. 그분의 영향력이 워낙 커서 미국무역대표부도 전전긍긍하고 있습니다.

존경하는 대통령님, 2008년 6월 한·미 쇠고기 재협상에서 30개월령 이하의 데드라인을 도대체 어떻게 얻어내었습니까? 두 번씩이나 대국민 사과를 하고 나서 가까스로 얻어낸 마지노선이 아닙니까? 한·미 FTA가 아니라 그 무엇을 얻기 위해서라도 30개월령 선을 절대 양보해서는 안 됩니다.

그 이유는 아주 간단합니다. 대통령님께서 대국민 사과 때 이미 말씀하셨다시피 단 한 명의 국민의 건강과 생명이라도 국가가, 그리고 대통령이 보호해야 할 책임이 있기 때문입니다. 다만 미국 측의 무리한 요구를 피해나갈 대책은 있습니다. 언제라도 책임자를 저에게 연계해주시면 쾌히 지혜를 빌려드리겠습니다.

긴 탄원서를 직접 읽어주시어 감사합니다.

안녕히 계십시오.

캐나다 밴쿠버 브리티시컬럼비아 대학교 학사에서

불비례 김성훈 올림

| 오마이뉴스 2010년 7월 26일 |

대기업만 살찌우는 농정 조직 개편안

예부터 식품을 가공하는 일은 농가의 고유 영역이었다. 메주 쑤고 된장·고추장 만들고 김치 담그고 식혜와 막걸리를 빚는 일은 〈농가월령가〉에도 등장한다. 5.16 이후 미국 잉여 농산물의 독점적 수입·가공으로 한밑천 잡은 대기업들이 3백(밀가루, 설탕, 면화) 산업을 필두로 식품가공업에 뛰어들어 돈방석에 앉았다. 그때까진 식품 행정이 농림축수산업 보호 정책과 연계돼 이른바 '농장에서 식탁까지' 일관되게 운영되었다. 당연히 농정 당국과 대기업 사이가 매끄럽지 않았다. 그때 청와대 비서실장을 역임한 H장관이 보건사회부(현 보건복지부)로 부임하면서 총리실로부터 쪽지 한 장을 받아낸다. 그 후 식품가공 업무는 보사부로 넘어갔다.

그로부터 식품산업은 수입 농산물을 기반으로 한 대기업에 의해 눈부시게 성장했다. 1차 산업에만 머물게 된 농업 부문은 수출 주도의 고도 경제성장 정책에서 점점 멀어졌다. 농업 부문의 쇠퇴를 보다 못한 전두환 정부가 식품개발연구원이나마 농림부 산하에 설립하도록 했지만, 식품가공산업 인허가와 진흥 업무는 안전성 조사 업무와 함께 오랜 기간 보건복지부의 영역이었다. 식품의약청은 안전 관리를 주업무로 하는 기관이라 식품산업 인허가를 내줄 때 국내산 원료 사용이나 농가 소득 증대는 안중에 없었다.

세월이 지나 노무현 정권 말기에 농업계의 오랜 숙원인 식품 관련 업무를 다시 농림부에 되돌리는 결단을 내렸다. 농업농촌기본법을 '농어업 농어촌 식품산업기본법'으로 개정하고, '식품산업진흥법'을 2007년 12월 제정·공포해 이명박 정부의 출범과 동시에 식품산업 진흥 업무가 수산 업무와 함께 다시 농림부로 넘어오게 된 것이다. '농림수산식품부'로 재통합됨으로써 농업 부문은 다시 식품산업으로 진출할 기회를 맞이했다.

농민에게서 빼앗은 가공·유통, 대기업에게로

지난 2013년 1월 15일, 새 정부 인수위원회는 농림수산식품부를 농림축산부로 축소하는 정부 조직 개편안을 발표했다. 식품산업 진흥 업무를 '식품의약안전처'로 귀속시키고 수산 업무는 해양수산부로 빼돌렸다. 이른바 해체 수준의 조직 개편안이다. 그 빈자리가 초라했던지 농업에 포함되던 '축산'을 부각시켜 도리어 '농림축산부'로 쪼그러뜨렸다. 생산(1차 산업), 가공(2차 산업), 유통 및 수출(3차 산업)을 한데 묶어 농림수산업을 6차 산업으로 육성함으로써 농어촌에 식품산업 진흥과 1촌 1품 운동의 꽃을 피우려고 했지만, 싹도 트기 전에 문을 닫게 되었다.

그러지 않아도 혹독한 무관세 완전 수입개방 조치들로 파김치 신세가 된 농어업·농어촌·농어민, 3농 부문은 농어가 소득이 2005년 수준에 머무른 채 신음하고 있다. 그나마 희망의 끈을 놓지 않게 해준 유일한 희망인 식품산업 진출의 꿈마저 일장춘몽이 된 것이다. 농림축산업의 생산액은 2011년 현재 약 43조 원인 데 비해 식품산업 규모는 대략 135조 원이다. 국내총생산의 5퍼센트, 제조업의 15퍼센트, 고용의 5퍼센트를 차지하는 식품산업으로의 진출은 블루오션이다. 그래서 캐나다, 호주, 뉴질랜드, 덴마크 등 선진국들은 농림부를 '식품 및 농림부'로 개칭하고 안전 관리 업무까지 관장케 하고 있다. 미국도 최근 식품 관리 및 안전 관리 업무를 농무부로 통합하려는 움직임을 보이고 있다. 식품 안전 문제는 생산과 유통 과정에서 관리되어야 하기 때문에 식품안전처가 관리한다는 것은 어불성설이다.

세계적인 변화 추세도 모르고, 농업과 식품산업의 상생원리도 모르는 인수위의 문외한들이 밀실에서 전격 합의해 발표한 이번 조치는 과거회귀형, 역진적인 개편안이다. 다양하고 품질 좋고 안전한 식품을 안정적으로 공급하는 출구가 막힌 농어업과 농가 소득 향상 기회를 놓친 농어민더러 장차 어떻게 '잘살아보세'라는 노래를 부르게 할 것인가. "농어업·농어촌 문제만큼은 대통령이 직접 챙기겠다"고 공언한 박근혜 당선인의 용단을 촉구한다.

| 경향신문 2013년 1월 22일 |

박근혜 정부가 농촌을 살리려면(1)

1998년 4월 대구 달성군의 보궐선거에서 당선되어 처음으로 국회에 등원한 박근혜 의원은 첫 본회의 대정부 질의에서 거의 모든 시간을 농업·농촌 문제에 할애하였다. IMF 환란으로 절체절명의 위기에 놓인 농촌경제와 농민의 참상을 조목조목 지적하였다. 환란 와중에 갓 출범한 국민의 정부 농정 책임자로서, 취임한 지 얼마 되지 않았던 필자는 국무위원석에 앉아 애꿎은 속앓이를 해야만 했다. 한편으로는 억울하고 다른 한편으로는 농업 문제에 대한 박 의원의 관심에 고개 숙였다. 20여 년 전 고 박정희 대통령의 환영을 보는 듯한 착잡한 심정이었다.

지방 시찰 중에, 간혹 농부들이 논두렁에 옹기종기 모여 앉아 막걸릿잔을 기울이는 장면을 목격하면 예고 없이 끼어들어 농민들과 술참을 나누면서 그들의 애로사항을 직접 청취했고, 한적한 농촌 마을의 아무 집이나 들어가 "안녕하십니까. 나, 박정희입니다"라고 자신을 소개하며 민생을 확인하던 독재자 박정희 대통령의 농촌·농민 챙기기는 각별하였다. 그것이 쇼맨십이라 해도 지푸라기라도 붙잡으려는 익사 직전의 농업·농촌·농민에겐 유일한 희망이었다. 다행히 박정희 대통령은 귀경하면 자신이 직접 보고 듣고 담아두었던 바를 정책에 반영하곤 했다. 1979년 초가을 농촌의 민정시찰에서 돌아온 박정희 대통령이 농민들에게서 직접 들은 정보를 바탕으로 당시 경제기획원 고위 간부들에게 "니들이 뭐를 안다고 쇠고기 수입 시장을 개방하겠다는 헛소리를 흘렸느냐"고 노발대발했다는 신문기사가 기억난다. 그리고 그는 그해 말 비명에 유명을 달리하였다. 공과 과가 얽힌 독재자 박정희의 역정에 대해 상당수 농업·농촌·농민은 그래도 희망을 걸었다.

독재자 박정희의 농정 철학, "농민도 잘살아보세"

박정희 대통령이 그리던 농정 구도는 '자조·자립·협동'으로 농민들도 잘살아보자는 지역사회 공동체 건설이었다. '효율과 경쟁력'을 앞세운 이명박, 박근혜 정부의 신자유주의적 '농업산업화=대기업농화' 정책과는 전혀 다른 방향이었다. 애시당초 시장경제 만능주의와 가격 경쟁력, 효율성 위주의 정책이란 그때나 지금이나 반만년 배달겨레의 소규모 가족농 구조에서는 가당치 않은 개념이다.

설사 소수 대자본에 의한 기업농으로 대체할 수 있다고 치더라도, 우리나라의 특수한 경제·사회적 여건으로는 정부 투자를 선택적으로 집중해 지원하는 정책이란 또 하나의 특혜와 보호에 불과하다. 기존의 소농들을 농촌사회에서 쫓아내는 정책일 뿐이기 때문이다. 소농, 가족농 그리고 농촌 지역사회의 주민들에 의한 공동체적 협동화와 전문화로 지속 가능한 농업·농촌을 가꾸는 길 외에는 정답이 있을 수 없다.

그것이 우리 국민의 숙명이라면 숙명이고 모두가 고루 잘사는 이른바 스위스형 강소농 모델이다. 도농이 상생하는 지속 가능한 사회를 건설하고 자조·자립 정신에 기반한 다양한 협동을 강화하는 것이 사람과 지역사회와 환경 생태계를 공히 살리는 대안이기 때문이다. 한마디로 '사람 중심, 농민 중심'의 농정철학이 적어도 박정희 시절에는 국정의 기본이었다. 그러나 박근혜 정부에선 그것이 보이지 않는다.

공산품 분야에서 경쟁력을 잃은 미국 등 농산물 과잉생산 강대국들이 자국의 식량과 농산물을 국제 교역상품으로 데뷔시키기 위해 다국적 초국경 기업들의 조종을 받아 강압적으로 약소 식량 수입 국가들을 자유무역 시장개방 체제에 강제로 편입시킨 것이 바로 1995년의 우루과이 라운드 (농업)협정체제, 즉 WTO의 출범이었다. 그와 동시에 만성적인 식량 수입국이었던 우리나라 국정 운영에 화려하게 등장하기 시작한 개념이 '효율과 경쟁력'이었다. 그리고 '선택과 집중'이라는 대표적인 전술이 상수화되었다. 이는 미국을 비롯한 서구 신자유주의적인 경제체제에 편입 또는 동조화(同調化)를 합리화하는 키워드다.

그 지표와 개념대로 정책을 펴면 국내적으로는 몇몇 대기업 재벌만 살아남아 소규모 가족농들은 밀려나거나 하층 노동자로 전락하게 된다. 국제적으로는 미국계 초국경 기업에게 우리 국민의 생존권이 달린 식량과 식품의 공급을 책임지게 하는 체제다. 이른바 신자유주의적인 경제통합 시대가 시나브로 전개된 것이다. 그 종착점에 농민은 없고 농업 노동자와 소비자만 남게 된다. 식량주권의 소멸과 국가주권의 실종이라는 종말이 가까이 다가올 뿐이다. 어느 전경련 회장은 노골적으로 반도체를 팔아 부족한 쌀을 수입해오는 것이 국가와 국민에게 더 유리하다고 공언하기에 이른다. 그리고 현실에서 그 공언을 실현하고 있다.

철학이 없는 정부의 농정

최근에 드러난 박근혜 정부의 농정 방향을 보면 추상적인 말잔치만 있지, 현재와 미래의 농업 현안에 대한 고민이 보이지 않는다. 농민을 살릴 철학과 비전이 보이지 않는다. 말로야 누군들 '희망찬 농업, 활기찬 농촌, 행복한 국민'이라고 천만 번 외치지 못할까. 직시하기에 고통스러운 핵심적인 농업 문제들이 박근혜 정부의 5대 국정 과제에 빠져 있다. 이 지구상의 국가다운 국가 가운데 홍콩, 싱가포르 등 도시국가를 제외하고 국민 식량(곡물)의 자급률이 20퍼센트대를 겨우 넘을까 말까 한 나라가 우리나라 말고 또 어디에 있던가. 해마다 식량 공급이 부족하여 수백만의 국민을 영양실조와 기아에 허덕이게 하는 북한의 식량 자급률도 70퍼센트대를 넘나든다. 지구촌은 바야흐로 기후변화와 태양계의 이상으로 식량 총생산량의 증가 추세가 멈춰섰고 2~3년 단위의 애그플레이션 현상으로 세계 경제가 휘청거리고 있다. 그 가운데 유독 대한민국만은 농업과 식량 생산 실적이 뒷걸음질 쳐 이제 자급률이 세계 최하위권 국가에 랭크되었다. 가용 농경지 면적과 산지가 줄어들고 농가 평균소득 역시 해마다 쪼그라들어 7년째 제자리걸음이다. 그런데도 '희망찬 농업'을 외칠 것인가.

부동산 투기꾼들이 농지와 임야를 비농업 용도로 잠식하는 현상이 날로 기승을 부리고 있지만 박근혜 정권의 농정에는 이에 대한 고민이 별로 보이지 않는다. 2020년까지 최소 곡물 자급률 32퍼센트를 성취하기 위해서는 최소한 175만 헥타르의 농경지가 필요하다고 정부 당국 스스로 밝히고 있음에도, 각종 상공업 및 도시 용도로 우량 농지들이 해마다 빠져나가 2011년 현재 전국의 농지 면적은 겨우 169만 헥타르에 불과하다. 농촌경제연구원은 이 추세대로 농지 제도가 방치될 경우 10년 후에는 농경지가 157만 헥타르만 남을 것이라고 예측했다. 그보다도 더 우려되는 현상은 우량 농지와 산지가 놀라운 속도로 부동산 투기 대상으로 변질되고 있다는 사실이다. 농경지가 불법, 탈법으로 부재지주나 비농민의 수중으로 넘어가고 있다. 그것을 경기도의 경우는 도지사가 앞장서 부추기고 있다.

언제부터인지 농림축산식품부의 통계자료집에는 아예 임차 농경지(농림부는 헌법에서 금지하는 '소작농'이라는 용어를 피해 '임차농'이라고 표현한다) 면적의 현황에 관한 통계마저 빠져버렸다. 대한민국 국민이면 누구나 농경지의 투기화 현상이 보편화되었음을 잘 알고 있기 때문인가. 어림잡아 대도시 근교의 농경지 중 80~90퍼센트를 투기나 재산 증식의 수단으로 비농민이 소유하고 있으며, 농촌 지역 농경지의 40~60퍼센트가 부재지주 또는 비농민 소유라는 사실은 공공연한 비밀이다. 굳이 이명박 정부의 예를 들지 않더라도, 박근혜 정부의 초대 내각 각료들의 청문회에서 드러난 바와 같이 우리 사회에서 이른바 잘나간다는 각 분야의 엘리트치고 전국 각지에 상당 면적의 논과 밭, 임지를 불법·비법적으로 투기해오지 않은 사람이 없다 할 정도다. 그저 어안이 벙벙할 뿐이다.

농지 제도를 획기적으로 개혁하지 않고 국민의 생존권이 달린 식량·농업 정책의 활로와 농가 소득 안정화의 방도를 찾는다는 것은 모래밭에서 바늘 찾기나 다름없다. 도시 투기꾼들에 의해 선진국보다 10~20배나 비싸진 논밭에서 값싸고 질 좋은 농산물이 풍부하게 공급될 것이라고 기대할 수는 없다. 설사 재벌기업농이 농사를 독과점한다 해도 정부의 특혜 지원 없이는 수지타산을 맞출 분야가 그리 많지 않다.

농지는 줄어가는데 여전히 가격 경쟁력 타령

우리나라 농축산물 총수입액이 총생산액인 43조 원에 육박하는데도 대한민국 농정의 중심축은 여전히 '효율성과 가격 경쟁력' 패러다임이 주도하고 있다. 이명박 정부는 '돈 버는 농업'을 정책구호로 내걸었을 정도다. 땅값이 외국의 10~20배나 높고 호당 경지 면적이 100분의 1 수준인 열악한 조건에서 우리나라 소규모 가족농들은 신자유주의 정책의 거센 역풍을 맞고 있다. 그러니 환경 생태적으로나 사회경제적으로 지속 가능한 농업은 점차 설 자리를 잃어가고 있다. 농촌 지역사회 공동체도 붕괴 직전이다. 거기에 세계 농업의 공통 현상인 고령화 추세 또한 우리나라에서 더욱 가속화하고 있다. 한때 정부가 추진했던 가족농업의 협동화와 전문화 정책이 시들해진 자리를 대신하여 기업농식 사고가 부쩍 파고들었다.

사람도 살리고 농촌 공동체도 살리며 환경 생태계도 함께 살리는 조화롭고 지속 가능한 농업에 대한 육성 방침이 이미 오래전부터 분명히 정립되어 있다. 그런데도 박근혜 정부의 5대 농정 과제엔 생산력의 주체이자 공동체의 주역인 농민의 존재가 보이지 않는다. 오히려 일부 관료들은 뱁새가 황새 걸음을 흉내 내듯 가격 경쟁력 지상주의에 사로잡혀 요사스러운 대책들을 내놓는다. 어디 농산식품이 가격 경쟁력만 있으면 만사 오케이인가. 품질과 안전성이 더 중요하며 환경 생태계와 지역사회 공동체 유지 기능 또한 중요하지 않은가. 생산 및 유통·가공·판매의 협동화로 농가 소득을 높이고 농촌 지역경제 공동체를 살려 도시 소비자의 건강과 생명도 함께 돌보면서 환경 생태계 보전 등 비가격적 공익 기능을 키우는 지속 가능의 철학이 박근혜 농정엔 빠져 있는 것 같다. 가격 경쟁력에만 혈안이 되어 땅이 넓고 생산비가 낮은 나라의 농정만 흉내 내려다가는 GMO(유전자조작 농산물)건, 방부제와 농약 방사선 투성이의 식품이건, 값만 싸면 마구잡이로 수입하겠다는 것인가. 국민의 생명은 무시한 채 자본 효율성 위주로 농정을 펼치겠다는 뜻이 아니길 제발 바란다.

끝으로 박근혜 정부의 농정 과제 중에 우리나라 농업·농촌·농민의 현재와 미래를 무겁게 짓누르고 있는 것은 무관세 완전 시장개방 압력이다. 이미 50여 개국과 체결했거나 현재 추진하고 있는 FTA의 후폭풍에 대한 대책이 다루어지지 않고 있다. 특히 중국과의 FTA가 초래할 엄청난 파괴적 효과에 대한 사전 대비책이 전혀 보이지 않는다. 농업 분야를 제외한 FTA 협상이 불가능할 경우, 차라리 중국과의 협상은 하지 않는 것이 길게 보아 득이 더 많다고 본다.

농촌·농민은 국정의 실험 대상이 아니라 섬김과 돌봄의 대상이다. 이 땅에 생명을 낳고 생명과 환경 생태계, 문화 전통을 지키고 가꾸는 다원적 공익 기능의 집합체이기 때문이다. 이것은 이미 고 박정희 대통령이 애써 지키고 가꾸려던 자조·자립·협동의 상생정신에 담긴 개념이다. 농업이 가진 환경, 생태, 문화 전통, 지역사회 공동체, 도농상생 등 다양한 공익적 기능을 감안하여, 박근혜 정부의 농정은 시야를 보다 넓고 길게 가져야 한다. 그리고 미국, 브라질만 쳐다보지 말고, 우리나라와 농업 조건이 유사한 독일, 스웨덴, 스위스, 오스트리아 등 유럽 국가들을 더 공부하고 참고하여 농정을 본래의 자리인 '국민농업'으로 돌려놓아야 한다.

농림축산식품부 관료들이 정신 차려야

농업·농민이 없으면 농촌도 없고 국민도 나라도 없다는 진실을 외면해서는 안 된다. 농림축산식품부의 고유한 영역과 사명은 이처럼 하늘로부터, 그리고 국가와 국민으로부터 주어진 것이다. 농림축산식품부가 기획재정부나 산업통산자원부의 시녀가 아니라는 사실을 명심해야 한다. 농림축산식품부가 농민과 농촌 공동체와 환경 생태계를 돌보지 않으면 누가 이들을 감싸안을 것인가. 구중궁궐에서 자랐던 박근혜 대통령이 직접 나서서 챙겨야만 농정이 제대로 풀리는 것이라면 참으로 농림부가 존재가치가 의심스럽다. 농림축산업의 생명적 가치와 농촌·농민의 공동체적 가치를 지켜내지 못하겠거든 차라리 그 자리를 떠나라. 혹시라도 머지않은 어느 날, "차라리 농림축산식품부를 없애라"는 농민들의 주장이 농촌에서 터져나오지 않기를 바랄 뿐이다.

| 프레시안 2013년 4월 24일 |

박근혜 정부가 농촌을 살리려면(2)

⋮

지금 대한민국의 농업·농촌·농민의 경제 형편은 말이 아니다. 이명박 정부가 지난 5년간 농림부 관료들을 품목마다 물가 관리 담당자로 지명하며 무조건 무관세 할당관세로 수입을 촉진한 결과, 국내 농산물 가격 체계는 뒤죽박죽이 되어 전망을 잃었다. 그 흔한 배추 농사가 절단나고 돼지 농가가 허덕이며 중소 농가들이 기사(幾死) 상태다. 농민이야 죽든 말든 식품을 무관세로 과잉 도입한 대재벌 식품업체들은 탈세를 하다가 덜미가 잡혔다. 소비자들의 건강이야 금이 가건 말건, 한 건 히트 칠 기회만 호시탐탐 노리는 관료, 학자들의 입신양명주의 또한 너무나 안타깝다. 더욱이 이러한 때에 우리나라에서 농정의 절반이라 해도 과언이 아닐 대한민국 최대 금융·경제 단체인 농협중앙회와 그 자회사들은 어떠한가. 이명박 정부가 외국계 컨설팅회사의 용역 자문을 받아 지난해 의욕적으로 단행한 농협 개혁이란 것이 기껏 협동조합의 성분을 쫙 빼고 기업적인 지주회사 체제로 바꾸어 이름마저 세계화한 NH농협이다. 농민 조합원과의 거리를 더욱 멀어지게 만든 비협동조합적인 회사 조직이 바로 NH농협 개혁의 소산이다. 임직원은 조합원 농가의 소득보다 몇 배나 많은 월급을 받고 회장님은 그보다 수십 배나 더 받아 호의호식하는 것쯤이야 대다수 농민 조합원의 경제와 살림살이만 좋아진다면 하등 잘못된 게 아니다. 그러나 농민 조합원들의 살림은 날로 궁핍해지는데 임직원들만 호의호식하는 지주회사 체제라면 무언가 잘못되어도 한참 잘못되었다. 개혁 조건으로 얻어낸 5조~6조 원의 정부 추가 지원도 밑 빠진 독에 물 붓기나 다름없게 될 전망이다.

농민 외면하는 농협에 더 이상 지원 안 돼

지난 수십 년간 새 정권이 들어설 때마다 유통 구조 개혁으로 농민은 제값 받고 소비자는 값싸게 안전한 농산식품을 사게 하겠다는 구호가 나왔다. 아니나 다를까 이 구호는 이 정권에서도 다시 등장하였다. 하지만 그게 현행 농협지주회사의 고임금 비효율 체제를 놔둔 채 감당할 수 있는 일이던가. 소나기가 지나가고 나면 농협은 추가적인 정부 지원이 있어야 유통 개혁이 가능하다며, 예전에 했던 요구를 되풀이할 것이 뻔하다. 농협의 유통 시설과 사업에 오랜 기간 그만큼 국가에 의한 투자와 세제 지원을 받았으면, 통합 농협 발족 50년이 지난 지금쯤은 농민 조합원과 소비자가 공감하는 가시적인 개혁 성과를 보여줘야 할 것이 아니던가. 적어도 박근혜 정부의 5대 농정 과제인 '유통 구조 개선'에 기왕에 했던 이 같은 지원 계획이 되풀이되어서는 안 될 것이다. 연목구어(緣木求魚)나 마찬가지일 것이기 때문이다.

농림 당국은 한술 더 떠서, 지난해 농수산식품 수출액이 80억 1000만 달러를 기록했다고 자랑하고 있다. 그러나 정부의 물류비 지원을 받고 수출된 1억 달러가 넘는 주요 품목을 보면 낯이 뜨겁다. 궐련(담배), 참치, 커피 조제품, 자당, 라면, 소주, 비스킷, 음료 등등이다. 대체 이것들이 농가 소득 증대나 농업 생산과 무슨 상관이 있나. 우리나라 농업·농민과는 한참이나 거리가 먼 품목들이 대부분이다. 초코파이 등 공산식품 원료의 대부분은 외국서 수입한 것이다. 또 식품산업 육성과 생산 및 유통 현대화 촉진을 위해 정부 자금을 쏟아부었던 대상에 수입 농산물을 주원료로 사용하는 대기업 가공식품 기업들을 포함시켰다. 정부 지원 없이도 잘나가는 대형 마트들에게도 농림 예산이 지원되었다. 심지어 퇴직 관료들의 취업 자리를 제공해준 모 재벌회사에 소농 가족농에게 돌아가야 할 거액의 FTA 대책 자금이 지원되었다. 국민의 혈세를 죽어라 쏟아부은 새만금 등 간척지는 농민이 아닌 대기업들에게 우선하여 특혜 분양되었다. 이렇듯 농업 자금 지원 대상에 스리슬쩍 재벌기업, 대형 유통·가공업체들이 포함되어, 그러지 않아도 줄어들고 모자라는 농림축산 예산이 줄줄이 새나갔다. 적어도 이명박 정부 때 그러했다. 그것이 이 정부 들어 5대 국정 과제로 등장한 '농식품산업 창조경제'의 현주소가 되지 않기만을 간절히 바랄 뿐이다.

소주, 라면, 커피 수출이 농업 수출 실적이 되다니

다른 한편, 농업용수의 생명줄인 전국의 1만 7000여 개 저수지 중 67퍼센트가 축조된 지 50년이 지났다. 엊그제 그중 한 곳의 둑이 무너져 20여 만 톤의 물이 삽시간에 저지대를 덮치며 흘렀다. 1960년대를 전후해 미국 잉여 농산물로 급조된 이른바 '밀가루 저수지'들이 방재청과 농어촌공사 진단 결과 대부분 매우 위험하다는 D급 판정을 받았음에도 예산 타령만 하며 방치한 결과다. 그런데 새 정부의 '활기찬 농촌' 계획과 19조 원에 달하는 추경 예산에는 아직 농업 기반 개선 사업 및 노후 저수지 현대화 항목이 보이지 않는다. 경주 산대 저수지 붕괴와 같은 사태가 일파만파로 확대되어야 깨달을 것인가. 전체 국가 예산 중 농림축수산 예산이 2013년 현재 역대 최저수준인 4.5퍼센트라는 구도에서 기반 조성 사업이 홀대받는 것은 너무도 당연하다.

이웃나라 중국은 '세계의 공장'이라고 불릴 만큼 상공업 수출산업이 눈부시게 발전했음에도 불구하고 올해도 여전히 중국 정부 및 공산당의 제1호 중앙 문건(2013. 1. 31)이 10년째 농업 문제로 채워져 제시되었다. "농업 생산량이 결코 줄어들지 않게 하기 위해 현대 농업의 발전에 박차를 가하고, 물질적 기술적으로 농업 발전을 지원 강화할 것이며, 농경지를 안정적으로 확보하는 한편, 곡물 생산의 안정적인 증산에 매진하기 위해 농업 기반 인프라 확충과 농경지 보호에 한층 엄격한 규칙을 적용할 것"이라고 발표했다.

그러면, 우리나라의 대표적인 농업·농촌 현대화 사업을 보자. 지금 정부 농업기관이 앞장서 미래형 농업으로 시범을 보이며 홍보하고 있는 것이 이른바 '공장식 빌딩 농업'이다. 그런데 이것은 멀쩡한 논과 밭, 땅과 흙을 놔두고 공짜의 햇볕과 저수지 물도 그대로 놔둔 채, 콘크리트 철근으로 고층 빌딩을 지어 LED로 인조 볕을 비추고 배지에 양액을 공급하여 농산물을 생산하는 시스템이다. 보통의 평지 농사의 10여 배의 비용이 드는 농사이다. 일부 지자체 단체장들이 덩달아 국민의 혈세로 빌딩을 지어 수직 농사를 뽐내고 있는데, 그곳엔 농민이 없다. IT(정보통신기술), BT(생명공학기술) 전문가뿐이다. 심지어 이를 도시농업이라고 명명하는 바람에 정작 환경 생태계 보전과 유기농 보급, 귀농귀촌 교육 등으로 실제로 땀을 흘리던 전국의 도시농업인들이 발끈 화를 냈다. 농민이 없는 고비용 빌딩에서 농사를 흉내 내는 장난 같은 일이 공기관에 의해 국민의 세금으로 공공연히 자행되고 있다. 한술 더 떠서 이 같은 화학 기계식 빌딩 농업을 미래 농업의 대안이라고 우기기까지 한다. 혈세를 낭비하고 농업·농촌·농민을 우롱하는 농정이 대명천지 백주노상에서 전개되고 있다. 차라리 무농민 '빌딩농업진흥청'이라는 간판을 새로 달아야 할 것 같다.

정부는 소비자와의 묵시적인 양해하에 외국의 통상 압력에 대비해 연구 시험용으로 10여 년 전부터 유전자조작 볍씨 등 각종 종자를 개발, 연구해왔다. 그런데 지난해 정부는 이 유전자조작 종자 개발을 이름도 거창한 '황금 종자(Golden Seed) 프로젝트'로 명명하며 야심차게 수출 보급하겠다고 발표하였다. 박근혜 정부는 그 역풍을 미처 생각지 못하고 이를 계승하여 창조경제의 대표주자감으로 내세우는 데 신이 나 있다. 모르긴 해도 다음 순서로 국내 농업 농민에게도 유익하다고 견강부회 격으로 우기면서 슬그머니 국내에 보급할지 모른다. GMO의 종주국인 미국과 캐나다는 그렇다 치더라도, 유럽 등 세계의 대다수 국가에서 GMO가 인체 생명에 끼치는 심각한 위해성과 환경 생태계 피해에 대한 연구 결과가 속속 발표되고 있다. 러시아도 중국도 긴장하고 있다. 범세계적으로 모두들 전전긍긍하며 표시제를 강화하는 추세다. 그런데도 우리 정부는 수출이라는 명분에 편승하여 슬그머니 GMO 보따리를 풀어놓으려 한다. 박근혜 정부의 5대 농정 과제인 '안전한 농식품의 안정한 공급'이 이를 용인하는 저의가 무엇인지 심히 궁금하다. 그것도 불량식품 근절을 4대 사회악으로 규정하며 대통령이 앞장서 독려하는 국민 식생활 안전 문제가 농림부의 괴물(유전자조작) 씨앗 수출 보급 계획에 가려져 있는 것을 보면, 이명박 정권 초기의 광우병 의심 미국산 쇠고기 전면 개방 조치로 촉발된 3개월여의 범국민적 촛불시위 사태가 떠오른다.

닮을 것을 닮아야 농정 바로 세워

이럴 때 외신(2013. 2. 7)은 청량한 소식을 전해왔다. 미셸 오바마 여사가 백악관 뒤뜰에서 직접 재배한 유기농 배추로 손수 담근 김치 병조림들이 대대적으로 소개된 것이다. 평소에도 건강식인 김치를 사랑한다는 미셸 여사는 백악관 요리 블로그 '오바마 푸도라마(Obama Foodorama)'에 "채식주의자라면 양념 중 액젓은 빼도 되고요. 다만 재료는 꼭 손으로 버무려 담그세요"라는 친절한 설명까지 덧붙였다. 미셸 여사는 지난해(2012) 9월 필자가 참가하여 주도하였던 워싱턴DC 한인회 주최 코러스(KORUS) 페스티벌에도 보좌관 티나 첸을 보내 김치 버무리기 시범행사에 참가케 한 적이 있다. 보좌관은 인사말에서 미셸 오바마 여사의 유기농 텃밭 농사에 대한 열정과 김치 사랑을 자랑스럽게 소개하였다. 비록 여론의 뭇매를 맞고 물러서긴 했지만, 우리나라 지도층과 재벌 자녀들은 한동안 빵가게를 열고 커피집을 내고 땅 투기 부동산 놀이를 하는 등 돈 되는 일이라면 체면 가리지 않고 나섰다. 닮을 것은 아니 닮고 돈 되는 일에만 수단 방법 가리지 않고 열을 올리는 어리석음이 우리 농정에 되풀이돼서는 안 되겠다.

| 프레시안 2013년 4월 24일 |

복면녀와 귀농녀의 인권

며칠 후면 한 많고 설움 많던 계사년이 저문다. 풀뿌리 백성들의 가슴엔 한이 넘치다 못해 냉기가 역연하다. 이 땅에서 제일 힘없고 가냘픈 농민이라는 이름의 백성들은 마치 고립무원의 절해고도에 갇혀 시름에 젖어 있는 모습이다. 이제 울부짖을 힘마저 빠졌는지 애꿎은 생명을 내려놓는 민초의 행렬이 자꾸 늘어나고 있다.

우리는 똑똑히 기억한다. 작년(2013) 말 대선 막바지 서울의 한 오피스텔에서 '댓글 달기' 공무(?)에 열중하다가 야당 측이 현장을 덮치자 쇠문을 꼭 닫아걸고 경찰의 퇴로 마련 도움마저 마다하며 흔적 지우기에 골몰했던 그 복면녀(나중에 알려졌지만 서슬도 시퍼런 국정원의 여직원 김아무개 씨) 사건 때 참으로 감동스러운 인간애가 연출되었다. 마지막 대선 후보 TV 토론회에 나온 여성 후보 박근혜 현 대통령께서 "가녀린 여인의 인권"이 그렇게 짓밟혀도 되느냐고 말씀하여 세간에 잔잔한 감동을 불러일으킨 것이다. 공무원의 공직선거법 위반이라는 잘못은 뒤로 밀쳐두고 오로지 여성 범법자의 인권만을 배려하는 박근혜 후보의 너그럽고 섬세한 인품이 돋보였다. '저런 분이 대통령이 되면 우리 같은 풀뿌리 민생들의 삶에 따뜻한 위로와 도움의 손길이 풍성히 펼쳐질 것' 같은 환상에 상당수 민초들이 빠져들었을지 모른다. 필자 또한 노동자, 농민, 영세상인 등 서민의 애환을 잘 살펴주실 것이라는 자기최면에 걸렸던 모양이다. 선거 전날 국정원녀의 정치적 댓글이 발견되지 않았다는 경찰의 생뚱한 심야발표에도 그냥 고개를 끄덕이며 넘어갔으니 말이다.

야속한 대통령의 사람들, 사람의 인권에도 차이가 있나?

그 복면녀 사건이 터진 지 꼭 1년이 지난 12월 13일, 밀양시 단장면 96번 송전탑 765KV 건설현장 인근의 동화전 마을 황토방에서 6년차 귀농녀인 부산 출신 권아무개(53) 여인이 다량의 수면제를 먹고 자살을 기도하였다. 주민들에게 일찍 발견되어 다행히 죽음의 문턱에서 생명을 건졌다고 한다. 박근혜 대통령과 한전 그리고 자신의 남편에게 남긴 유서에는 "이런 억울한 죽음이 다시는 없도록 해주십시오. 내 땅에 내 마음대로 가(서 농사도 짓)지 못하는 세상이 어디 있습니까? 내가 죽으면 내 시체를 한전 앞마당에 묻어주십시오"라고 쓰여 있었다고 한다(한겨레, 2013. 12. 14). 귀농녀 권씨의 자살 기도에 앞서 두 분의 농민이 같은 이유로 자살했는데, 그중 고 유한숙(71) 씨는 경찰과 밀양시의 반대로 유족이 원하는 곳에 빈소도 설치하지 못하고 국가인권위원회의 중재안마저 거부되었다. 이에 주민들은 지난 11일 추모제를 열어 고 유한숙 어르신의 죽음을 애도하며 이를 '사회적 타살'이라고 절규하였다고 한다.

그런데 복면녀의 인권에 대하여 그렇게도 자상하던 '그분'께서, 아직 밀양의 귀농녀나 고 유한숙 씨의 죽음에 대해서는 따뜻한 말이 단 한마디도 없다. 도회지 공무원 복면녀의 인권과 시골 오지 귀농녀의 인권에 무게 차이가 있어서는 아닐 것이고, 화려한 외교와 도시민의 민생 챙기기에 올인하다 보니 깜빡 잊어서도 아닐 게다. 아마도 안행부인지 농림부인지 산업통상부인지 담당 장관이나 청와대 참모 중 제대로 된 건의 한 번 올리는 사람이 없어서 지금도 모르고 계실 게다. 인권과 인간애에 여간 세심하지 않은 분이니, 결코 알고도 가만히 계시지는 않았으리라. 이렇게 생각하니 참으로 공직자들, 대통령의 사람들이 밉고 야속하다. 물론 권씨의 유서도 전달되지 않았을 테니 개죽음이 따로 없다.

'좀비'들이 판치는 세상

말이야 바로 하자면, 이는 박근혜 정권의 출발 당시 고위직 인사 발탁 때부터 이미 예정된 정치 부재, 민생 부재, 민권 부재, 남북평화 부재의 하나에 불과하다. 자기가 지켜야 할 국민에게 봉공(奉公)을 잘하는 것보다는, 자기를 챙겨줄 윗분에게 충성을 다하는 것이 몇 배 이득이 된다는 동물적 생존본능에 능한 사람들만 골라 뽑아서 나타나는 현상이다. 윗분의 입장에서는 이렇게 맹목적인 충성을 바치는 사람이 요긴할 때가 더 많다. 적당히 약점, 예를 들어 4대 결격사항(병역 기피, 탈세, 부동산 투기, 위장전입)을 갖춘 사람이면 금상첨화다. 여론의 반대를 무릅쓰고 그를 각료로 발탁하면 감읍하여 오로지 충성뿐이다. 실제 국민들이 목격한 '좀비' 같은 저돌적 충성 경쟁이 그 증거이다. 필자도 '잠시 공직에 있어봐서 아는데', 어렸을 때부터 인문·사회과학적 대의대동(大義大同) 정신이 박히지 않은 사람 또는 과학기술 관료일수록 상관만을 향한 맹목적인 충성심이 유난히 강하다. 좀비를 닮은 정치인들에 의한 전국적인 '종북몰이' 사태나 원전 비리사건이 단적인 예다.

피도 살도 영혼도 없는 정치, 법률, 경영·경제학을 선진국에까지 가서 공부하고 돌아온 나 같은 각료일수록, 흔히 소관 행정 분야에서 영혼이 있는 사람(민초)을 놓치고 물리적인 효율과 성장론에만 몰입하는 로봇 같은 멘탈리티가 많이 나타난다. 따뜻한 심장보다는 냉철한 두뇌가 훨씬 앞서기 때문이다. 심장에서 피가 돌지 않는 좀비나 강시(僵屍) 같은 사람들이 많이 생겨난다. 영혼이 없고, 인정이 없고, 오로지 다른 사람의 피를 빨아 마셔야 생존할 수 있는 좀비의 속성만이 살아남는 세상이 된다. 국민배우 전도연의 영화 〈집으로 가는 길〉에 나오는 외교 관리들의 행태를 보라, 아무리 외국어 능력이 출중하기로서니 민초들의 생사 안위는 안중에 없지 않은가. 자기를 챙겨줄 더 높은 분들 모시기나 잘하면 그만이 아니던가. 민초들을 수탈하고 가렴주구의 짓 안하는 것만도 천만다행이다.

우리나라 농업·농촌·농민 행정에서도 좀비나 감시 같은 현상이 일어나지 않는다고 누가 장담할 것인가. 영세 소농에게 돌아가야 할 FTA 대책비를 대기업 토마토 온실농사에 지원하고, 천문학적인 국민혈세로 간척 농지를 일궈 식품 대기업들에게 나눠주고, 유통 현대화 자금은 초거대 재벌회사에 지원하며, 수출농업 한다며 또 다른 대기업이나 봐주는 것이 이제까지의 농정이 아니던가. 막대한 국가예산을 들여 수직빌딩 농업이나 육성하고, 유전자조작 종자 개발을 황금 종자 사업으로 포장한다고 그게 농촌 진흥, 농민 발전과 무슨 상관이란 말인가? 우리 농산물, 우리 농민이 빠진 한식세계화 사업, 시·군 유통센터 투자 사업, 악명 높은 부실 4대강 사업은 또 무엇인가?

요즘엔 '창조경제'를 한답시고 농어민이 명목으로만 들러리 선 느낌이다. 농어민 주도의 시범지구 운영을 통해 시행착오 없이 국가 백년대계로 추진하여야 할 '6차 산업화(생산·가공·유통·관광·IT·BT 융합 산업)' 육성 사업을 대뜸 1,000여 개로 늘려 돈을 처발라놓았다. 이 정권이 끝날 무렵 이명박 정권 때와 같은 전철을 밟는다면, 누가 그 낭비를 책임질 것인가. 이명박 식 '유체 이탈 멘붕 현상'이 박근혜 정권에서도 재현될지 모른다는 걱정이 태산 같다. 비슷한 부류의 좀비들이 그분의 총애를 받고 현재 정부, 언론, 학계에 판치는 조짐이 왠지 꺼림칙하기 때문이다.

당장 농촌·농민들의 6차 산업 참여를 가로막는 '손톱 밑 가시'는 그대로 방치되고 있다. 예를 하나 들어보자. 어느 농민, 어느 마을도 식품위생법이 규정한 대로는 수십억 원을 들여 식품 가공 시설을 투자할 수도 없으며, 투자해봤자 채산이 맞지 않는다. 한마디로, 현행법대로는 어떤 것도 못 한다. 예컨대 조상 대대로 전승된 발효식품(된장, 간장, 고추장, 김치, 젓갈, 식혜, 막걸리 등 미생물 또는 효소식품)을 만들어 팔려 하면, '식파라치'들이 덤벼들어 현행 식품위생법 위반 행위로 고발 고소하는 바람에 해당 농가는 사면초가의 신세가 된다.

농림부가 앞장서 보건복지부와 식품위생법 시설 기준을 완화하거나 도·시·군 정부에서 선진국처럼 자체 조례를 제정하여, 전통식품 가공 과정에서 위생 문제만 보장된다면 누구나 식품을 제조 판매할 수 있도록 조치할 일이다. 남양주시의 식품 가공 조례가 하나의 모범사례이다. 경제·식품·유통 관료들에겐 개인적 혜택이 예상되는 다국적 대기업과 재벌기업들만 배려의 대상이고 우군인가 보다. 군소 농민은 '피빨이' 대상이 아니면 오히려 다행이다.

'희망찬 농업, 행복한 농촌'의 현장

지금 전국의 3농 현장을 둘러보라. 예년 같으면 평년작에 불과한데도 풍년이 들었다고 호들갑을 떨더니, 쌀값 하락에 생산 농민들만 골탕을 먹어 관청 앞에 나락더미를 쌓아놓고 한숨만 가쁘게 몰아쉬고 있다. 정부의 쌀 수매 목표가격은 8년째 제자리걸음을 하다가 올해 가마당 고작 5,603원 올리겠단다. 오죽하면 엄동설한에 1만여 농민들이 서울시청 앞 광장에 몰려와 울부짖었을까. 한·중 FTA 협상이 급물살을 타고, 한·호주 FTA 협상이 소리 소문도 없이 밀실에서 타결되었으며, 이어 뉴질랜드, 캐나다와의 협상도 곧 타결될 모양이다. 축산농민들은 '몇 년 후면 우리 다 죽는다'며 주저앉는다. 정부는 한술 더 떠 무관세 수입개방의 종결판이라 할 만하고 경제주권과 식량주권 및 식품 안전성의 완전 말소권자라 해도 과언이 아닌 미국 주도의 '12개국 환태평양 경제동반자 협정(TPP)'에 한국도 참여한단다. 대통령이 외국에 나가 한복 쇼를 하거나 영어, 중국어, 프랑스어 등 현지 외국어 실력을 뽐낼 때마다 FTA 협상들이 급물살을 타고, 심지어 민초들의 손발인 국영철도마저 사영화의 길을 터놓더니, 이게 웬 요사스러운 운명의 장난인지 국민, 특히 서민·농민·노동자들은 종잡을 수가 없다.

아니나 다를까, 미국 정부는 한국이 TPP에 참여하려면, 정식 협상 이전에 미국의 해묵은 요구사항이었던 4개 부문을 선결하라고 협박하고 있다. 그중 하나가 바로 농업 문제이다. 한·미 FTA 협상 때도 4개 선결 조항 중에 광우병 의심 쇠고기의 전면 개방을 요구하여 재미를 본 미국이, 이번에는 사전조사와 현장검사 없이 유기농산물과 유기농 식품의 수입을 완전 무관세로 개방하라는 것이다. 미국이 워낙 광대한 땅이다 보니 미국의 유기농 인증 시스템은 세계유기농협회 회원국 중 가장 허술한 것으로 정평이 나 있는데, 우리나라더러 무조건 그걸 인정하고 수입개방부터 결정하라는 것이다. 쌀 자급률은 80퍼센트대, 보리 22.5퍼센트, 밀 1.1퍼센트, 옥수수 0.8퍼센트, 콩류 6.4퍼센트로, 전체 곡물 자급률이 단 22.6퍼센트에 불과한데, 게다가 친환경 유기농산물의 비중이 채 1퍼센트도 되지 않는데 그것을 무관세로 완전개방하라는 것이다.

그동안 정부만 믿고 콩 생산량을 조금 늘렸더니 지금 콩값이 우루루 폭락하여 애꿎은 농민들만 발을 동동 구르고 있다. 엇그제 똥값이 된 배추밭을 갈아엎었는데 고추 값마저 반값 이하로 떨어져 팔 곳이 막막하다. 그동안 고추 생산기반은 18년 새 반토막이 났다. 앞으로 한·중 FTA가 타결되면 중국산 배추, 무, 마늘, 고추로 연명할 수밖에 없는 신세다. 그런데도 정부의 비축 농산물 중에 국산은 겨우 5.8퍼센트에 불과하다. 나머지 94.2퍼센트를 수입 농산물이 차지하고 있다. 정부가 막대한 예산을 들여 비축 시설을 짓고 수매에 앞장섰지만, 고작 우리 농산물 대신 수입산만 쌓아놓고 있다. 그것도 기후변화의 심화로 얼마나 갈는지 아무도 장담하지 못한다. 그중 국내산 콩의 비축 비중은 0퍼센트이다. 비축 콩은 거의 전부 유전자조작 콩이다.

설상가상으로 새 교육감이 들어선 서울시교육청은 학교급식 중 친환경 유기농산물의 비중을 축소하고 급식 시장을 (수입)식품업자들과의 가격경쟁에 맡기려 한다. '학교급식 식재료 구매 방법' 개악안을 만들어 시행하겠단다. 국방부에서는 군대급식용 국산 우유 납품량을 줄이기 위해 250밀리리터 우유팩을 200밀리리터 크기로 줄이라고 요구하고 있다. 추운 날씨인데도 전국의 친환경 유기농민들과 낙농업에 종사하는 축산농민들이 서울시교육청과 국방부 앞에 가서 통사정을 하고 있다. 어차피 주무 부서들은 꼼짝을 안 하니 다시 도시 소비자 학부모들이 나설 차례이다.

만약 우리나라가 TPP에 가입하면, 쌀 시장의 완전개방 문제는 '묻지 마라 갑자생'이고, 무관세로 쇠고기, 돼지고기 등이 들어와

축산물 시장이 무너지는 것은 '기대하시라, 개봉박두'이다. 국산 친환경 유기농 학교급식도 무너질지 모른다. 명색이 행정 최고책임자란 분들이 김장 쇼나 하고, 누구를 위한 행사인지 모를 곳에서 테이프 컷팅이나 하며 돌아다니는 사이 배추, 고추, 마늘 농민들은 외진 농촌에서 한없이 추락한 신세를 한탄하며 울고 있다. "어서 떠나라", "빨리 포기하라"는 해외 세력과 유착한 권력과 대자본의 합창소리가 전국의 3농 구석구석에까지 울려퍼지는 듯하다.

사면초가의 농정, 차라리 없느니만 못하다

올해 농림축산 분야 정부 예산이 역대 최저(4퍼센트)로 책정되었다. 농민들은 몇 명만 모이면 "농업 문제만은 직접 챙기겠다"던 박근혜 대통령의 말씀이 바로 이것을 뜻했던가 하고 수군대고 있다. 필자의 농정 참여 경험상 단호히 말할 수 있다. 앞에서 말한 재정(돈), 제도(급식, 납품 등), 시장 개방 문제 등은 농림 당국의 무능에 절반 이상의 책임이 있다고 해도 틀린 말이 아니다. 윗분의 심기만 살피며 내리시는 말씀을 수첩에 받아쓰기만 하는 관료들이, 이렇다 할 생색도 안 나고 보잘것없어 보이는 농업·농촌·농민 문제를 알아서 챙겨줄 리 없다. 주어진 자리에 있는 자들이 3농을 살리기 위해 싸워야, 아니 다퉈야 한다. 이론적으로, 현실적으로, 그리고 미래 지향적 확신과 철학을 가지고 일신의 안위와 이해를 떠나 국가와 국민의 백년대계를 위해 자기 몸과 마음을 던져야 한다.

머뭇거리다가는 '농림축산식품수입부'로 전락하거나 기획재정부의 일개 국 또는 과 단위로 농정의 위상이 추락하기 십상이다. 그것이 우리나라의 과거와 현재의 신자유주의 행정 풍토이다. 선임자들이 어떻게 얻어낸 친환경 유기농 직불제이며, 우유 군납 확대이며, 수입 개방 피해 대책인지 통찰하고 학습할 의욕마저 포기한 사람들이 높은 자리를 차지하고 있다.

임기 중에 지속적인 유기농 직불제 하나라도 얻어내지 못하겠거든, 콩값 안정 하나라도 지키지 못하겠거든, 뻔히 보이는 축산업 붕괴를 막지 못하겠거든, 농어촌 공립학교 폐교 조치를 완화하지 못하겠거든, 밀양의 귀농녀와 자기 땅을 지키려는 촌로들을 감싸주지 못하겠거든, 제주로부터 전국에 번져가는 재선충을 박멸하지 못하겠거든, 아, 차라리 물러서는 것만 같지 못하다. 대통령직이든, 장관직이든, 그 누구이든, 민초들의 눈물을 닦아주지 못하는 정부는 없느니만 못하다.

| 프레시안 2013년 12월 23일 |

갑오세 가보세

세계사에 빛나는 프랑스 시민 혁명과 중국의 태평천국 운동에 비견될 풀뿌리 민초들의 동학 농민 혁명은 지금으로부터 꼭 120년 전 1884년 1월 10일, 전라도 고부군수 조병갑의 가렴주구와 횡포에 견디다 못한 일단의 농민들이 고부 이평의 말목장터에서 죽창을 들고 일어난 데서 발단하였다. 농민들의 부역으로 보(洑)를 만든 다음, 과다한 수세(水稅)를 부과한 것이 직접적인 원인이었다. 동학 농민군은 관아를 접수하여 조병갑을 축출하고 빼앗겼던 세곡을 농민들에게 나눠주었으며 만석보를 혁파하였다. 요원의 들불처럼 10만여 명으로 늘어난 동학 농민군들은 '부패 척결과 내정 개혁, 척양척왜(斥洋斥倭)'를 부르짖으며 삽시간에 전국 방방곡곡으로 번져갔다. 그만큼 조선 왕조의 무능과 탐관오리들의 가렴주구 행위가 만연했었기 때문이다.

풀뿌리 민초들의 동학 농민 혁명

이 틈새에 호시탐탐 한반도 침탈을 노리던 일제의 혼성 제9여단은 경복궁을 기습 점령하여 민씨 정권을 내쫓고 친일 개화파를 불러들여 김홍집을 내각 수반으로 삼아 잠시 갑오개혁(일명 갑오경장)을 실시하고, 다른 한편 충청도 아산만에서의 중국 선박 공격을 시발로 청일전쟁(1894. 7. 25~1895. 4. 17)을 일으켰다. 이는 갑오 농민 혁명을 핑계 삼아 일제와 그 주구들이 일으킨 난동일 뿐, 진정한 개혁·개방과는 동떨어진 제국주의 열강의 침략야욕이 빚어낸 사건들이다. 참고로 갑오경장을 불러들인 경복궁 기습은 일본군 여단장 오시마 요시마사(大島義昌)가 주도하였는데, 그는 현 일본 총리(아베 신조)의 모계 증조할아버지다.

'사람이 곧 하늘이다(人乃天)'라는 동학 사상은 학정에 시달려온 농민 대중의 민주·민권·민생주의의 근본을 깨닫게 하였고 일본, 청, 러시아, 구미 등 외세의 침탈을 막아보려는 풀뿌리 민초들의 염원을 담아내었다. 그 당시 불렸던 두 민요가 지금도 애처롭게 전해온다. 그 첫 번째가 '갑오세(甲午歲) 가보세, 을미적(乙未賊) 을미적거리다, 병신(丙申)이 되면 못 가리'이다. 갑오년에 부패를 척결하고 내정 개혁과 외세 배격을 단행하지 못하고 다음 해 을미년까지 허송세월하다 병신년이 되면 나라와 백성이 병신이 된다는 뜻을 함축하는 예언적인 노래이다. 아니나 다를까, 민씨 정권의 무능과 부패로 인해 갑오년 동학 농민 혁명이 일어난 지 만 11년째인 1905년에는 마침내 조선의 외교권을 박탈당한 을사늑약이 체결되었고, 그 후 5년이 지나 1910년에는 완전히 합방되어 국권을 상실하였다. 대한제국과 국민은 나라와 주권이 없는 식민지의 병신이 된 것이다.

인간애 넘쳤던 녹두장군 전봉준

나는 지금도 논산-천안 민자고속도로를 통과할 때마다 이인에서 공주로 향한 우금치 쪽을 보지 않으려 애를 쓴다. 1894년 11월 그곳 우금치에서 2000여 관군과 600여 일본군이 스나이더 소총과 기관총을 앞세워 1만여 동학 농민군을 500여 명만 남기고 무참하게 전멸시킨 장면이 떠오르기 때문이다. 한 달 후 전북 순창 피노 마을에 피신해 있던 녹두장군(5척 단구에 눈빛이 형형하게 빛나는 전봉준을 그렇게 불렀다)은 현상금에 눈이 먼 측근 김경천의 밀고로 일본군에 붙들려 서울로 압송되어 이듬해 교수형에 처해졌다.

녹두장군 전봉준은 참으로 인간애와 인간미가 넘치는 지도자였다. 서당 선생이었던 아버지 전창혁이 학정에 항의하다가 관가에 붙들려가 장살(杖殺)을 당했지만, 자기의 슬픔보다 주변 사람들의 고통을 못 참는 성격이었다. 백성들과 희노애락 생로병사를 함께했던 많은 에피소드가 전해 내려온다. 그중 백미는 동학의 고부 접주(接主)인 그가 서울로 잡혀가 갖은 고문을 받으며 윗선을 대라고 요구받았지만 끝까지 자신이 일으킨 봉기였음을 주장하여 자신을 접주로 임명한 교주 최시형을 보호한 것이다.

그 당시 민중 사이에서 불리던 노래가 바로 이것이다. "새야 새야 파랑새야/ 녹두밭에 앉지 마라/ 녹두 꽃이 떨어지면/ 청포장수 울고 간다!// 새야 새야 파랑새야/ 댓잎 솔산 푸르다고 하절인 줄 알았더니/ 백설이 펄펄 엄동설한 되었구나// 새야 새야 파랑새야/ 꽃향기 맡고서 우리님이 오시면/ 너랑 나랑 둘이서 마중 나가자!" 지방에 따라 지역에 따라 가사와 곡조가 약간씩 다르지만 120년이 흐른 지금도 민초들 가운데서 끊이지 않고 불리고 있다.

수세 폐지로 동학 농민 '비원' 풀어

필자는 어렸을 적 동네 어른들이 흥얼흥얼 부르던 이 노래를 정식으로 배우지 않았는데도 저도 모르게 종종 흥얼대는 자신을 발견하고 깜짝 놀란다. 며칠 전 캐나다 유기농 연수단원들의 신년모임에 나갔을 때 진도 홍주를 한 잔씩 나눠 마시다가 이 노래가 튀어나와 서로 돌아가며 부른 적이 있다. 충청도, 경상도, 강원도의 곡조는 비교적 경쾌한 데 비해 전라도의 곡조가 너무 비감하여 모두들 한때 숙연하였다. 아마도 그 동학 혁명 토벌 기간 마지막에 전라도 나주와 장흥 일대에서 일본군에 의해 시산혈해(屍山血海)로 죽어간 농민군의 수가 너무 많고 광범위하여 그 원한과 넋이 깊숙이 배어든 때문인 것 같다.

필자는 농림부 장관 재임 당시인 1998년 7월 11일 전북 정읍의 전봉준 동학 농민 혁명 유적 기념지에서 제29회 이동 장관실을 개최하였다. 그리고 녹두장군 사당에 들어가 '못 다한 동학 농민들의 비원을 풀기' 위하여 물과 토지 관련 3기관(농조, 농조련, 농진공)을 축소 통합하여 수세를 완전 폐지하겠노라고 굳게 맹세하였다. 우여곡절 끝에 마침내 새천년이 시작되는 2000년 1월 5일 세 기관을 축소 통합한 농업기반공사를 발족하면서 김대중 대통령의 이름으로 수세 폐지를 만천하에 선언하였다. 그동안 농조 개혁에 동조하여 적극 지원해준 윤근환 전 장관, 김영진·이길재·최선영 의원, 전국농민회총연맹(전농)의 이수금·김준규 선생, 전국농업기술자협회(농기협)의 정장섭·강춘성 회장, 그리고 농어촌진흥공사(농진공)의 문동신 사장(현 군산시장) 등이 그 자리에 함께하였다. 모두들 수세 폐지 선언을 환영하면서 지하의 녹두장군과 동학 농민들이 더덩실 춤을 추며 반겨했을 것이라며 기쁨을 나누었다. 이로써 1894년 조병갑의 과다 징수 횡포와 1918년 일제 토지조사사업에 의해 공식화한 수세가 이 땅에서 완전히 사라졌다. 지구상에 수리조합이 있는 나라 중에 수세를 징수하지 않는 최초의 나라가 된 것이다.

120년 전과 다름 없는 '3농 죽이기'

그러나 오늘날 우리나라 농업·농촌·농민을 둘러싸고 전개되고 있는 국내외의 '3농 죽이기'는 형식과 형태만 다를 뿐, 120년 전 녹두장군 시대나 별로 다름이 없는 것 같다. 규모가 더 커졌고 국내외 대기업 자본의 공세가 더 악랄해진 점이 다르다면 다르다. 인자함이 없는 천민자본주의 경제, 섬세함이 없는 정부의 밀어붙이기식 FTA와 TPP 강공 드라이브, 약자에 대한 배려가 부족하고 사람을 놓친 효율·개발·경쟁 제일주의의 무작정 성장 정책, 배고픔을 경험해보지 못한 세대에 의해 빈 껍데기가 된 식량·농업 정책, 환경 생태계에 녹색 색맹이나 다름없는 토건 세력과 수출 재벌들의 일방통행, 무엇보다도 역사의식이 결여된 세계화라는 유령이 지금 도처에서 농민들을 짓누르고 울리고 있다. 농업·농촌·농민 3농의 쇠락을 부채질하고 있다.

특히 전국 농지와 산지의 과반이 비농민 부재지주에게 넘어가 있고, 전국의 토지와 부동산 80퍼센트 이상을 4퍼센트의 상위층이 독식하고 있는 토지 정책의 문란은 대한민국의 경제 생활과 생산 활동 전 부문에 걸쳐 높은 각종 요율과 물가상승을 부추기고 있다. 종내는 나라 경제와 사회 안정에 파국을 불러올지 모를 형세이다. 뿐만 아니다. 수지가 맞는 각종 국공유기업의 민영화·사영화 조치가 남발되고, 전현직 대통령을 포함한 2000만 건이 넘는 카드 정보 유출 등 각종 내정의 문란은 이 나라의 기초이자 주권의 기틀마저 흔들고 있다. 무엇보다 먼저 농업과 토지 정책을 바로잡는 일부터 새로 시작해야 할 것이다. 우선 참다운 선진국형 지방 자치 제도와 지방 재정 분권주의를 실현시켜야 3농을 살릴 수 있다. 진정한 내정 개혁을 이루고 탐욕투성이 기업자본주의 외세를 경계해야겠다. 그러지 못하면 '갑오세 가보세, 을미적 을미적거리다, 병신이 되면 못 가리'라는 동학 농민들의 노래가 다시 들리는 환청에 사로잡히게 될 것이다.

| 한국농어민신문 2014년 1월 27일 |

■ 인터뷰

농업, 농촌, 농민이 살아야 진정한 자주독립 국가다

명함에서 꽃향기가 진동했다. 소모품인 명함을 비닐로 곱게 싼 것도 특이했다.

"야생화인 옥잠화와 원추리에서 뽑은 향기예요. 전남 구례에 있는 어떤 양반이 이걸 개발했지. 지갑에 넣고 다니면 돈에서도 향기가 나요. 향기 때문에 나갔던 돈도 다시 돌아온다니까."

김성훈 전 농림부 장관은 농사를 짓는다. 서울 강남 한복판, 빌라 옥상에 그럴듯한 밭을 가꿔놨다. 그는 자신을 도시농부라고 소개한다.

김 전 장관의 밭에는 크고 작은 화분이 67개나 있다. 화분 종류와 크기가 다양한 만큼 심어놓은 먹을거리도 여러 가지다. 고추, 방울토마토, 상추, 부추, 들깨, 파프리카, 가지, 오이…… 그야말로 없는 게 없다. 김 전 장관은 "'내 꼬붕'이 운영하는 충북 괴산의 흙살림연구소에서 유기농 흙을 직접 공수해왔다"고 자랑했다.

농업경제학을 전공한 학자인 김 전 장관은 오랫동안 시민운동을 했고 김대중 정부의 절반 동안 농림부 장관을 지냈다. 지금은 환경단체 '환경정의'에서 이사장을 맡아 유기농업을 설파하며 전국을 누빈다.

친환경 유기농업만이 최선의 방법

"2009년 상지대 총장을 그만둔 뒤 공직을 일절 맡지 않기로 했어요. 그만두면서 《더 먹고 싶을 때 그만두거라》라는 책도 냈고(웃음). 총장 시절에도 유기농업을 실천하느라 정신없었어요. 학교 식당을 아예 유기농 식당으로 바꿨지."

장관 시절에도 그는 농민을 일일이 찾아다니며 농업 문제에 매달렸다. '이동장관실'이란 걸 만들어 전국을 다녔고, 농민과 대화하고 토론하며 부대꼈다.

"2008년 초인가 경북 봉화에 갔을 때가 생각나네. 담배농사 짓는 농민들이 수매가 올려달라면서 나를 가둬놓고 따졌거든. 근데 외환위기 뒤끝에 뭔 돈이 있어. 그래서 내가 그랬지요. '하나는 약속하마. 수매가는 못 올려주는 대신 내가 죽을 때까지 담배를 피우겠다'고. 농민들이 그 말을 듣고 기가 막혔는지 나를 풀어줬어요. 그 후로 내가 어딜 가든 농민들이 담배를 들고 찾아와요. 그래서 내가 아직 담배를 못 끊고 있지(웃음)."

전남 목포가 고향인 그는 농부 아들이다. 그의 부친은 목포에서 농사를 지으며 협동조합장까지 지냈다. 그도 농민 지도자가 되겠다는 각오로 서울대 농대에 들어갔다.

"리트머스 시험지 알아요? 산성도 측정할 때 쓰는 거. 내가 고등학생 때 그걸 가지고 우리 동네 토양을 검사했다고. 1953년부터 농업·환경·생명 운동인 '4H'운동도 했고. 그 공로로 2007년 제1회 자랑스러운 4H인 상을 받았죠. (가슴에 단 배지를 가리키며) 이게 그때 받은 건데, 참 자랑스러워."

농대에 들어가자마자 그는 농민운동을 시작했다. '한얼'과 '농사단'이라는 농민운동 단체에서 활동했다. 방학 때마다 전남 진도군 작은 마을에서 농촌봉사 활동을 했는데, 신승남 전 검찰총장 같은 후배를 데리고 다녔다. 1998년 장관이 된 뒤 그가 다시 이 마을을 찾았을 때 마을 어귀에 이런 내용의 플래카드가 걸려 있었다고 한다. "40년 전 학생이 장관 되어 돌아왔네."

"거기가 용산마을인데요. 그때 찍은 사진을 지금도 가지고 있어요. 그리고 거기에 가면 내가 만든 〈용산마을의 노래〉가 적힌 노래비도 있다고. '여~귀산 기슭에 아늑한 마~을' 이렇게 시작하는 노랜데, 내가 만들었지. 내가 농촌봉사 활동 다닐 때 초등학생이었던 사람이 지금 동네 이장이거든."

참고로 흔히 〈농민가〉라고 부르는 노래, "삼천만 잠들었을 때, 우리는 깨어~ 배달의 농사형제 울부짖던 날~"로 시작하는 노래의 가사를 만든 사람도 김 전 장관이다. 그에 따르면 이 노래는 원래 그가 대학 시절 내내 몸담았던 '농사단'의 단가였다.

자나 깨나 농촌 문제를 고민하는 그가 생각하는 우리 농업, 농촌 활로는 크게 세 가지다. 소비자를 감동시키는 농업, 친환경 유기농업, 지방자치 분권제 시행. 그는 이 세 가지를 달성해야 먹을거리 문제가 해결된다고 믿는다. 그는 이유를 이렇게 설명한다.

"기후변화 원인이 되는 이산화탄소 문제를 한 방에 해결할 대안이 바로 친환경 유기농업입니다. 유기농업을 하는 토양은 대기 중에 포함된 이산화탄소 함량을 헥타르당 7.8톤가량 땅속으로 포집하고 그만큼의 산소를 배출해요. 그리고 농약으로 범벅된 농산물에 소비자들이 감동하진 않잖아요."

주간동아 농업 문제와 지방자치 분권제는 무슨 관계인가.

김성훈 우리 사회는 무늬만 지방자치다. 세금 20퍼센트 지방에 내려가고 80퍼센트 중앙정부가 쓴다. 기형적 구조다. 지방정부가 기획, 예산집행권을 가져야 농업 문제를 해결할 수 있다. 지방정부가 중앙정부 눈치를 보지 않고 정책을 입안, 집행할 수 있게 해야 한다.

김 전 장관은 유기농업을 위한 몇 가지 실천과제를 제시하기도 했다. 유기농산물 소비를 생활화하자거나 유기농산물을 도회지 가정과 주변에서 각자 기르자거나, 남은 음식으로 퇴비를 만들자거나, 숲을 지키자는 것 등이다. 그에게는 종교나 다름없는 과제라고 했다.

식량 자급률 26퍼센트, 남북교류 필요

주간동아 친환경 유기농업을 특히 강조하는 이유는?

김성훈 먹을거리 문제니까 당연하다. 게다가 식량 문제가 생각보다 심각하다. 현재 우리 식량 자급률은 26퍼센트도 안 된다. 게다가 사료의 미국 의존도는 95퍼센트를 넘는다. 농산물 가격이 갑자기 오르면 경제 전체가 무너질 수도 있다. 돈이 있어도 식량을 못 구하는 시대가 조만간 온다. 어떤 면에서는 식량 자급률이 65퍼센트에 달하는 북한보다도 못하다. 그래서 나는 식량을 매개로 한 남북 교류가 필요하다고 주장한다.

주간동아 식량을 통한 남북교류?

김성훈 지금 우리나라는 쌀이 남아돈다. 미국에서 들여오는 의무 수입량만으로도 창고가 터져나간다. 현재 소비되는 밀가루의 10퍼센트만 쌀가루로 대체해도 큰 도움이 될 텐데, 쉬운 일이 아니다. 의무 수입량을 북한에 지원하고 그 대신 북한에서 많이 나는 녹두나 콩을 받아오는 것도 방법이다. 연간 8조~9조 원에 이르는 음식물 쓰레기를 퇴비로 만들어서 북한에 지원해 생산성을 높이는 것도 방법이다. 퇴비는 우리가 대고, 생산은 북한이 하고, 생산물은 나눠 갖고. 얼마나 좋은가.

주간동아 말처럼 쉬운 일은 아닌데.

김성훈 먹고사는 문제로 남북관계에 접근하면 관계가 훨씬 수월해질 수 있다. 물론 신뢰관계 구축이 중요하다. 나는 이 모든 것이 상식 문제라고 생각한다.

주간동아 농협의 임무와 문제점에 대해서도 많은 얘기를 해왔다

김성훈 농촌에서의 경제 사업은 사실 농협 몫이다. 그런데 잘 안 된다. 그래서 내가 싫은 소리를 많이 한다. 이제는 지주회사를 만들어 경제 사업을 강화한다고 하는데, 잘되면 좋겠다. 농민을 위해서는 먼저 품목별 생산판매조합 육성이 절실한데, 여기에 관심을 가져줬으면 한다. 그래야 생산자와 소비자 간 신뢰관계를 쌓을 수 있다. 정치적으로 독립하는 것도 꼭 필요하다.

주간동아 마지막으로 농업과 농촌은 김 전 장관에게 어떤 의미인가

김성훈 내 평생의 업이다. 세상이 뒤집어져도 꼭 필요한 일이고. 나는 농업이 없는 나라, 농촌이 없는 도시, 농민이 없는 국민은 존재하지 않는다는 신념을 갖고 있다. 이것이 없이는 결코 자주독립 국가라 할 수 없다고 생각한다.

— 인터뷰 • 한상진(주간동아 기자)

| 주간동아 2012년 8월 14일 |

세상이 몇 십 번 뒤집혀도 인류가 지속하는 데 양질의 식량과 농업이 차지하는 중요성은 달라지지 않는다. 농업이 없는 나라, 농촌이 없는 도시, 농민이 없는 국민이란 존재하지 않는다. 3농 없이는 국가와 민족이 결코 자주독립을 지탱하지 못한다. 농업·농촌이 없이는 선진화도, 기상 이변 대응도, 국가 공동체의 유지도 불가능하다. 농업·농촌이야말로 도시와 국가의 뿌리이기 때문이다.

더 늦기 전에 지구촌의 민초들이 떨쳐 일어나 지구 생태계를 지키고 뭇 생령과 사람을 살리는, 그리하여 이 땅에 경제정의와 환경정의를 바로 세우는 유기농 혁명이 일어나게 해야 한다.

우리가 매일 먹는 세 끼 음식이 어디서 왔고, 누구에 의해 어떻게 생산되었으며, 무엇이 첨가되었는가가 곧 우리 민초들의 건강과 지구 환경의 운명에 중대한 영향을 미친다. 지구상의 심각한 기상 이변과 환경 파괴, 농민의 빈곤, 농업 노동자의 착취, 그리고 인간과 동물의 복지 여부가 우리가 어떤 식품을 선택하느냐에 달려 있다.

2부

오고 또 올
후손들을 위한 농업

유기농이 하천을 오염시킨다는 어거지

⋮

이번 정기 국정감사에서는 유사 이래 전례가 없는 해괴망측한 답변이, 그것도 명색이 국무위원이고 장관이라는 분들의 입에서 거침없이 튀어나왔다. 하도 어안이 벙벙하고 기가 막혀 듣는 이의 귀와 보는 이의 눈을 의심케 할 지경이다.

2009년 10월 6일 환경부 국정감사에서 이만의 환경부 장관은 "유기농법이 화학비료를 사용하는 농법에 비해 (더) 많은 오염부하(물질)를 배출하므로 (팔당 지역 및 4대강) 하천 주변의 친환경 농업을 비롯 모든 농업을 금지할 방침"이라고 답변하였다. 실험실 내의 좁은 공간에서 2년이라는 짧은 기간 동안 화학·물리 측면만 실험한 결과를 근거로 그렇게 단언하였다. 친환경 유기농업의 주무 부서인 농림수산식품부 장태평 장관 역시 지난 10월 20일 국정감사에서 그릇된 실험방법으로 도출한 환경부의 주장을 유기농업의 생물학적 특성을 들어 반박하기는커녕 도리어 "하천이 범람하면 어차피 못 쓰게 되니까 근본적으로 이번 기회에 (팔당호 등 하천 주변의 유기농가를) 정리하는 게 좋겠다"고 화답했다.

그렇다면 17년 전 서울, 인천 등 수도권 주민들이 마시는 물의 수질 보전을 위해 화학비료와 농약을 살포하는 대신 유기농업을 하라고 팔당 지역 5개 시·군 농민들에게 보조금을 주기 시작한 최병렬 서울시장 아래 역대 시장들이 잘못을 저질렀다는 말이 된다. 친환경 유기농업 지원 정책을 공식으로 채택해온 1998년 당시의 농림부 장관을 비롯 역대 장관들도 수질오염에 책임을 져야 한다. 그들이야말로 앞으로 3년 동안 30조 원이 넘게 투자될 한강 및 4대강 사업의 장애물(유기농업)을 권장했으니 참(斬)하여 마땅하다.

유기농 권한 시장과 장관에게 죄를 물어라

친환경농업육성법에 근거해 1998년 11월 11일 대한민국의 국무총리가 친환경 농업 원년을 선포했을 때의 주무 장관으로서, 나는 앞의 모든 시장과 국무위원을 대신하여 이만의, 장태평 두 분 장관께 그 진의를 엄중히 묻고 싶다. 앞으로 정부의 친환경 유기농업 정책 방향에 대한 공식 입장을 모두들 듣고 싶어한다. 환경 생태계도 살리고 국민의 건강도 지키자고 유기농업을 독려해온 지난 11년간의 정부 정책 방향이 과연 화학농법보다 더 환경을 오염시켰다는 말인가? 그렇다면 세계 어느 나라 전문가를 불러와도 좋으니 속 시원히 토론이나 한번 해보고 싶다는 것이 수십 년간 외롭게 환경 보전형 농업을 고수해온 전국의 수십만 유기농가들의 애달픈 호소다. 이참에 친환경 농업 하천부지를 갈아엎어 자전거길을 만들고 무슨 공원을 지으며 리조트 호텔을 짓는 것이 진짜 녹색성장인지도 까놓고 토론해보자고 한다. 두 분 높으신 분의 대답이 궁금하다.

사족을 붙이자면 스위스, 독일, 오스트리아, 캐나다, 미국 같은 선진 농업 국가에선 도시 주변의 유기농장에서 어지간한 축분 냄새가 나더라도 주변 시민들 누구도 문제 삼지 않는다. 자연 순환 농법이기 때문에 오히려 환경 생태계를 살린다고 더 반긴다. 지금 정부가 혈안이 되어 걷어내려 하는 팔당 등 하천부지의 유기농가들이 쓰고 있는 천적과 미생물, 그리고 톱밥과 왕겨로 거의 완벽에 가깝게 부숙시킨 축산퇴비에서 어떤 이상 징조라도 발견했단 말인가. 땅속 흙과 섞여 자라나는 농작물의 뿌리가 양분을 흡수하는 과정에서 무슨 잘못된 신호라도 나왔다는 말인가. 유기농법이 화학물질보다 더 수질을 오염시키니 유기농을 폐하는 것이 근본적인 해법이라고 말한다면 도대체 세상 누가 수긍할 것인가. 오죽했으면 환경부가 근거로 삼은 바로 그 실험을 했던 교수마저 5년 전 자신의 제한된 실험 결과를 악용하여 팔당 유기농가들을 몰아내고 4대강 사업을 합리화하려는 논거로 삼지 말라고 경고하였을까.

아, 한없이 가볍고 천박한 국정운영이여. 무엇이 그리 탐나고 무섭단 말인가.

국제식품규격위원회(CODEX)는 유기농업이 무엇인가에 대해 다음과 같이 정의 내리고 있다. “생물의 다양화와 생물학적 순환의

원활화, 그리고 토양의 생물학적 (구조기능) 촉진 등 농업 생태계의 건강 증진을 위한 총체적인 생산 관리 체계"가 바로 유기농업이라는 것이다. 유기농업적인 재배 관리를 통해 농약과 화학비료를 전혀 사용하지 않고 순환 농법과 천적 및 미생물 활용, 그리고 작물 잔사와 질소 고정의 녹비 등 자연계의 양분 순환을 원칙으로 하며 퇴비 등 외부 투입을 되도록 적게 사용하는 농법이다.

이에 비해 앞서 환경부 장관이 인용한 유기농법은 가축분 퇴비만을 잔뜩 집어넣고 짓는 농사로 착각하고 있는 것 같다. 유기농법의 기본도 모르는 무지의 극치다. 더구나 인위적으로 10~20도의 경사도를 만들어 개념도 정확히 모르는 축분 흙과 화학비료 흙더미 위에 인공 강우를 실험하다니 참으로 기가 막힐 일이다. 그러면서 관행 화학농법의 특징인 고독성 또는 맹독성 농약의 살포 효과는 왜 실험에 포함하지 않았는지에 대한 해명도 전혀 없다. 이 같은 실험 결과를 대한민국의 환경부 장관이 인용하고 도지사가 앵무새처럼 되뇌고 농림부 장관이 뒷짐 지고 구경하며 편들다니, 이런 희극을 동서고금 어느 하늘 아래에서 또다시 볼 수 있단 말인가.

유기농의 기본도 모르는 장관과 도지사의 희극

아니나 다를까, 경기도지사와 유기농 단체들이 전력투구하여 유치한 2011년의 제17차 세계유기농대회의 세계유기농협회(IFOAM) 총재가 10월 19일 경기도지사에게 경고성 공한을 보내왔다고 한다. 내용인즉, 세계 각지에서 수많은 유기농 지도자와 학자, 기업인, 행정가들이 모이는 동 대회가 과연 경기도 팔당 지역에서 개최될 수 있을지 의문을 제기한 것이다. 한국의 유기농업 발상지로서 30여 년 동안 도시 소비자와 시민단체, 정부가 합심하여 유기농업을 일궈온 팔당의 유기농민들을 쫓아내는 일이 일어나지 않게 해달라는 구체적인 편지 내용은 자못 간절하고 단호하다.

그럴 수밖에 없다. 2007년 9월 15일, 당시의 이명박 대통령 후보는 많은 사람들을 몰고 와 한나절 이상 팔당의 한 유기농장에서 농사 체험을 하고 점심까지 들면서, 유기농업이 우리 농업의 살길이라는 취지의 이벤트까지 가졌으니 말이다. 그런데 그 수하의 장관들이 이제는 한강(4대강)을 살리기 위해 팔당 유기농가들더러 떠나라고 한다. 태평한 시대의 희극이 아니라면 이 모순, 이 역설을 누가 어떻게 설명할 것인가.

| 한국농어민신문 2009년 10월 29일 |

국민을 실험용 쥐로 만들 것인가

미국 일리노이 주 어느 아름다운 호숫가에 자리한 A농가는 50에이커의 땅에서 매년 대두 농사를 지어왔다. 근년에 이르러 기러기 떼의 습격으로 흉작을 면치 못하였다. 그러다가 유전자조작 종자를 일반 종자와 반반씩 나누어 심었더니 이듬해부터 유전자조작 종자 콩밭은 멀쩡한 데 반하여, 일반 콩밭은 기러기 떼의 공격이 여전하여 수확에 엄청난 차이가 났다. 미국의 저명한 전원 작가인 C. F. 말리가 이 농장을 방문하여 "이런 일은 평생 처음 보았다. 철새들이 그 전년에 와서 즐겼던 똑같은 몬산토 제품인 '라운드업 레디' 콩을 이듬해부터는 어찌해서 아예 입도 대지 않는가?" 하며 기러기 떼의 기억력에 탄복하였다. 그 녀석들은 올해도 여전히 유전자조작 콩을 심은 밭 근처에는 얼씬하지 않는다고 덧붙였다.

사람을 흔히 만물의 영장이라고 한다. 분명히 영물(靈物)인 이 철새 떼를 보면서 지금도 인간이 과연 동물의 영장인가 의심이 부쩍 일어난다. 최근 우리나라와 북미 등의 최첨단 기업 자본주의 국가들에서 자행되고 있는 GMO 식품의 생산과 제조, 또 그 소비 행태를 보면 탐욕투성이의 이 자본주의가 시나브로 정부 기관, 학계, 언론, 지성인들을 대기업의 이익만을 좇는 노예로 전락시켜 인류의 건강과 지구의 환경 생태계를 병들게 하고 있기 때문이다.

기러기도 피하는 유전자조작 콩밭

1998년 4월 유럽 농업·식품 관계 장관들이 유럽연합 수도 브뤼셀에 모여 GMO 식품에 관한 범유럽연합 차원의 규제 조치를 결정하는 과정에서 거부 쪽으로 기우는 데 결정적인 영향을 미친 사건이 일어났다. 스코틀랜드 작물시험장 로웨트(Rowett) 연구소와 더럼(Durham) 생물학 대학이 3년 동안 농수산환경부의 용역 의뢰로 아르파드 푸스타이(Arpad Pusztai) 박사 지휘 아래 GMO가 생체에 미치는 동물 실험의 공식 연구 결과를 세계 최초로 내놓은 사건이다. 유전자조작 감자를 계속해서 먹은 실험실 쥐들이 그러지 않은 쥐들에 비하여 면역체계가 손상되였고 백혈구 세포 활동이 둔화되어 각종 질병에 쉽게 감염된 것이다. 특히 일반 감자를 먹인 쥐들에 비하여 유전자조작 감자를 먹인 쥐들의 내장 기관 중 흉선(가슴샘)과 비장이 파괴되어 면역력이 현저히 떨어졌고, 두뇌 발달 정도가 더디고 간과 고환이 작아졌을 뿐만 아니라, 췌장과 내장의 위축증과 퇴화 증세가 나타났다. 가장 무서운 사실은 세포 조직의 분화와 체형 구조의 변화로 인해 이 GMO 급여 쥐들에게 암 발생 가능성이 현저히 증대한 것이다.

이 같은 증상은 유전자조작 감자를 먹이기 시작한 후 10일에서 110일 사이에 발생하였는데, 이는 사람의 수명에 적용할 경우 열 살 전후의 청소년 기간에 해당한다. 이 실험 연구는 연구 설계, 과정, 결과에 이르기까지 유사한 선행 연구와 비교까지 하며 정부 당국의 엄격한 심사를 통과하였다. 이 연구에서 특히 주목을 받은 발견은 사람으로 치면 GMO 식품 복용 10년 전후의 시기(청소년기)가 면역력의 둔화와 조직의 붕괴에 가장 취약하다는 점이었다. 또 이 연구는 몬산토, 신젠타, 듀퐁 등 유수한 식품 대기업들이 자체적으로 동물 실험을 행하여 GMO 식품이 건강에 안전하고 문제가 없다는 판에 박은 결론을 도출한 그들만의 형식적, 피상적인 연구 방법을 똑같이 적용한 결과이기 때문에 일견 이론의 여지가 없었다.

만약 이 같은 연구 실험이 유전자조작 콩과 옥수수, 토마토, 카놀라(유채) 등을 가지고 동물에 급여하는 실험을 할 경우, 그리고 쥐 대신에 인체에 10년 이상 임상실험을 행하였을 경우 어떠한 결과가 일어날지 상상도 하고 싶지 않다. 바꾸어 말하면, 원천적으로 유전자조작 종자 보급 및 그 결과(식품)의 공급 체계에 대해서 아주 엄격한 기준과 규칙이 필요하고 표시제를 시행하여야 함을 뜻한다. 그러지 못하면, 자칫 우리 인간이 실험용 쥐의 신세로 전락하는 것을 피할 수 없기 때문이다.

그러나 세계 유전자조작 종자 시장의 근 85퍼센트를 장악한 몬산토와 그에 충실한 정·관·학·언론계 장학생들의 반격은 그때도 만만치 않았다. 한때 실험 연구를 주도한 푸스타이 박사와 부인인 수전이 거의 폐인으로 몰릴 뻔한 사태가 진전되었다. 실험 과정과 결과의 해석이 왜곡되었고, 심지어 그들을 고용한 로웨트 연구소의 수뇌부들이 푸스타이 박사의 언론 접촉을 금지하고 연구 결과를 압살하려 들었다. 천운이랄까, 30여 명의 유럽 원로학자들이 분기하여 학술적으로 그를 옹호하고 실험 결과를 인증하였다. 그리고 양심적인 영국 의회의원들이 사회정의의 편에서 푸스타이 박사를 적극 거들고 나섰다. 그 와중에 로웨트 연구소가 은밀히 몬산토로부터 14만 파운드라는 거액의 자금 지원을 뚜렷한 명분 없이 받았다는 사실이 언론에 폭로되었다.

세계 각국의 GMO 위해성 연구들

영국 조야와 유럽 사회의 여론이 들끓었다. 때마침 영국과 유럽에 발생한 광우병 사태를 겪으면서 정부 당국과 거대 기업들에 대한 불신이 극에 달하여 마침내 영국의 최대 식품제조기업인 유니레버가 맨 먼저 항복하였다. 유럽 전 지역의 판매장의 선반에서 GMO 식품을 치웠다. 곧이어 세계적 식품회사인 네슬레, 초대형 슈퍼마켓 체인인 테스코, 세이프웨이, 세인즈버리, 패스트푸드 체인인 맥도날드, 버거킹이 유전자조작 콩과 옥수수 등을 사용하는 제품을 유럽 전 지점망에서 치웠다. 유럽연합 정부와 의회는 GMO 성분을 1퍼센트 이상 함유한 모든 식품에 대하여 GMO 표시를 의

무화하였다. 그후 다시 2003년 7월에는 앞서 부시 미국 대통령의 공개적인 비난에도 불구하고 기준을 한층 더 강화하여 GMO 성분을 0.9퍼센트 이상 함유한 모든 제품에 대하여 표시제를 의무화하였다. 이 제도는 현재까지도 시행되고 있다. 심지어 영 연방의회 자유민주당 베이커 의원은 "몬산토야말로 공공의 적 제1호(Public Enemy No. 1)"라고 규정하며 기업 활동을 축소시킬 것을 주장하기에 이르렀다.

미국의 부시 대통령은 2003년 5월 23일 GMO 식품으로 아프리카에서 기아를 종식시키자는 제안을 내놓았다. 그러면서 유럽연합을 맹렬히 비난하였다. 비과학적이며 박약한 실험 결과를 근거로 부당하게 GMO 식품에 대한 공포감을 자아냄으로써 미국의 기아 근절 노력과 농산물 수출을 유럽이 방해하고 있다는 것이었다. 나아가 GMO야말로 수확을 더 많이 소출하고 전 세계 식량 생산과 수출을 확대시키며 더 좋은 세상을 만드는 길이라고 주장했다. 이는 판에 박은 몬산토의 주장을 되풀이한 셈이었다. 인류애의 가면을 쓴 기업국가(corporatocracy)의 전형적인 대기업 이윤 옹호론이었다. 부창부수라 할지 몬산토 등 GMO 회사들은 더욱 적극적으로 세계 각국에 GMO 홍보와 판촉 활동을 강화하고, 최근에는 전직 CIA와 군대 출신 요원으로 구성된 용역회사 흑수단(Blackwater)을 흡수하여 세계 도처의 GMO 반대자를 회유, 억압하거나 유력기관을 포섭하는 데 부리고 있다. 또한 몬산토 출신자를 대거 미국 정부 부처, 즉 농림부, 식약청(FDA), 농업식품연구소에 순환보직을 맡게 하는 데도 성공하였다. 그중 아프리카 기아 해방이라는 명분을 내세워 활발히 자선 활동을 펴오던 빌 게이츠(재단)를 몬산토의 대주주로 영입함으로써 세계를 깜작 놀라게 했다. 하지만 남아공을 제외한 대부분의 아프리카 국가는 현재 유전자조작 종자의 원조를 거부하고 있다.

세계 식량 생산 통계를 보면 지난 15년간 유전자조작 종자로 재배하지 않은 유럽의 곡물 총생산이 GMO 종주국인 북미 지역의 실적보다 훨씬 앞선다. 그리고 GMO는 세계 각국에서 환경 생태계를 파괴함은 물론 기후변화에도 별로 신통한 대응 결과를 보이지 못하고 있다. 오히려 발암의 주성분인 제초제(글리포세이트 등)에 내성을 가진 품종이 자꾸 생겨나고 몬산토가 주장한 일부 증산 효과 역시 유전자조작 종자와 제초제 구입 등에 드는 추가 비용을 고려하면 생산비가 훨씬 더 높아진다. 인도 도처에서 발생한 사례에서 보듯 빚더미에 오른 수천 수만 명 소농 사이에서 일어나는 연쇄 자살 현상이 GMO 정책의 역작용을 생생하게 보여주는 증거가 되었다. 오로지 유전자조작 종자를 생산하고 이를 판매하는 다국적 대기업과 식품가공산업만 급속도로 천문학적인 매출액과 이윤을 창출하고 있다.

미국 정부와 몬산토의 손쉬운 시장

최근 알려진 바에 의하면 미국 정부는 이제 GMO에 완강히 반대하는 유럽연합을 포기하는 대신 비교적 다루기 쉬운 일본, 한국, 중국 등의 식량 수입국들에 GMO 시장을 적극 확대하는 방향으로 정책을 굳혔다고 한다. 세계 3대 GMO 수입국이며 OECD 국가 중 최하위 식량 자립국인 우리나라 국민은 GMO를 수출하려는 세계 초대형 기업국가의 집중공격 타깃이 되어 바람 앞의 등잔불 신세가 되고 있다.

이러한 가운데 GMO 식품의 위해성이 세계 곳곳에서 보고되고 있다. 미국《네이처》의 GMO 꽃가루에 기인한 나비와 벌들의 집단 실종 기사 보도, 2004년 스위스에서 유전자조작 옥수수를 급여한 젖소가 사망한 실험 결과, 2005년 영국의《인디펜던스》가 폭로한 미국 몬산토 GMO 식품을 먹인 쥐의 내장과 간의 혈액 질환, 같은 해 11월 호주에서 쥐에 실험한 결과 유사한 폐질환 현상, 2006년 러시아 과학원의 과학자들이 갓 태어난 쥐들에 실험한 결과 평균 3주 만에 사망한 사실, 2007년 오스트리아와 프랑스의 과학자들이 공동으로 몬산토 유전자조작 옥수수를 인체에 실험했을 때 간·신장 등에 독성이 검출됐다는 발표, 2008년 미국과 이탈리아의 과학자들이 GMO가 면역 계통에 미치는 악영향에 대한 의견을 재차 제출한 사건, 2009년 프랑스에서 GMO가 간장과 신장에 끼치는 위해 보고, 2010년 러시아가 쥐들에게 유전자조작 콩을 계속 급여했을 때 3대째는 절종(絶種)한다는 불임 연구 결과, 같은 해 2월 중국의 수많은 과학자들의 공동으로 GMO 위해성 선언, 2011년 러시아 과학자들이 재차로 GMO 식품이 여성의 자궁내막과 외연의 상관적인 질병 발생률이 상승한다고 발표, 2년간 GMO 식품을 쥐에게 투여한 결과 간의 부종·내장 위축·신체 부풀기·암컷의 조기 사망·암과 자폐증 유발·제2대의 불임 현상 등이 종합 보고된

파리 대학교의 실험 결과, 끝으로 2013년 2004년 중국 질병본부가 몬산토의 위탁으로 90일간 쥐들에게 시행한 라운드업 레디 콩 급여 실험 결과의 위조, 왜곡 등이 알려지면서 국내외에 심각한 파문을 일으키고 있다.

이와 같이 전 세계적으로 GMO의 폐해와 인체와 건강에 미치는 위해성 연구가 끊이지 않고 보고되고 있는데도, 유전자조작 곡물 수입량이 연간 794만 톤, 그중 직접 식용 소비량이 184만 톤으로 세계 2, 3위를 다투는 우리나라에서는 정작 아무런 연구 실험 보고가 없다는 것이 이상하다. 그 수많은 정부 기관과 관련 연구소, 교수, 학자 중에서 GMO의 위해성에 관해 동물 또는 인체에 실험 연구한 결과를 찾아볼 수가 없다. 반면, 농촌진흥청에서는 십수 년째 수십 종의 유전자조작 작물을 개발하고 있다. 그동안에는 내부적으로 시험 재배만 하도록 규제되어왔는데 최근 기업국가주의가 팽배하면서 몬산토 등 대기업의 유전자조작 종자 생산과 식품산업에 자진해서 참여하려는 움직임이 일부에서 일어나고 있는 것으로 보인다. 이명박 정부 말기에 농림수산식품부가 유전자조작 종자 수출을 주목적으로 황금 종자 보급 수출 계획을 발표하더니, 새 정부 들어서는 더욱 적극적인 모습을 보이고 있다. 심지어 어느 젊은 관료학자는 삼성과 같은 대기업이 유전자조작 종자 사업에 뛰어들어야 한다며 대기업 참여 대망론을 공공연히 주장하기까지 했다. 이제까지 우리 학계, 연구계에 공공 GMO 연구 자금이 공여되지 않았기 때문인지, 아니면 관변학자들에 의한 셀프 참여 현상인지, 친식품 대기업 장학생을 자원하여 출세와 연구비를 구걸하는 행렬이 끊이지 않는다.

지금 서울 광화문 네거리에는 몬산토 한국 자회사가 진출해 있다. 유전자조작 곡물 도입과 일부 대기업 농장 사이에 모종의 관계가 어렴풋이 잡힐 듯한데 하는 일이 뚜렷하지 않다. 오비이락으로 최근 먹거리 보장(food security)을 간판으로 내세운 어느 신생 사설 연구재단이 영국의 변절한 환경운동가를 초청하여 GMO 홍보 강연을 하는 일이 벌어져 시민단체들이 의심의 눈초리를 거두지 못했던 일이 있다. 식약처 등 정부 관계 당국, 연구 기관이 GMO가 국민의 건강과 안전에 미칠 실체적 연구 실험에 전혀 무신경, 무기력하기 때문이다.

세계 농경지의 10퍼센트 뒤덮은 GMO 생산

바야흐로 세계 GMO 생산 현황은 급속도로 늘어나 2013년 현재 주요 8개 품목—콩, 옥수수, 면화, 카놀라, 파파야, 호박(노란 주키니), 사탕무, 알팔파—의 유전자조작 작물이 전 세계 경작 면적의 10퍼센트를 상회하는 농경지에서 재배되고 있다. 그중 미국과 브라질, 아르헨티나가 세계 전체 GMO 생산의 76.3퍼센트를 담당한다. 그리고 캐나다, 중국, 파라과이, 남아공, 파키스탄, 우루과이 등 도합 아홉 개 나라가 1000헥타르 이상을 재배하여 식품이나 동물 사료로 공급한다. 곧 쌀농사와 사과 재배, 연어 양식에도 유전자조작 기술이 보급될 전망이라고 한다. 이들 유전자조작 종자 중 라운드업 레디라는 이름의 몬산토 종자는 글리포세이트라는 발암성 제초제를 전용화하여 불임증의 주요 원인을 제공하고 있다.

그 외에 우리나라에도 잘 알려진 듀퐁, 신젠타 등이 몬산토와 더불어 지난 17년 동안 세계 GMO 재배 면적을 1996년 170만 헥타르에서 2012년 1억 7000만 헥타르로 백 배나 늘렸다. 이로 인해 GMO 제조회사들은 우리나라 한 해 예산에 필적할 만한 매출액을 거둬들이고 있다. 미국에서만 대두 총생산의 94퍼센트, 면화의 90퍼센트, 옥수수의 88퍼센트, 카놀라의 90퍼센트, 사탕무의 95퍼센트, 하와이산 파파야의 거의 전부가 GMO다. 특이한 현상은 미국과 브라질에서 생산되는 유전자조작 옥수수 중 약 30퍼센트가 자동차용 바이오연료로 사용된다는 점이다.

이 같은 유전자조작 작물의 급속한 확장과 직간접 소비에도 불구하고, GMO의 표시제도는 미국과 캐나다를 제외한 64개국에서 정도의 차이를 두고 시행되고 있다. 유럽연합 국가들과 브라질, 베네수엘라는 유전자조작 사료에도 GMO 표시제를 실시하고 있다. 브라질은 GMO 지지국이고 다량 생산국임에도 자국 소비자의 알 권리를 보장하는 차원에서 사료까지 표시제를 시행하는 것이다. 미국은 GMO 표시제를 각 주에 맡겨 주민투표로 결정케 하는데 지금 20여 개 주에서 표시제가 통과되었거나 투표 대기 중이다. 그리고 농민·가공업자들이 자발적으로 비유전자조작(Non-GMO) 표시를 할 수 있도록 농무부가 허용하여 달걀, 육류, 낙농 제품(요구르트 등)과 감자 제품 등에 업계 자율제도를 실시하고 있다. 캐나다는 완전식품 슈퍼마켓 등 유기농 취급기관에서 생산자나 업계가 자발적으로 비유전자조작 식품임을 표시하기 시작하였다.

뒷걸음질만 치는 우리나라 불량식품 행정

우리나라는 국민의 정부 시절부터 GMO 재배 상용화를 허용하지 않아 원칙적으로 국내산 농작물 전부가 비유전자조작 농산물이다. 하지만 최근 전국 10여 곳에서 자생적으로 자란 유전자조작 작물이 발견되어 비상한 관심을 끌었다. 식량 자급률이 22.6퍼센트인 우리나라에서 허술한 검역·검사 제도로 인하여 표시제가 엄연히 존재함에도 실제로는 무차별적으로 유전자조작 농산물과 가공식품들이 도입, 유통·소비되고 있어 그 정도가 심각한 수준을 넘어섰다. 오리건 주의 유전자조작 밀이 국내에 수입되었음을 미 농무부로부터 통보받고도 검출해내지 못했던 식약처와 농림수산식품부이고 보면 알 만한 현상이다. '셀프 저자세 검역'이 도를 넘었다.

그리고 새 정부가 4대 사회악으로 규정한 '불량식품' 근절 대상에는 GMO 제품이 빠졌다. 그뿐만 아니라 새 정권 들어 지위가 격상한 식약처는 친식품 대기업 대표를 포함해 중립성이 의심스러운 전문가 아닌 전문가들로 구성되어, GMO 안전성 심사가 서류로만 형식적으로 통과되고 있다. 실제적 동물 생체 실험 연구는 거의 불모지나 다름없으며, 가공식품에 대한 표시제 역시 유명무실하다. 그러니 우리나라 5000만 국민 소비자는 GMO 식품의 구매 소비에 관한 한 실험용 쥐 신세나 마찬가지여서 마구잡이로 GMO 식품을 섭취하고 있다. 10년 또는 20년 후에 당대의 우리와 후대의 자손들이 불임 현상 등 앞서의 연구 실례와 같은 질병들의 발병 선고만을 기다리고 있다고 말해도 과언이 아니다.

한 줄기의 희망이라 할까, 우리나라 유기농업계 일각에서 유수한 단체라도 앞장서 우리나라 친환경유기농 식품에 대하여 '비유전자조작 식품 생활협동조합'이라고 자율적으로 표시를 하자는 논의가 진행 중이다. 또한 일부 깨어 있는 지도자를 가진 지방자치단체에서 먼저 자율적으로 국산 농산식품을 '비유전자조작 식품'이라고 떳떳이 표시하는 운동 전개와 조례 제정을 서두르고 있다. '국민농업포럼'과 '도시농업협의회'가 안전한 우리 밥상에 대한 공동토론회를 개최한다는데, 이와 같은 구체적인 소비자·생산자 농민의 자구책이 제안되었으면 싶다. 수많은 유능한 소비자단체들도 다시 소매를 걷어붙이고 앞장서 나서야겠다.

안전한 먹을거리 문제를 정부와 정치권의 각성만 바라보고 세월을 보내기는 우리에게 시간이 별로 충분하지 않다. 꽁무니만 빼려드는 정부와 정치 경제 주도층 주변에는 어느 나라나 마찬가지로 우리나라에도 철새 기러기만도 못한 인생들이 너무 많이 포진해 있기 때문이다.

| 프레시안 2013년 8월 23일 |

유전자조작 농산물의 정치경제학

얼마 전 63빌딩에서 개최되었던 6.15 남북 정상회담 기념식장에서 기조 연설자로 방한한 캐나다 출신 도널드 존스턴 OECD 전 사무총장을 뜻밖에 다시 만나게 되었다. 많이 쇠약해 보였으나 높은 기개와 우아한 품위, 그리고 정의로운 연설은 여전히 감동적이었다. 존스턴은 1999년 우리나라에서 초기 유전자조작 농산물 수입 제도를 확정할 때 든든한 응원자 역할을 하셨던 분이다.

이야기인즉, 천학비재한 불초가 국민의 정부 농림부 수장을 맡아 해외 수입 GMO의 표시제 여부를 결정할 때 서로 상반된 이익집단으로부터 상당한 압박을 받고 있었다. 그러던 차 마침 유엔 식량농업기구(FAO) 정기총회가 이탈리아 로마에서 열려 필자가 식량 자주권과 농업의 공익적 기능에 관하여 국가 대표연설을 하게 되었다. 일정을 짤 때부터 OECD와 WTO 사무총장을 직접 만나 우리나라 식량·농업 문제의 특수한 사정을 설득할 계획이었다. 파리의 OECD 사무총장실에서 만난 존스턴 총장은 학자 출신이라는 동류의식 때문이었는지 우리 일행을 반갑게 맞아주었다.

GMO 혼입 허용률 3퍼센트 공표의 내막

단도직입으로, 수입 유전자조작 농산물의 비의도적인 혼입(混入) 허용 비율을 어느 수준으로 정할지 고민이라고 털어놨다. 미국·캐나다 등 GMO 수출국 정부와 GMO 개발회사, 국내 식품가공업자들은 일본이나 대만과 같이 5퍼센트로 하여 그 이상분부터 GMO 표시(label)를 시행해야 한다고 주장하였다. 반면 환경 생태계 보전과 국민의 건강·생명·안전을 중시하는 국내 소비자·농민·환경 관련 시민단체들은 연일 시위를 하여 유럽연합처럼 1퍼센트(실제로는 0.9퍼센트)까지만 비의도적인 혼입을 허용하고 그 이상분에 대해서는 예외 없이 GMO 표시를 해야 한다고 주장하였다. 1999년 당시까지만 해도 유전자조작 종자나 농작물이 환경 생태계 외에 인체와 포유류의 생명의 안전성에 미치는 부정적 효과에 대해서는 연구 실험한 결과가 거의 없었다. 한참 필자의 고민을 경청하던 존스턴 총장은 GMO를 수출하는 자기 나라의 입장을 떠나 객관적이고 중립적인 대답을 내놓는다. "그것을 소비하는 당신 나라의 국민들 입장에서 주권국가로서 자주적 의사를 결정하는 것이 당신의 의무와 책임이 아닌가? 아마도 나에게 이러한 질문을 하는 이유가

OECD 사무총장의 자문을 받았다는 말로 수출국들의 압력을 막아보고 싶어서라면 그렇게 해도 좋다." 그리하여 필자는 귀국하자마자, 유럽연합(1퍼센트)과 일본·대만(5퍼센트)의 중간선인 3퍼센트를 우리나라의 비의도적 혼입 허용 비율로 공표하고 단호하게 법적, 행정적 절차를 밟았다. 이 '3퍼센트' 기준은 GMO 표시제를 시행하고 있는 40여 개국 중에 대한민국이 유일하며, 실제 이 3퍼센트 비율을 유지하기 위해 수출국 상사들은 유럽연합의 0.9퍼센트나 다름없는 특수한 분리 취급 노력과 비용이 발생한다. 그래서 필자가 농림부를 떠난 이후 한·미 FTA가 발효된 지금까지도 미국과 캐나다 정부는 기회 있을 때마다 우리 정부에 이 기준을 5퍼센트로 수정, 완화할 것을 요구하고 있다.

국내 'GMO 표시제' 있으나 마나

그런데 얼토당토않게 우리나라 안에서, 그것도 정부와 국회의 관련 부처 간 부조화 탓에 우리 국민의 건강·생명권이 크게 위협받고 있다. 농산물 형태로 수입될 때는 농산물품질관리법에 따라 GMO가 3퍼센트 이상 함유된 수입 농산물에는 반드시 유전자조작 농산물이라고 표시한다. 다만 그것을 수입해 국내에서 가공하거나 가공된 형태로 수입할 경우 표시제가 있으나 마나하게 부실하게 시행되고 있다. 예컨대 보건복지부, 지금은 식약처 소관의 식품위생법에 따르면 가공식품에 사용되는 원료 중 5위의 범위를 벗어난 품목에 대하여는 GMO 표시를 하지 않아도 된다. 또 조리·가공을 함으로써 GMO 유전자 DNA가 검출이 안 될 경우, 예컨대 간장, 식용유, 전분당 등은 GMO 표시를 하지 않아도 된다. 그래서 경실련이 서울 식료품 가게와 대형 유통업체에서 판매되고 있는 두부, 두유, 과자 등 150여 개 콩, 옥수수 관련 식품을 조사해보았더니 단 한 품목에도 GMO 제품이라는 표시가 없었다(이 조사에서 비GMO 농산물/가공식품 또는 친환경 유기농 식품만을 판매하는 한살림 등 생협과 풀무원은 제외하였음). 지난해(2012)만 해도 유전자 조작 농산물이 우리나라에 무려 74억 8000만 킬로그램이나 들어왔고, 그중 직접 식용으로 수입된 양이 19억 2000만 킬로그램인데, 이것을 누가 다 먹었단 말인지 어리둥절하지 않을 수 없다.

더 웃기는, 아니 웃지 못할 에피소드는 국회가 시차를 두고 통과시킨 세 개의 서로 다른 GMO 관련 법률(농산물 품질관리법과 식품위생법 등)에서 GMO(Genetically Modified Organism)라는 핵심 용어의 국문 표기가 제각각 다르다는 것이다. 한 곳에서는 "유전자변형 생물체", 다른 법률에서는 "유전자재조합 생물체"로 되어 있다. 한 장소, 같은 토론회에서도 보건복지부나 식약처 관리는 '유전자재조합 식품'이라고 말하고, 농림수산식품부나 기획재정부 관료들은 '유전자변형 생물'이라고 응대한다. 제3자인 시민(단체) 대표들과 지식인들은 '유전자조작 물질'이라 말한다. 국회의원들도 자기가 속한 상임위에 따라 똑같은 GMO를 '유전자변형'체라고 했다가 '유전자재조합' 물질이라고 한다. 이 어찌 우습지 아니한가!

GMO 작물 위해성 연구 결과 끔찍

최근 프랑스, 영국, 미국, 러시아, 호주, 독일 등 여러 나라에서 사람과 유사한 생체기능을 가진 쥐, 돼지에게 유전자조작 옥수수와 콩 등의 사료를 상당 기간 급여한 후 비교 관찰, 분석한 실험 결과와 학술 논문들을 보면 그 참상이 너무 끔찍하여 믿기지 않는다. 비록 인체에 행한 실험 결과가 아님에도, 마치 최근의 우리나라 질병관리본부의 국민 질병 발생 상황보고를 듣고 있는 듯하다.

GMO 식품과 라운드업이라는 제초제가 생명체의 건강과 생명전선에 미친 이상(異常)현상들이 속속 발견되고, 환경 생태계와 종의 다양성에 끼치는 악영향이 계속 보고되고 있는데도, GMO 종주국인 미국과 캐나다, 그리고 최근 GMO의 수출로 재미를 톡톡히 보고 있는 브라질, 아르헨티나 등에서는 오히려 GMO의 실체적인 종가인 몬산토의 영향력이 점점 더 커지고 있다. 미국을 예로 들면, 정부의 관련 부처, 상하원, 사법부, 미국 무역대표부, 학계, 언론계, 심지어 백악관에 이르기까지 몬산토와의 인적·물적 교류가 더 빈번해지고 협력관계가 더욱 공고해지고 있다. 그 명단도 경실련에서 가지고 있다. 몬산토의 우군 중에는 세계적인 화학·농약회사들인 듀퐁, 신젠타, 바이엘, 다우, KWS 등이 있고 농산물 초국경 메이저인 카길 등이 있다. 이미 우리나라에도 몬산토가 서울 한복판에 자리 잡고 국내 식품산업계와 농약계, 관련업계와 정관계, 그리고 정부 산하 식량과 농업 연구기관, 학계와 소비자단체, 식량·

농업 단체들에 손을 뻗치고 있다. 벌써 오래전에 학계와 일부 소비자단체장들은 미국 정부의 초청으로 GMO 시찰 명목의 호화로운 미국 여행을 다녀와 꿀 먹은 벙어리로 지낸다. 그중에서 일부 관변 식량·농업 연구자와 기관들 중에는 최근 "우리도 GMO 종자를 생산 수출해 황금노다지를 캐자! GMO 없인 식량자급이 어렵다!"라고 애국자인 양, 실은 몬산토와 똑같은 소리를 내기 시작했다. 비정부기구들은 GMO 관련 회사들이 주요 유럽 국가들은 당분간 접어두고 나머지 거대 식량 수입국인 한국, 일본, 중국에 집중하여 정·관·재계 및 사법계, 그리고 학계, 언론계, 시민단체들을 포섭하기 위해 제3의 중립적인 기관이나 단체로 보이는 조직을 앞장세워 여론과 공론 조작 활동을 가동시킬 것으로 보고 있다.

GMO 기업의 마수에서 누가 자유로운가

국경을 초월하여 독점적 이윤을 챙기는 자본의 속성상 그들의 로비 마수에 걸리면 누구나 넘어가게 되어 있고, 안 넘어가면 쓰러뜨리고라도 자신들의 이익을 쟁취하는 것이 GMO의 정치경제론이다. 박근혜 대통령은 불량식품을 4대악으로 규정했지만, GMO의 피해와 위해성이 보도되지 않게 하고, 실험연구 과정상의 사소한 꼬투리를 잡아 그 결과를 부정하고 흠집을 크게 내어 대대적으로 보도되도록 보수 상업 언론에 공작해버리면 그만이다.

식량 자급률 22.6퍼센트, 밀 자급률 1.1퍼센트, 옥수수 자급률 0.8퍼센트, 콩 자급률 6.4퍼센트, 목화, 사탕무, 카놀라 자급률 0퍼센트인 우리나라의 정부와 국회와 기업, 국민이 그들의 눈엔 모두 '봉'으로 보일 수밖에 없지 않은가! '봉'들이시여, 제발 당신들의 자녀와 오고 또 올 후손들만이라도 실험 대상의 쥐와 돼지처럼 대가 끊기지 않도록 국내 식량·농업 진흥과 친환경 유기농업 발전에 분발할지어다.

| 한국농어민신문 2013년 6월 24일 |

외국 미생물로는 유기농업 안 된다

⋮

올 여름은 도시와 농촌을 가리지 않고 잦은 폭염과 열대야에 유난히 시끄러운 벌레들이 들끓어 세 분의 위대한 지도자를 연달아 잃고 가뜩이나 실의에 빠진 민초들의 심사를 여간 어지럽히지 않고 있다. 언뜻 보기에도 혐오스럽고 낯선 이 주황날개의 벌레 이름은 속칭 '중국꽃매미'로 활엽수, 특히 포도나무 수액을 빨아 먹고 산다. 2006년에 발생 면적이 1헥타르로 보고되는가 했더니 올해엔 갑자기 수백 배로 늘어났다. 정부는 산림과 과수원의 돌발 피해 현상을 막으려 살충제 등 45억 원의 예산을 투입하였다.

변질되고 있는 한국의 산하

그런가 하면 최근 남해안 일대에서는 수달과 비슷한 몸체의 뉴트리아라는 외래 동물이 기하급수적으로 번식하여 감자 밭을 파헤치고 제방에 구멍을 내는 등 수변 생태계를 파괴하고 있다. 이미 전국의 산하엔 이런저런 이유로 도입된 베스, 황소개구리, 붉은가재, 블루길, 월남붕어 등 수백 종의 외래 동물이 크게 번성하여 각종 질병을 일으키거나 생태계의 균형을 무너뜨리고 있다. 토종 벌은 서양 벌에게 좋은 밀원을 빼앗기고 산골로 철수한 지 오래다.

생태계를 교란하고 파괴하는 외래 식물 역시 부지기수다. 전국의 산야와 수변에 마구 퍼져나가며 토종 식물과 주요 작물, 심지어 인체에까지 해를 끼치고 있다. 낯이 익은 지 오래인 외래 식물로부터 최근에 새로이 침입한 잡초 등에 이르기까지 얼추 300종이 넘는다. 피부병을 일으키는 돼지풀, 고유 수종을 고사시키는 가시박과 도깨비가지, 이미 우리나라에 귀화한 듯 행세하는 서양금혼초, 양미역취, 미국미역취 등이 생태계를 교란하고 있다. 서양등골나무, 털물참새피, 물참새피, 미국쑥부쟁이 등은 벌써부터 터줏대감 행세를 하고 있다. 이러니 우리나라 고유의 풀과 꽃과 나무들은 사라지거나 심산궁곡으로 쫓겨가고 있다.

이와 같이 한국의 산하가 시나브로 외래 동식물로 뒤덮이고 아름답던 삼천리 금수강산의 생태계가 교란되는 현상은 당대를 살고 있는 우리의 불찰이요, 잘못이다. 물론 그 폐해는 우리 뒤를 이어 오고 또 올 후손들의 몫이다.

그런데 우리 눈앞에 더욱 무서운 변화가 일어나고 있다. 국토의 성분과 성질이 크게 변질될지 모를 엄청난 변화가 '인위적'으로 전개되고 있다. 수억 년 전 지구상에 한반도가 생성된 이래 땅(흙과 물과 공기) 속과 식물 뿌리, 잎, 유기물에서 우리 겨레와 함께 살아온 미생물계가 천지개벽, 경천동지할 변화를 예고하기 시작했다. 외국 미생물이 토착 미생물을 밀어낼 위기에 맞닥뜨린 것이다.

토착 미생물까지 외래 미생물에 밀려

토착 미생물이란 세균, 곰팡이, 바이러스, 버섯, 조류 등으로 이 땅의 자연상태에 존재하면서 한반도 생태계와 동식물과 인체의 생명 활동에 불가분의 관계를 맺고 한국적인 특성을 보지(保持)케 한 일등공신이다. 육안으로 잘 보이지 않을 뿐, 이들 유익한 미생물이 있었기에 이 땅에서 1만 5000년 이상 자연 유기농이 가능했고, 세계적으로 한국이 자랑하는 김치 등 발효식품 문화가 꽃피었으며, 각종 질병과 병해충으로부터 '건강한 나라(Healthy Country, 《하멜 표류기》)'로 우리 선조들과 후손들의 건강과 생명을 지탱할 수 있었다. 반면, 해로운 미생물이 득세하는 경우 각종 질병과 농사 피해, 인명 피해에 시달리기도 했다. 그러나 우리의 5000년 기록 역사를 볼 때, 그리고 전 지구상에 7000여 만의 한민족이 번성하고 있음을 볼 때 천우신조, 순풍순우, 천지조화 덕분에 우리나라 토착 미생물들은 후자의 기능과 역할보다는 전자의 기여가 월등했음을 알 수 있다.

그런데 이 땅에 현대적 유기농법이 부활하자 이윤 극대화라는 상업주의의 마수가 뻗치고 있다. 환경 생태계가 전혀 다른 곳에서 생성된 외래 미생물 농약이 버젓이 외제 이름을 달고 정부의 비호

아래 한국의 산하에 침투하고 있는 것이다. 세계유기농협회나 쿠바의 유기농 교범에는 화학제 농약 대신 미생물을 이용하여 병해충을 방제할 경우 반드시 자기 농장에서 채취 배양한 미생물 농약을 사용할 것을 적극, 그리고 강력히 권장한다. 그것이 유기농법의 제1과 제1조다. 자기 농장에서 미생물을 채취하여 사용하지 못할 사정이 있다면 최소한 동일 지역 유사한 농장에서 채취할 것을 권한다. 그런데 상업주의는 이 원칙을 무시한다.

주지하듯, 토착 미생물 농약 또는 생물 농약(bio pesticides)이란 한국 산야의 각종 미생물이나 천연물, 천적을 활용하여 생태계에 영향을 주지 않고 병해충을 억제하며, 각종 영양소로 농작물 생장을 촉진하고 안전하며 항생 기능을 갖는 농작물의 생산을 돕는다. 즉 직접적인 방제 효과는 물론, 식물들의 자체방어 시스템을 가동시켜주는 것이다. 토착 미생물 농약은 종종 효과가 낮을 수 있고 균일한 효과를 내지 못하는 경우는 있으나 환경 생태계 오염 등 부작용은 전혀 없다.

유기농까지 원칙보다 돈벌이인가

지금 농촌진흥청에 등록된 미생물 농약은 30여 종에 이른다. 농림부도 올해(2009)부터 미생물 농약에 대하여 농업인이 구매 사용할 경우 국고 보조를 하기 시작했다. 농촌진흥청에 등록하지 않고 각지의 유기농업인들이 자체적으로 자기 농장에서 제조, 이용하는 자가 미생물 농약도 상당수다. 문제는 돈벌이가 된다고 외국으로부터 미생물 농약 원제를 직수입하여 라벨만 바꾸거나 한글로 표기하여 무분별하게 전국에 퍼뜨리는 농약회사들이 나타나고 있다는 것이다. 쉽게 말하여 외국 토양에서 채취 배양한 미생물들을 환경 생태계가 전혀 다른 우리나라 토양에 인위적으로 이식시키는 것인데, 그로 인한 피해에 대해서는 아무도 예측조차 하지 못하고 있다.

최악의 경우, 외래 동식물의 사례에서 보듯 토착 미생물을 우리 땅에서 몰아내고 외국의 이종 미생물이 우리 국토의 주인 노릇을 할 날이 곧 찾아올지 모른다. 그 악영향, 그 피해, 그 엄청난 파급효과는 상상하기도 무섭다. 아무도 그 영향을 분석하려고도 하지 않는다. 우리 국토가 변질·변성되고서야 어찌 이 땅의 생명체가 온전하길 바랄 수 있을까. 옛말대로 "어리석은 자는 피해를 당해봐야 정신을 차린다"일까.

| 한국농어민신문 2009년 8월 27일 |

사람 없는 농촌을 만들지 않으려면

전국 최대의 활동 회원 수를 가진 한국농업경영인중앙연합회(전 농업후계자연합회, 회원 12만 명)가 대선을 앞두고 지난(2012) 8월 '이명박 정부 농정 5년을 평가'하는 설문조사 결과를 발표하였다. 그 결과를 보면, 농업인의 91.5퍼센트가 이 정부의 농정 결과에 불만을 나타냈으며, 그간의 소득·유통·통상 정책 등에 대한 전반적인 만족도가 5점 만점에 1.57점으로 집계되었다. 한마디로 이명박 정부의 농정 점수는 '100점 만점에 31.4점'이라는 아주 처참한 평가를 내렸다. 전두환 정권 치하에서 태생해 현 정부에 이르기까지, 일반 농업인에 비해 비교적 정부 지원을 후하게 받아온 친정부 농민단체의 자체 평가 결과라 충격이 더 크고 무겁게 다가온다.

객관적인 경제지표를 보더라도 이 정부 들어 계속 정체되던 농가소득이 2011년도엔 그전 해보다 6.1퍼센트나 감소한 3000만 원대로 뚝 떨어졌다. 7년 전(2005)의 소득수준으로 되돌아간 것이다. 도시 근로자 가구 소득에 대비해 보아도 농가 소득은 59퍼센트에 불과한 사상 최저 기록을 나타냈다. 이명박 정부 들어 눈코 뜰 새 없이 동시다발, 속전속결로 추진되고 있는 FTA마다 필수적으로 농업 부문의 희생과 피해손실을 동반한다. 그래서 이 같은 농가경제의 추락 현상은, 어찌 보면 콩 심은 데 콩 나는 당연한 결과일지 모른다. 거기에 현재 추진 중인 중국, 뉴질랜드 등 농축산업 대국들과의 FTA가 타결될 경우, 지난해의 한·미, 한·EU FTA의 효과마저 덧씌워져 우리나라 축산 및 경종 부문과 과채류 특용작물, 심지어 도라지, 고사리나물까지도 시장에서 살아남기 힘들 전망이다. 어느 품목 하나, 세계 수십 국가와의 무관세 시장개방 그물코에서 빠져나갈 구멍이 보이지 않는다.

이명박 정부 농정 평가 31.4점

그런 탓에 일찍부터 젊은이들이 농촌을 떠난 지 오래다. 지금 고령층이 대부분인 깡촌마을에서는 50대 농민이면 '청년' 대접을 받는다. 동네 애경사와 궂은일을 도맡아 하고 덩치 큰 농기계 굴리는 일도 그의 몫이다. 이럴 때 어린 아이가 있는 도시의 젊은 가족이 무슨 사연이든 귀촌 귀농을 할라치면 그 동네는 십중팔구 크게 반긴다. 외지인의 귀농에 대해 은근히 경계하고 따돌리던 풍습이 차츰 달라진 것이다. 인구 부족에 선거인 수 미달, 교부금 하달액 감소 등으로 고민이 많은 지방자치단체들로서는 앞다투어 귀촌 귀농 인구 유치에 발을 벗고 나서고 있다. 정착금을 지원하고 빈집을 마련해주는 등 농촌 인구 늘리기에 안간힘을 쓴다. IMF 환란 사태 때 보았듯이 나라 경제가 불안해지면 도시 인구의 농촌 환류 현상이 도도해진다. 최근의 귀농 귀촌 행렬은 그와 같은 요인에 더하여 자연과 환경 생태계에 대한 귀의 풍조가 크게 한몫을 하고 있어 고무적이다.

그런데 이 같은 지자체들의 서글픈 자구책에 대하여 찬물을 끼얹는 중앙정부의 정책들이 눈살을 찌푸리게 한다. 한국개발연구원(KDI) 출신이 수장을 맡고 있는 교육과학기술부는 무슨 억하심정인지 일정 수의 학생을 채우지 못한 농촌의 초·중·고교를 경제성이 없다며 폐쇄하겠단다. 이미 그전부터 행해오던 초등학교와 그 분교에 대한 폐쇄 정책을 확대 조치함에 따라 학령기 아동을 가진 가족들더러 어서 농산어촌을 떠나라고 등을 떠미는 셈이다. '의무교육'이라는 말을 헌법에서 삭제하든지, 농어촌 군소학교 폐쇄 조치를 거둬들이든지 양단간에 분명히 할 일이다.

예부터 나라 정책의 근간이었던 농지 정책 역시 지극히 반농업적이다. 비농업용으로의 전용을 권장이나 하듯 지난 5년간 중앙정부와 지자체의 토지 관련 정책이 농지 전용을 용이하게 완화하여 그 영향이 심상치 않다. 2007~2011년 사이 9만 7622헥타르의 농경지(여의도 면적의 115배)가 다시는 농업용으로 돌아오지 못할 다른 용도로 사라졌다. 매년 평균 1만 9524헥타르의 농경지가 없어져 이제 우리나라의 가용 농경지 총면적은 전 국토의 17퍼센트인 170만 헥타르에 조금 못 미친다. 그나마 부재지주들에 의한 휴경

면적도 꽤 늘어나 전체 농지의 3.2퍼센트에 달한다. 헌법에서 금하고 있는 소작 제도와의 모순이 우려되어서인지, 최근 들어 정부는 전국 농지의 소유 및 소작 그리고 임대차 현황에 대한 통계를 공식 통계조사 보고서에 수록하지 않고 있다. 그래서 누가 어디에 얼마만큼이나 불법 또는 탈법으로 농경지를 소유하고 있는지 알아보려면 행정안전부의 컴퓨터 파일이나 읍면의 지적부를 일일이 뒤져보아야 한다. 전국 통계는 잡혀 있는지 없는지 아무도 모른다.

지자체의 슬픈 자구책에 찬물 끼얹는 중앙정부

비록 통계를 내지는 않아도 농촌 지역의 농지는 약 60퍼센트 이상, 도시 인근의 농지는 거의 90퍼센트까지가 부재지주 또는 비농민 소유로 추정된다. 예부터 사회가 혼란하고 나라가 망하는 세 가지 요인, 이른바 삼정문란(三政紊亂)의 첫 번째 항목이 농지 소유 제도의 문란이다. 1950년 농지 개혁 이후 쌓여온 병폐가 오늘날 토건 세력의 득세에 따라 노골화되고 있다. 이제 중앙·지방 정부가 농지의 투기적 소유와 전용을 조장 방조하는 느낌이다. 그리고 정권 말기만 되면 토지 투기와 그린벨트 훼손, 농지의 불법 소유 전용이 극성을 보인다.

기본이 이렇게 뒤틀려 있으니 그 옥상의 정사(政事)가 제대로 이뤄질 리 없다. 그 피해는 당사자인 농업인에 그치지 않고 식량과 농업(생태계)에 의식주 생활과 생산 활동을 의존하는 모든 국민과 국가의 존망에까지 영향을 미친다. 단적인 사례로서 농지 전용과 논의 형질 변경 등으로 올해(2012) 전국의 벼 재배 면적이 해방 이후 최저치인 85만 헥타르에 불과했다. 정부 통계조사 사상 가장 적은 벼 재배 면적이다. 논에 다른 작물을 재배하라고 권장했다가 지난해 30년 만에 쌀 수확량이 사상 최저치(422만 톤)를 기록하자 창피를 무릅쓰고 시행 1년 만에 그 '논 소득 기반 다양화 사업'을 취소했다. 그럼에도 사상 최저 쌀 생산량을 기록하여 정부의 공공 비축미 계획량마저 다 사들이지 못했다. 올해는 국내 상황도 최악이려니와 세계 곡물 작황마저 심상치 않고 해외 식량시장 조건이 아주 불안하다. 가격도 옛날의 가격이 아니려니와, 필요한 곡물을 돈을 주고도 제때에 자유로이 사오지 못했던 전두환 정권 초기의 상황과 비슷하다.

그동안 농업·식량·농촌·농민 문제는 나 몰라라 시장경제에만 맡겨온 이명박 대통령이 오죽했으면 친히 수출국 대통령들에게 수출입 협조 요청 친서까지 보내고, 아시아·태평양·경제협력체(APEC) 정상회의에 가서 곡물 수출 제한 행위를 하지 말아달라고 통사정까지 했을까. 왜냐하면, 우리나라는 이래 봬도 곡물 순수입 세계 5위 대국이기 때문이다. 연간 1410만 톤 이상을 수입하는 나라다. 그래서 우리나라는 OECD 선진 국가 중에서 식량 자급률이 최하위권에 랭크되어 있다. 그런데 지구촌은 바야흐로 최악의 가뭄과 폭염으로 밀, 콩, 옥수수 등 3대 곡물 작황이 곤두박질하여 가격이 사상 최고가를 경신하고 있다. 세계의 곡창지대인 미국 중남부의 가뭄 피해에 이어, 엘니뇨 현상으로 필리핀, 오스트레일리아, 인도네시아 등의 농산물 작황도 타격을 받았다. 예측한 대로 이상기후 탓이다. 국제 곡물 가격이 벌써 품목에 따라 20~52퍼센트까지 급등하였다. 일반 물가 인상률을 훨씬 뛰어넘어 인플레이션을 유발하고 있다. 그래서 10년 주기였던 '애그플레이션 현상'이 1~3년 주기로 당겨져 일어나고, 세계적 식량 파동은 이제 '상시적' 현상이 되었다. 게다가 미국, 브라질 같은 농산물 수출국들이 옥수수 생산량의 40퍼센트 가까이를 이윤을 좇아 바이오에탄올 제조에 전용하고 있다. 세계 곡물시장에서 국제 투기자본, 이른바 곡물 메이저들이 활개를 친 지도 오래되어 이제 그들끼리의 리그가 되었다.

농업·농촌·농민 나 몰라라, 수출국에 구걸만

이명박 대통령이 주요 20개국(G20) 정상들에게 서한을 보내 식량을 바이오연료로 쓰지 말자고도 제안했지만, 돈밖에 모르는 다국적 초국경 기업들이 세계 5위의 식량·석유 수입 대국의 대통령 말씀에 콧방귀나 뀔지 모를 일이다. 이런 '총성 없는 식량·자원 전쟁'을 알고들 있는지, 우리 사회의 토건족 지도자들은 땅 투기, 돈놀이에 정신이 없다. 비싼 국내산 식량을 사 먹는 대신에 수입해 먹으면 더 이익이라며 토지 제도를 풀어 논밭을 갈아엎고 골프장, 카지노, 리조트, 반도체·TV 공장이나 다투어 짓던 주제들이 아니던가. 그리하여 무역해서 돈을 버는 척하면서 뒷전에서는 땅 투기로 떼돈을 벌어 사업을 확장해온 그들이 아니었던가.

아, 염제(炎帝) 신농씨의 저주이런가, 후직(后稷)의 징벌이런가. 그중 지난해 쌀 자급률이 1970년 이래 최저치인 83퍼센트로 뚝 떨어졌다. 우리나라 식량 자주권에 적신호가 켜졌다. 그리하여 지난해의 전체 식량 자급률은 22.6퍼센트라는 단군 이래 최저 기록을 경신하였다. 보리는 22.5퍼센트, 밀은 1.1퍼센트. 옥수수는 0.8퍼센트, 콩류는 6.4퍼센트, 심지어 감자와 고구마마저 100퍼센트에 이르지 못하고 있다. 정부는 궁여지책으로 곡물 자급률은 어떻고, 주식 자급률은 어떠하며, 칼로리 자급률은 어떠하다며 옹색한 변명과 위장술을 펴기에 급급하다. 식량 자급률이 22.6퍼센트라는 엄정한 국내외 최저기록에 대한 진정한 사과와 대응책 제시에 골몰하기보다 말장난에 치중한다. 누가 MB(Mental Breakdown)병에나 걸렸나 보다.

혁명에 준하는 식량 문제 해결책 모색해야

이제 우리 모두 좀 냉정해야 할 때인 것 같다. 무엇보다도 대선을 앞두고 소위 차기 대통령이 되겠다고 나선 정치 지도자들부터 겸허해져야 한다. 무엇보다도 그 주변의 신자유주의 재벌 장학생들의 말씀을 디스카운트하고 볼 일이다. 그리고 현실을 겸허히 직시해야 한다. 국민의 생존권과 국가의 자주권을 걸고 식량과 농업 정책을 전면적으로, 아니 혁명적으로 재검토하여야 한다. 토지 정책(농지 제도)과 가격·유통 구조의 문란을 이대로 방치할 것인가 되물어보아야 한다. 식량 자급도를 어느 정도로 유지해야 자주 국가의 품위를 유지할 수 있을지에 대해서, 그리고 이상기후가 장차 농업·환경 생태계에 어떤 영향을 미칠지에 대해서도 분명히 따져야 한다. 그런 다음에야 앞으로의 세세한 대책을 마련할 수 있다. 필요하면 식량·농업·농지 문제에 대한 혁신책을 국민투표에라도 부치겠다는 자세로, 혁명에 준하는 범국가적 개조 계획을 수립해야 한다.

세계대전 중 전쟁에서는 이겼으나 식량 수입·수송 문제로 국민들을 극심한 고통에 빠뜨렸던 악몽을 잊지 않고 전후 농업 재건에 성공했던 영국의 사례나, 덴마크 등 북유럽 국가들, 프랑스, 독일, 스위스, 대만 등의 엄격한 농지 관리 제도 등이 우리에겐 큰 교훈이다. 일본 역시 4헥타르 이하의 농지 전용만 지방정부에 위임하고 나머지 전체 농지는 중앙정부가 확고하게 통제하는 모범 국가 중의 하나다. 눈을 돌려 다시 세계를 보고 우리 자신을 보고 기초부터 바로 세워나가야 할 때다. 길을 잃고 헤매는 자들이여, 부디 바라건대 기본으로 다시 돌아갈지어다. 그것이 진리요 진실이다.

| 프레시안 2012년 9월 14일 |

대기업이 농사지어 국민을 먹여 살린다?

지금 전국의 농촌·농민단체는 때 아닌 '대기업의 영농 참여'와 정부의 'FTA 자금 지원 행태'에 대한 성토로 들끓고 있다. 이명박 정부의 비호와 지원을 받은 모 재벌기업이 경기도 화옹 간척지구와 전북의 새만금 간척지구에 대단위 농장을 분양받아 확보하고, 먼저 화옹지구에 아마도 단일 품목으로는 가장 큰 규모의 유리온실 토마토 농사를 착수했기 때문이다. 최근 외국 대기업 농장에서는 유전자조작 토마토 종자 재배면적이 빠른 속도로 늘어나고 있는데, 하필 이 재벌기업이 유전자조작 종자산업 분야와 맹독성 농약 생산·판매 분야에서 초국경 괴물기업으로 알려진 몬산토와 밀착관계가 의심되는 기업이라 농민들의 저항이 더욱 거센 것 같다. 그 사업에 정부는 농지 분양 이외에도 소농들의 몫인 FTA 대책 예산의 상당액을 직접 지원했다고 한다. 이 같은 '땅 짚고 헤엄치기'

식 대기업 지원 행위를 지난 정부가 농업의 해외수출 증대와 경쟁력 향상이라는 명분으로 거침없이 허용한 모양이다. 결국 이 문제는 정치권과 새 정부가 알아서 처리할 문제지만, 이 기회에 원인을 제공한 우리나라 농정 철학의 기본에 대해 다시 한 번 점검해볼 필요가 있다.

FTA 대책 예산으로 대기업 지원하다니

왜냐하면 그동안 적잖은 기업자본의 농업·식품 분야 참여가 있었지만, 소규모 가족농가들의 고유 분야인 영농 부문에까지 직접 뛰어든 것은 이 대단위 토마토 유리온실 사업이 제1호가 될 것이다. 이 같은 정부의 대기업 영농 참여 지원 정책이 바뀌지 않는 한, 장차 소규모 가족농업을 대신하는 제2, 제3의 대기업들의 영농 겸병이 눈사태처럼 불어나 우리나라 농업이 다국적 대기업들의 먹이 사냥터로 변질될 날이 머지않은 것 같다. 그 이론적인 토대는 '대규모화=국제 경쟁력 향상'이라는 신고전학파 경제 이론과 '수출 증대=국부·국익 증진'이라는 신자유주의 경제 철학이다. 미국에서 교육을 받았거나 다국적 초국경 기업들의 영향을 받고 있는 일부 경제 관료와 정치·언론 세력들이 이를 맞장구치고 부추길 것이 확실하다. '큰 것이 좋은 것이며, 수출만이 살길이다'라는 횐소리들이 요란할 것도 쉽게 상상이 된다.

필자가 정부직에 몸담고 있을 때도 유사한 주장이 몰아쳤다. IMF 환란기를 맞아 우리 농업과 축산 분야가 쑥대밭이 되었는데, 그때

정·관계 요인들과 언론계에 모 재벌기업의 간척 농지를 전용(간척한 절대 농지를 정부 특혜로 상공업 용지로 전용 허가)해달라는 로비가 극에 달했다. 다른 한편 일부 대기업은 양돈 등 축산 분야에 대한 직접 진출을 허용하라고 정부 당국을 윽박질렀다.

그때 등장한 국민의 정부의 농정 목표가 친환경적인 '가족농(family farm)의 육성'이었고, '가족농의 협동화와 전문화'가 그 캐치프레이즈였다. 수천 년 이어져온 소규모 가족농업을 새삼스레 국정지표로 내세운 이유는 미국에서 교육받은 일부 관료들이 이미 이전 정권부터 정책의 조종간과 조타기를 잡고 우리 농정의 방향을 미국식 기업농(corporate farm)으로 몰아가고 있었기 때문이다. 엄연히 국토 현실은 지리·인문학적으로나 경제·사회적으로나 가족농업 체제일 수밖에 없는데도 '대규모화' 또는 '대형 정예농가를 육성하자'는 구호가 난무했다. 역설적이게도 세계 최고의 땅값과 투기성 부재지주들의 만연은 그대로 놔둔 채 단지 국제 경쟁력 향상이라는 미명하에 규모화 정책으로 문제를 해결하려고 무수한 헛발질을 했다. 그래서 가족농업을 다양한 방법으로 지원함으로써 소규모의 불리성을 전문화와 협동화를 통해 극복하여 대경영의 이점을 도모케 하자는 것이 당시 국민의 정부의 대안이었다. 가족농업의 장점도 지키고 대규모 협동경영의 이점도 살리자는 1석 2조를 겨냥한 처방이었다.

농업이란 단순히 경제적 활동만을 지칭하는 것이 아니다. 영농 자체가 사회적, 윤리적, 생태학적 생명의 자기확인 과정이기 때문이다. 농산식품을 생산하고 가공, 유통, 수출하는 경제적 기능 이외에도 중요성이 못지않은 무형의 기능, 예컨대 환경 생태계 보존, 아름다운 경관의 유지, 홍수와 가뭄 같은 자연재해 완화, 상부상조와 협동에 의한 배려와 나눔의 공동체 형성, 위대한 생명 문화와 전통의 계승, 자유와 평화와 행복의 공유 등 다양한 비교역적인 공익 기능을 망라한다. 이것이 가족농업의 존재가치이며, 국가와 민족을 형성하고 유지 발전하는 최소의 필요조건이다.

가족농업 가치 외면하는 농정

농업 기능을 단순히 경제 활동으로만 규정할 경우 규모의 경제성과 대규모화로만 귀결되고, 국제 경쟁력이 가격 경쟁력의 향상으로만 귀착된다. 그렇게 되면 가족농은 점차 소멸되고 대규모 기업농들이 농업을 지배할 것이다. 우리나라 소농, 가족농들은 2차, 3차 산업에서 중소 상공인들이 걸었던 길을 걷게 될지 모른다. 그러나 현실적으로 작은 규모의 가족농들도 협동·협업화를 통해 대규모의 경제성을 확보할 수 있다. 유럽 등 선진국의 사례에서 보듯, 전문화와 다양화로 품질 향상과 생산성 증대를 꾀할 수 있고, 종의 다양성을 통해 식량주권을 확보할 수 있다. 특히 식품 수요의 성격상 농산식품의 국제 경쟁력이란 가격에만 의존하는 것이 아니다. 품질 경쟁력과 안전성이라는 비가격 요소에 크게 달려 있다. 가격이나 비용이 높더라도 품질이나 안전성으로 보완하여 소비자 시장에서 승부할 수 있다.

신고전경제학파의 치명적인 결함인 "다른 조건이 변함없이 동일

하다면(other things being equal)"이라는 전제에 의해 규모를 키워 국제 경쟁력의 우위성을 확보한다거나, 신자유주의 정책의 지고지상인 '이윤 극대화'를 도모하는 것이 우리 농업의 살길이라는 인식은 인구가 과밀하고 국토가 협소한 우리나라에서는 자칫 노생(盧生)의 한단지몽(邯鄲之夢)으로 끝날 수 있다. 농업의 다양한 공익 기능을 배제한 이러한 농정 발상은 마침내 소농, 가족농의 존립 기반을 송두리째 흔들어 결과적으로 전체 국민경제에 피해를 끼치고 소비자의 생존권까지 위협받게 한다.

이는 사막 한가운데 오아시스 샘을 지키던 촌부를 연상케 한다. 아침마다 이슬을 머금고 반짝이는 주변의 나무들이 밤 사이에 샘물을 빨아마신다는 판단을 내린 촌부가 나무들을 베어버리면 샘물이 더 많이 나올 것이라고 착각했다는 어리석음과 다름없는 것이다.

엄밀히 따져 현재 거의 모든 한국 농가가 소규모 가족농업이다. 현실적으로 가능하지도 않지만, 설사 100여 가족농가를 쫓아내고 그 농지를 한 기업에 몰아줘봤자 미국, 캐나다, 호주, 브라질의 대형 플란테이션 농장 하나만 못하다. 그런 실정에 특히 턱없이 낮은 농산물의 생산비와 가격을 따라잡을 수 있을까? 그 답은 '아니올시다'이다. 평당 10~20배가 넘는 땅값 차이로 비용 면에서 경쟁이 되지 않는다. 품질과 안전성 면에서 경쟁하면 모를까, 가격 및 생산비 경쟁 면에서는 중국산하고도 경쟁이 안 된다. 지금까지는 노령화와 이농·탈농으로 지난 10년 사이 농가 평균 경지 규모가 0.07헥타르 늘어난 호당 1.5헥타르에 불과하지만, 품질과 안전성, 수익성을 떠난 비교역적 공익 기능 덕에 그런대로 버텨내고 있다.

우리나라 정부가 대형 기업농 정책을 추구한다고 공언하지만, 실제로는 말장난에 불과하다. 가능성이 희박하고 경제·사회적 현실도 그러하다. 하물며 대형 농장과 대기업농이 좌지우지하는 미국과 캐나다 농촌에도 아직 농가의 약 80퍼센트 이상이 가족농이라는 사실은 무엇을 뜻하는가. 그리고 범세계적으로 전체 인구의 절반가량이 자소작 가족농으로서, 비록 그들이 전체 농경지의 24퍼센트밖에 보유하고 있지 않지만 약 70퍼센트의 세계 인구를 부양하며 건강한 농산식품을 공급하고 있다는 사실은 무엇을 뜻하는가.

이미 2000년대 들어 발표된 수많은 실증적 연구 결과를 보더라도 가족농이 대기업농보다 더 생산성이 높고, 더 친환경적이며, 나아가 이들의 생산성 역시 화학적 관행농업의 생산성에 결코 뒤지지 않는다. 요컨대 생태적 가족농업이 단위면적당 가장 생산적이라는 사실이 속속 증명되었다. 반면 대단위 관행농법의 피해는 이미 세계 식량 생산고가 줄어들고 인류의 영양 문제 해결에 실패했다는 사실로 여실히 뒷받침된다. 그리고 다국적 초국경 기업농의 해악은 각종 인수 공통 질병의 빈발, 건강과 생명의 위해성 증대, 분배정의의 왜곡, 농지와 수질의 오염, 환경 생태계의 파괴, 농어촌 공동체의 붕괴 등 지금 지구촌이 일상적으로 겪고 있는 고통스런 현상들이 증명한다.

선진국 사례에서 보듯 소규모 농업 조건이라 할지라도 가족농끼리의 제대로 된 협동화와 전문화, 다양화 등의 방법으로 경영의 효율성을 대규모 기업농 이상으로 높임으로써 농가 소득 향상과 경제적 지위 향상을 이룰 수 있다. 여기에 우리나라 농협의 기여는 대단히 미미하다. 더욱이 이명박 정부 아래서 농협 개혁이랍시고 두 개의 대형 지주회사 체제로 바꿔놓아 이제 농민의 협동조합이라는 개념은 멀어지고 특정인들의 NH로만 남게 되었다.

대기업농으로는 식량주권 보장 못해

초대형 다국적 기업농들에 의한 해외 농산물들이 무관세로 홍수처럼 몰려드는 WTO/FTA 체제에서는 무늬뿐인 우리나라의 대기업농이 소규모 가족농보다도 먼저, 더 쉽게 쓰러질 개연성이 크다. 정부의 각종 특혜가 사라지면 더 일찍 기사불생할 것이다. 비싼 토지와 인건비와 자재비 등의 이유로 진짜로는 국제적 경쟁력이 형편없이 낮기 때문이다. 현단계 우리 농촌·농업·농민 3농의 조건에서는 생산·유통·어메니티(amenity)·관광 면에서 가족농들의 협동화와 다양화, 전문화가 더 현실적이며 지구력이 강하다. 작은 것이 더 강한 것이다. 한때나마 가족농에 기반을 둔 강소농 정책을 추진했던 농촌진흥청장이 이명박 정권 때 불시에 밀려났지만 그의 판단은 그때나 지금이나 옳았다.

정책 당국의 열정과 결심만 바로 서면 가족농업이 영생할 수 있는 기술과 지식은 얼마든지 찾아낼 수 있다. 가족농을 어엿한 근대적 직업인이자 민주시민으로 양성해낼 수 있다. 다만 그 필수 요인으로서 A. T. 모셰 박사는 다음의 다섯 가지 기본 요건을 정책 당국에 제안한 바 있다. (1)(친환경 농산물의) 시장 및 판로의 확보, (2)끊임없이 발전하는 새로운 농업 기술의 채택, (3)(양질의 현대적) 생산 자재와 농기계 기구 등을 농촌 현장에서 용이하게 접근할 수 있도록 보장하는 조치, (4)농업 생산자에게 적절한 인센티브 제공, (5)통신과 수송 등 인프라에 대한 각종 편의 마련이다.

거기에 소비자의 건강·생명·안전과 자연 생태계의 보전을 담보할 친환경 유기농업을 주특기로 하는 가족농업의 발전이 가속을 내게 하려면 공고한 도농 연대의 강화, 즉 로컬푸드 운동과 고유의 발효식품을 중심에 둔 슬로푸드 운동이 함께 일어나야 한다. 여기에 윤활유 격인 다음의 다섯 가지 촉진 요인이 추가된다면 비단 위에 꽃수를 놓은 것과 같다. 다름 아닌 (1)새로운 기술지식에 대한 계속적인 교육, (2)적절한 금융 지원, (3)단체적 협동 활동의 적극적인 육성, (4)농지 보전과 개량 및 확대, (5)(매 5년 단위의 가족농) 발전 계획 수립과 철저한 이행이다.

그러할 때 비로소 우리의 친환경 가족농업이 바람직한 6차 산업으로 비상할 기회를 잡을 수 있다. 그리하여 생산(1차 산업), 가공(2차 산업), 유통 및 관광(3차 산업)을 아우르고, 정보화 기술(IT), 생물학 기술(BT), 녹색 관광(GT), 청정 기술(CT)을 수렴하도록 민관이 협력한다면 우리 가족농업이 작은 규모 위에서도 보다 큰 경영, 보다 높은 소득을 성취할 지혜를 달궈낼 수 있을 것이다.

| 프레시안 2013년 3월 21일 |

유기농 혁명, 그것이 우리 미래다

세계적 기후환경 감시 연구소의 레스터 브라운 박사는 최근 그의 저서《앵그리 플래닛(Angry Planet)》(2011)에서 지구의 이상기후로 인해 2020~2030년경에는 식량 생산 감소, 물 부족, 화석에너지 가격 폭등이라는 "최악의 폭풍(Perfect Storms)"이 닥쳐올 것이라고 예언했다. 이미 우리나라에도 10여 년 전부터 추석 무렵이면 어김없이 큰 태풍이 찾아와 전 국토를 휩쓸고, 이상난동(異常暖冬)과 폭우, 아니면 혹심한 가뭄이 상시화되었다. 올해(2012)는 이상 폭염으로 전국이 찜통 더위에 몸살을 앓고 있다.

자연계로부터 불어닥친 이 같은 대재앙에 신자유주의의 화신인 한·EU, 한·미, 한·중 FTA라는 후폭풍마저 가세해 우리나라의 농업과 식량·식품 분야에 최악의 종말이 닥칠지도 모른다는 위기감이 팽배하다. 적어도 'MB(Mental Breakdown)'님들을 제외한 대부분의 국민은 4대강에 펼쳐진 녹조라테 현상을 바라보면서 전율을 느끼고 있다. 악취가 나는 수돗물을 마셔야 할지 망설인다.

그리하여 유수한 지구환경단체들은 앞으로 지구가 1800일(5년) 내에 정상상태로 돌아올 수 있을지 없을지의 임계점을 넘어설 것이라고 경고하는 데 주저하지 않는다. 이상기후와 지구 온난화의 주범인 이산화탄소 등 온실가스의 대기 오염도를 최소한 40ppm 정도 줄이느냐 못하느냐의 갈림길이 앞으로 5년 남았다는 것이다. 거기에 유럽과 러시아 대륙을 제외한 지구상의 뭇 생령들은 '죽음을 생산하는' 몬산토가 양산해내는 GMO의 강제 소비자가 되어 기형아 출산과 불임 현상에 직면할지 모른다는 우려마저 커지고 있다. 우리나라만 해도 수입 콩과 옥수수 등의 8할 이상이 GMO다.

이는 요즘 이명박 정부나 언론이 말하는 유럽발 금융위기에 따른 '최악의 폭풍'과는 내용과 성격이 전혀 다르다. 보다 더 본질적인 인간의 건강과 생명 문제다. FTA로 경제 영토가 넓어진 것이 아니라 우리 모두의 생명을 위축시키는 거대 자본식품의 수입 영토가 활짝 열린 것이다.

분노한 지구, 최악의 폭풍 예고

세상이 몇 십 번 뒤집혀도 인류가 지속하는 데 양질의 식량과 농업이 차지하는 중요성은 달라지지 않는다. 농업이 없는 나라, 농촌이 없는 도시, 농민이 없는 국민이란 존재하지 않는다. 3농 없이는 국가와 민족이 결코 자주독립을 지탱하지 못한다. 농업·농촌이 없이는 선진화도, 기상 이변 대응도, 국가 공동체의 유지도 불가능하다. 농업·농촌이야말로 도시와 국가의 뿌리이기 때문이다.

지금 우리나라는 식량 자급률이 25퍼센트(OECD 국가 중 최하위), 1인당 해외 식품 수입량 세계 최고(468킬로그램, 일본의 1.3배), 온실가스 발생량 세계 7위, 온실가스 연평균 증가율 세계 1위, 석유 소비량 세계 5위 등의 인위적인 재앙들로 휩싸여 있다. 수입 개방과 농지 잠식으로 식량 생산 전망은 갈수록 어둡다.

밤이 깊을수록 별은 더욱 빛나듯, 농업과 식량 문제는 이런 위기일수록 중요성이 부각된다. 다행히 밤하늘의 별들처럼 반짝거리는 희망과 같은 존재들이 아직 우리에게 남아 있다. 전국적인 유기농업화, 식목과 육림에 의한 산림 녹화, 갯벌 등 습지 보전, 태양열·지열 등 재생 가능한 에너지 개발, 친환경적인 건축 공정, 스마트그리드(smart grid) 방식의 전기 시스템(전기의 생산, 운반, 소비 과정에 정보통신 기술을 접목해 공급자와 소비자가 서로 상호작용함으로써 효율성을 높이는 지능형 전력망 시스템), 친환경 교통 수단, 지속 가능한 생활 패턴 등이다. 그중에서도 유기농업은 대기 중의 이산화탄소 함량을 헥타르당 7.8톤가량 땅속으로 포집 몰수(sequester)하고 그에 상응하는 산소를 공급하는 등 최고의 효과를 나타낸다. 만약 지구상의 농목지 50억 헥타르를 전부 유기농화하고 부실 산림 42억 헥타르를 녹화할 경우, 지구 온난화와 이상기후 문제를 일으키고 있는 현행 390ppm대의 대기 오염도를 50ppm이나 덜어내어 지구를 다시 정상적인 상태로 되돌릴 수 있다고 한다.

그러지 못하고 만약 앞으로 지구가 돌이킬 수 없는 임계점인

5년, 즉 1800일 후까지 기후 문제를 방치하며 허송세월할 경우 지구상의 생명체 모두는 멸망 초입에 진입할지 모른다. 이 같은 사태를 미연에 방지하기 위하여 유기적이며 지속 가능한 삶과 생산 방식, 그리고 새로운 정상상태를 향한 통치 철학에 일대 전환을 이뤄야 한다.

더 늦기 전에 지구촌의 민초들이 떨쳐 일어나 지구 생태계를 지키고 뭇 생령과 사람을 살리는, 그리하여 이 땅에 경제정의와 환경정의를 바로 세우는 유기농 혁명이 일어나게 해야 한다.

그와 더불어 7085MT/km에 달해 세계 최악인 우리나라의 1인당 푸드 마일리지의 부정적 효과를 줄이고, 유전자조작 식품을 몰아낸 자리에 건강하고 안전한 유기식품을 자리 잡게 해야 한다. 이것이 또 하나의 대폭풍인 FTA 파고를 뛰어넘는 지름길이다.

가장 강력한 대안, 유기농 혁명

그러나 유기농으로의 대전환은 그렇게 쉬운 과제가 아니다. 범세계적으로는 우선 현행의 에너지 의존형, 화학물질 의존 농법과 GMO 식품 소비 시스템을 바꾸지 않으면 안 된다. 탐욕과 이윤 키우기에 눈이 먼 대형 공장식 농장과 목장들이 전체 식량의 75퍼센트를 생산해내는 미국식 생산·유통·가공 구조를 지역사회 공동체 주민들과 수입국 소비자들이 원하는 가족농/유기농 체제로 전환해야 한다. 그리고 우리나라의 농업 역시 연간 수만 톤의 농약과 합성비료 대신에 천연 병해충 제거 농법과 남은 음식물 및 농림축수산 부산물을 활용한 분변토와 퇴비 등 유기농 재료 등을 순환 투입해야 한다. 이를 위해 이 땅의 생산 농민과 도시 소비자들이 합심해 노력할 때 명실공히 유기농 혁명이 성공할 수 있다. 단순히 과거로의 회귀가 아닌 온고이지신의 농법과 지속 가능한 소비 방식으로 재탄생해야 한다.

이 같은 유기농으로의 대전환에는 소비자들의 각성과 반격이 절대적으로 요구된다. 기초 영양소가 부족하고 유해 화학 첨가물의 투입에 의존하는 거대 식품기업이 공급하는 가공음식과 GMO 식품, 정크푸드, 비인도적인 공장식 축산식품을 더 이상 반강제로 먹을 수 없다는 일반 소비자의 대대적인 각성과 의식 전환이 시급하다. 음식물 쓰레기 제로 운동, 최대한의 자원 순환형 농법, 지역에서 생산된 것을 우선 소비하는 지역공동체 지원 농업(community supported agriculture), 로컬푸드 및 슬로푸드 운동과 소비자의 알권리 찾기 운동, 식품 표시(라벨링) 제도의 엄격한 감시 등 범세계적 시민 각성 운동이 유럽에서, 미국·캐나다에서, 그리고 우리나라에서 요원의 불길처럼 일어나고 있다. 도시의 빈 공간을 활용하여 먹을거리를 생산하는 도시농업 운동도 그 한 축을 이룬다. 바야흐로 세계는 소비자들이 앞장서서 이미 유기농 혁명을 시작했다.

우리가 매일 먹는 세 끼 음식이 어디서 왔고, 누구에 의해 어떻게 생산되었으며, 무엇이 첨가되었는가가 곧 우리 민초들의 건강과 지구 환경의 운명에 중대한 영향을 미친다. 지구상의 심각한 기상 이변과 환경 파괴, 농민의 빈곤, 농업 노동자의 착취, 그리고 인간과 동물의 복지 여부가 우리가 어떤 식품을 선택하느냐에 달려 있다. 우리나라는 국내법이 미비해 농산물 상태일 때는 GMO 표시를 하도록 되어 있으나 가공식품(두부, 콩나물, 국수, 과자, 기름 등)으로 둔갑할 때에는 표기하지 않아도 된다. 자칫 우리 소비자들이 실험실의 쥐들처럼 GMO 식품을 포식함으로써 내장이 쫄아들고 비틀어지고 기형아가 종종 출산되고 2세대에 불임 현상이 전이될 가능성이 농후해지고 있다.

소비자가 이끄는 유기농 혁명을

오바마 대통령 영부인은 백악관에서 유기농 텃밭을 가꾸는 것으로 유명하다. 중국 후진타오 주석이 방미했을 때 백악관 가족만찬 식탁에 직접 키운 유기농 허브와 채소를 올렸다고 한다. 메드베데프 러시아 대통령이 방미했을 때는 오바마 대통령이 직접 자신이 즐겨 찾는 워싱턴 교외의 햄버거 집으로 안내했는데, 이곳에서 쓰는 쇠고기는 풀만 먹여 기른 것이라고 한다. 로마 교황청의 턱슨 추기경은 식량난에 빠진 개발도상국들이 유전자조작 종자에 의존하는 것은 '새로운 노예제'의 시작이라고 통렬히 경고했다. 그러나 우리나라에서는 이 땅에서 기른 친환경 유기농산물을 우선적으로 소비하도록 촉진하는 시책이 빠진 채, 허울뿐인 '한식 세계화' 캠페인과 불충분한 식생활 교육, 세계인의 조소거리로 등장한 4대강변 유기농민 축출 정책과 녹조라테 현상, 원자력발전소 건설에 의한 '저탄소 녹색성장' 시책들이 행해지고 있다. 입만 열면 FTA, 외국에만 나갔다 하면 FTA 협정에 열을 올리는 유체이탈 화법의 바람 빠진 소리들이 공허하게 메아리치고 있다. 아, 철학과 개념이 부족한 붉은색 깃발과 탈녹색 정책들이 대명천지에 단란하게 춤을 추고 있다.

지자체와 지방 분권의 내실화로 온전한 유기농 식품이 모든 국민의 식탁을 풍요롭게 장식하는 그날까지 우리 국민 모두가 '유기농업 혁명'을 중단 없이 정진할 때, 유쾌한 농부, 행복한 농촌, 건강한 소비자들이 진짜 살기 좋은 나라, 참으로 좋은 세상이 온다.

| 한국농어민신문 2012년 8월 9일 |

유기농을 살리기 위해 정부가 해야 할 일

정부가 1998년 11월 11일 '친환경 유기농업 원년'을 선포할 때 내세웠던 목표는, 첫째 땅(흙)과 물(강)과 하늘(공기)을 살려 환경 생태계를 보전하고, 둘째 안심되는 농축산물로 국민의 건강과 안전을 보장하며, 셋째 높은 땅값과 생산비 때문에 가격 경쟁력이 낮은 우리나라 농축산물의 품질과 안전성을 높여 농가 소득을 안정시키자는 것이었다.

10년 전 친환경 농업의 현실적 선택

그러나 여름철에 고온다습하고 잡초와 병해충이 무성하여 오랜 기간 화학비료와 농약을 뿌려대 찌든 풍토에서 하루아침에 유기농업을 도입할 수는 없었다. 그래서 광의의 친환경 농업(environmentally friendly agriculture) 개념을 도입하여 저농약, 무농약 농산물까지 포함하였다. 다만 5~10년 안에 저농약 농업을 무농약 농업, 유기농업으로 유도한다는 계획이었다. 순수 유기농업이 국제적인 표준임을 인식한 바탕 위에서 현실적인 실천방안을 선택하였다.

따라서 원년을 선포한 지 어느덧 11년이 된 현 시점은 우리나라 친환경 농업 정책을 재점검하여 두 번째 단계의 유기농 정책을 정립할 때다.

세계적 수준에 부합하는 유기농 정책 정립할 때

첫째, 아직까지 저농약 농산물을 친환경 농업의 범주에 포함시킨다는 것은 우리 농업이 세계화된 마당에 우물 안 개구리와 같은 정책이다. 저농약 농산물에 대한 정부의 지원은 계속하되 친환경 농업 개념에서 떼어내어 별도의 표시(GAP 우수농산물 등)를 하려는 정부 정책 방향은 시의적절하고 옳다.

둘째, 친환경 직접지불제 지원을 3년 기간에 한정했던 것은 당시 IMF 환란 중이라 정부 예산이 궁핍했기 때문이다. 이제 정부는 마땅히 기간 제한을 풀고 단계별 지원 단가도 훨씬 높여야 한다. 북미와 유럽 등의 농가 직접지불 비중에 비하여 턱없이 낮은 우리나라 농가 소득 지원 정책을 보강하기 위해서도 현행의 보상 지원 규모를 대폭 늘려야 한다. 유기농가에 대해서는 지원 단가가 최소한 1헥타르당 150만 원 이상이 적합할 것이다.

셋째, 친환경 유기농축산물에 대한 판매 촉진과 판로 확대를 위한 정부의 유통 촉진 지원 정책이 획기적으로 보강돼야 한다. 정부가 직간접으로 인증한 친환경 농축산물이 판로가 없어 싸구려로 팔리고서야 생산 지원 정책의 의미가 반감된다. WTO도 농가에 대한 정부의 판매 촉진 및 유통 지원 정책을 허용하고 있다. 광고, 선전, 홍보에 대한 지원과 예산 활동을 대폭 강화하고 유통 경로 확보에 정부가 직접 나서기 바란다.

넷째, 농가 소득을 지금보다 최소 두세 배 늘릴 수 있으려면 친환경 유기농가부터라도 저장·가공·유통 사업을 저비용으로 할 수 있도록 법규상의 제약점(식품위생가공법과 주세법상의 시설 기준 등)을 과감히 제거하고 농가 단위 또는 마을 단위의 1촌 1품 운동을 정책화해야 한다. 대기업 재벌 위주의 현행 제도에서 벗어나 농가도 참여할 수 있게 풀어주는 것이 선진화 정책이다.

다섯째, 정부와 농촌진흥청, 농촌공사, 유통공사, 농축협 등이 친환경 유기농 진작을 위한 천적과 생산자재를 적극 개발하여 저렴하게 생산 농민들에게 공급할 책임을 강화해야 한다. 우리의 수준은 선진국에 비하면 너무 미약하기 때문이다.

끝으로, 정부로부터 인증받았을 때의 약속과 기준을 어기고 출하한 농민이나 중간에 섞거나 속여 파는 유통인들에 대해서는 벌칙을 아무리 강화하여도 지나치지 않다. 마찬가지로 당국자가 현지에 가서 확인하지 않은 불량한 유기농 식품들이 외국에서 무분별하게 수입되고 있는데, 철저히 감시·감독하는 체제를 보완해야 할 것이다.

| 흙살림신문 2009년 5월 12일 |

쿠바의 길, 유기농업

⋮

지난해(2012) 말 8박 10일의 여정으로 두 번째 쿠바 유기농 연수 여행을 다녀왔다. 2003년 5월 쿠바의 수도 아바나에서 열린 세계 유기농대회(27개국 600여 전문가 참석) 참가차 방문한 이후 10년 만이다. 대산농촌문화재단이 주관하는 20명의 연수단 지도교수 자격이었다.

쿠바 유기농업의 성공사례에서 지구촌과 인류의 미래를 투시해 보고, 우리나라 농업·농촌·농민의 현재와 미래를 개척하는 데 교훈과 방도를 찾아보자는 뜻은 2003년이나 이번이나 똑같았다. 다만 2003년에는 세계 유수의 생태학자 및 지도자들과 함께 쿠바 유기농업의 초기 10년사를 돌아보고 평가했다면, 2012년 유기농 연수는 그 후 10년의 성과를 점검하고 향후의 발전 방향을 더듬어보려는 실무 실천가들과 함께한 재점검의 기회였다.

물론 풍토와 정치 · 경제 · 사회 · 문화의 체제 및 발전도가 서로 다른 조건에서 농법이 꼭 같을 수는 없다. 더욱이 시공(時空)상의 제약과 언어 및 인식의 한계로 시찰 결과 역시 십중팔구 장님 코끼리 만지기 식 평가가 불가피하다. 그래서 2003년(김성훈 등), 2004년(김완배 등), 2006년(최양부 등), 2011년(박민수 등), 2012년(박진도 등) 팀의 인식과 평가가 모두 다를 수밖에 없을 것이다. 이번 대산농촌문화재단 연수단원들 간에도 인식과 평가가 서로 다를 수 있다. 그러나 시찰팀마다 인식과 평가의 결과가 다르다고 하여 서로 비난할 사안은 아니다. 시찰한 시기와 대상, 그리고 시각(관점) 차이가 있기 마련이고, 또 앞에서 지적한 제약조건 등에서 자유로울 수 없기 때문이다. 그러함에도 결코 다를 수 없는 것은 유기농업이야말로 당대 우리 지구촌의 당면한 기후변화, 환경 생태계 악화, 국민건강과 식량위기 문제 해결에 가장 강력한 대안이라는 사실이다. 현 단계에서 그것은 차라리 진리라고 말해야 옳다.

온고이지신의 유기농법

다시 찾은 쿠바에서는 지난 10년 사이 아바나와 그 인근 지역에 한정되었던 특유의 저투입 · 저탄소 · 저비용 · 저가격의 도시 유기농법의 전개가 전국적인 근교 농업으로 확대 발전하고 있었다. 1991년 쿠바가 유기농 정책을 공식화한 지 20년 만에 사람이 모여 사는 거의 전 지역에서 저비용 · 저가격 체제의 유기농법과 자원순환 농법은 물론 전 국민의 유기농 생활화로 발전되어 있었다. 새삼 별도의 유기농 식품 인증제가 시행될 필요가 없을 정도였다. 한마디로 유기농업은 쿠바에서 여러 대안 중 하나의 농법이 아니라, 쿠바 농법 전부라 말하여도 과언이 아니었다. 환경, 생태, 인간생활 모두였다. 흙과 땅을 살리고, 강도 하늘도 살리며, 농민과 소비자 국민을 모두 살리는 쿠바가 살아가는 길이었다.

쿠바는 미국의 경제 봉쇄 조치로 1991년 식량, 석유, 화학비료, 농약 등 각종 필수품 수입과 무역이 불가능해지자 '평화 시기의 비상사태'를 선포하고 거국적으로 유기농 정책을 전개하였다. 국유화했던 관행농업 토지 경영권을 소규모 가족농업 또는 신용서비스 협동조합, 주식회사형 협동조합, 국영 협동조합 등 다양한 형태로 농사지을 의지가 있는 사람들에게 분양하여 경작할 수 있게 하였다. 직접적인 동기는 미국의 경제 봉쇄 조치와 구 소련 및 동구권 사회주의 국가들의 몰락으로 인해 쿠바 경제와 국민 생존권이 절체절명의 위기에 봉착했기 때문이다.

카스트로는 이미 1967년부터 대학 졸업생들에게 농약 피해의 위험을 경고한 레이첼 카슨 여사의 세계적인 명저《침묵의 봄》을 선물했다. 쿠바가 경제 봉쇄 사태에 미리 대비한 흔적은 여러 사례에서 발견된다. 친환경적인 유기농법의 전면적인 시행을 전후해 경제·사회·과학·기술·토지 정책 등 제반 분야에서 개혁 조치를 단행하고 과학기술 측면에서 유기농업의 실행 기반을 닦아두었다. 사회주의 체제임에도 사적 경영 형태의 개별 가족농과 각종 인센티브제에 입각한 협동경영 체제로 개편하고, 지역 자원의 재활용 순환농법 교육을 권장하며, 조상 대대로의 전통 농업기술과 자재를 발굴하여 현대적인 생물학적 기술에 접목시키는 이른바 21세기형 온고이지신 신유기농법을 적극 개발한 것이다. 도회지의 유휴공지엔 토상(土床) 농법을 도입하고, 농가와 농장마다 지렁이 분변토와 유축(有畜)농업 퇴비로 흙을 새로 만들고, 농장 또는 농가 단위로 농림축산물 부산물과 각종 미생물 및 천적을 개발 활용하는 자연순환형 생태농법을 적극 보급하였다. 쿠바의 모든 농업(연구)기관이 총동원되어 환경도 살리고 생산성도 높이는 생태농업 기술과 자재 개발에 앞장섰다. 그리고 아무리 훌륭한 신기술, 신자재라 하더라도 농가들이 현장에서 써보고 좋다고 받아들일 때에야 기술개발자에게 응분의 보상이 주어졌다.

여성이 앞장선 쿠바의 유기농 혁명

특히 쿠바의 어머니와 여성을 유기농 운동의 최선두에서 활동하게 하였다. 건강한 어머니의 젖가슴으로 건강한 자녀들을 키워내듯이, 쿠바 여성들은 쿠바의 대지를 젖과 꿀이 흐르는 유기농업으로 바꾸는 국가적 대개혁 사업에 앞장선 것이다. 뿐만 아니라 중학교 이상 학생들에게는 친자연적 영농 체험활동을 교육과정에 반영해 국민교육을 적극적으로 폈다. 2003년 초기까지 쿠바 유기농업 총책임자인 농업부 차관이 여성이고 중앙 유기농업연구소장도 여성이며 유기농 관련 각종 연구소와 실행기관의 요직을 온통 여성들이 차지했던 배경이 그러하다. 건강한 아이를 기르는 어머니의 젖줄처럼 도시와 근교 유기농업 역시 여성들이 앞장서야 건강한 국민을 키울 수 있다는 카스트로 특유의 선전선동의 결과였다.

이렇게 온 국민이 한 덩어리로 나선 쿠바의 유기농 실험은 예상을 뒤엎고 크게 성공하였다. 2003년 세계유기농대회 무렵에는 광의의 식량 자급률이 유기농업 정책 시작 이전의 43퍼센트(1990)보다 훨씬 높은 90퍼센트대를 달성했다. 다만 쌀, 보리, 밀, 콩 등 밥상용 식량(곡물)의 수급 통계는 그때나 지금이나 공개하지 않는다. '식량 통계=국가안보'라는 사회주의 국가들의 공통적인 인식이 쿠바 당국자들에게 고착되어 있기 때문으로 해석된다.

같은 시기에 똑같은 경제적 어려움, 즉 미국 등 서방세계의 경제 봉쇄와 동구권 사회주의 국가의 몰락을 겪은 바 있는 북한에서는 시나브로 200여 만 명의 생명이 기아로 쓰러진 데 비하여, 쿠바에서는 최소한 굶어 죽는 사람이 생기지 않았다. 또한 육류 위주의 식생활 패턴이 유기농산물 중심으로 바뀜에 따라 국민건강 수준도 현저히 상승하여 병원 출입 환자 수는 30퍼센트나 줄어들고 영아 사망률이 세계 2위로 크게 낮아졌다. 미국 등 서구사회의 고질적 현대병인 비만 환자가 쿠바에서는 거의 찾아보기 힘든 것 역시 특이한 변화다. 뿐만 아니라 전국의 산림 등 녹색지대 면적이 현저하게 늘어나고 도시 환경 생태계가 다시 살아났다.

이 같은 사실은, 적어도 세계유기농대회가 열린 2003년까지의 성과였다. 그 후 쿠바가 생태도시, 친자연, 친환경, 천혜의 관광천국의 명성을 세계적으로 새로이 드높임에 따라 2005년부터 관광 수입이 국가 제일의 수입원이 되었다. 그리고 때마침 남미 등 세계 여러 국가와의 직간접 무역거래가 빈번해짐에 따라 쌀과 밀, 육류 등의 식량 수입이 은밀히 늘어났다. 역설적으로 쿠바의 외화 가득률이 높아지자 식량 자급률이 떨어지고, 유기농업에 대한 열정도 2003년에 비해 낮아지는 것 같다는 것이 쿠바 지인의 귀띔이었다. 그럼에도 그동안 10년 사이 아바나에서 시작된 도시 및 근교농업은 전국적으로 확산되었고 화학비료나 농약 대신 현대화된 토착 생산 자재의 이용 면적이 크게 늘어나 있었다. 전국적으로 식용농산물 재배 면적의 70퍼센트 이상이 토착 미생물과 퇴비, 분변토, 천적 등 친환경 농자재로 대체되었다. 다만 사탕수수 등 가공수출용 농작물 생산의 대형농장(플랜테이션)까지는 아직 유기농업의 열기가 가깝게 느껴지지 않았다.

"쿠바 유기농업은 인류의 위대한 희망"

1992년 미국의 스탠퍼드 대학교 조사단은 쿠바 비상조치의 시작 초기, 그 성공 가능성을 의심하며 〈인류 역사 최대의 실험〉이라는 조사 보고를 발표하였다. 사실 열대 지방인 쿠바가 어떻게 유기농법으로 환경생태 보전과 생산성 향상이라는 두 마리 토끼를 잡을 수 있을지 세계 전문가와 정책가들이 모두 반신반의했다. 지금까지도 일반 통설은 생태 보전형 유기농업을 추진할 경우 전반적으로 생산성이 떨어지고, 반면 생산성 향상을 위한 관행농법을 할 경우 생태계를 오염시킨다는 것이었다. 10여 년의 시험 기간이 지난 2002년 쿠바의 유기농업 성과는 이 두 마리의 토끼를 함께 잡을 수 있다는 사실을 증명함으로써 그간의 세속적인 인식이 얼마나 현상 고착적이었는가를 극명하게 보여주었다. 스탠퍼드 대학교 조사단은 마침내 2003년 세계유기농대회 때 배포한 〈쿠바의 지속가능 농업 보고서〉(2002)에서 쿠바 유기농업의 성공을 가리켜 "인류 미래의 위대한 희망"이라고 결론지었다. 그로부터 10년이 지나 세 번째 보고서가 필자 일행이 방문했을 때 인쇄 대기 중이라는 설명을 듣고 정치·경제 환경과 발전도가 달라진 2012년의 심층진단 평가가 어떠할지 못내 궁금해졌다.

쿠바의 유기농업은 단순히 무농약·무화학비료라는 소극적 영농 개념이 아니다. 자연과 사회 환경의 지속적 순환과 발전을 가능케 하는 한 단계 높은 현대 생태·문명 체제를 이룩했다는 점이 중요하다. 이는 인류 문명 발달사에서 아주 큰 의미가 있다. 즉 자원의 지역 내 순환과 이에 상응하는 생산·생활 방식의 변화를 통해서 생태계의 지속성을 확보하고 농업 생산성 향상과 생활양식의 전환을 동시에 이룬 '늘 푸른 혁명'이라는 사실이다.

'검은 혁명' 대신 '푸른 혁명'을 배워야

지금도 계속되는 경제 봉쇄 조치로 인해 쿠바의 일상생활은 아직 초라하다. 그러나 국민 전반의 식생활 문화나 환경 생태계와 조화를 이룬 생태적 문명 수준은 확실히 현대 인류사에 새로운 가능성을 제시한 것으로 평가된다. 1970년대에는 이른바 '녹색혁명'이라 하여 범지구적으로 농약과 화학비료가 뒷받침하는 종자혁명에 의한 관행농법으로 식량 증산 목적에는 일단 성공한 듯

했다. 그러나 그것이 인류의 건강과 환경 생태계를 파괴하는 지속 불가능한 '검은 혁명'이 되고 말았다는 스탠퍼드 대학교의 보고서는 경청할 가치가 충분하다. 그 대안으로서 증산도 이루고 생태계도 보전하는 쿠바의 유기농업 성공사례는, 그래서 '푸른 혁명(Blue Revolution)'이라 불린다.

성공 요인을 정리해보면, 첫째, 사적 경영을 허용한 가족농 중심의 적절한 토지 개혁, 둘째, 직거래 단거리 유통 중심의 시장 개혁, 셋째, 농업생태학적인 흙 살리기 운동으로서 지렁이 분변토, 토상농법, 각종 토착 미생물·생약·천적의 획기적인 개발 보급, 넷째, 유축농법에 의한 농가 현장에서의 분뇨 및 부산물 자원의 순환농법과 과학기술에 기반한 윤작·간작·휴경작 농법의 정착, 다섯째, 전통 농업 기술 및 자재와 생물학적 현대 과학기술의 성공적인 접목, 끝으로, 농민이 참여하는 현장 연구 실험과 인센티브 부여 중시 등을 꼽을 수 있다.

무엇보다도 최고 국정 지도자의 깨어 있는 비전과 친자연·친환경에 대한 신념이 환경 생태계도 살리면서 동시에 총생산량과 농가 소득 향상을 도모하는 과감한 정책 전환을 가져올 수 있었다. 비록 외부요인의 급격한 변화 때문에 시작되었다고 하지만, 쿠바의 유기농업은 오늘날 위기에 처한 인류 문명사에 한 줄기 희망의 등불이라 아니할 수 없다.

| 한국농어민신문 2013년 1월 21일 |

3농 주도의 6차 산업론, 새로운 농정 패러다임

⋮

무릇 농업이란 하늘과 땅과 사람의 3재가 조화를 이루며 식량 생산을 비롯, 다양한 공익적 기능을 창조해내는 인류의 영원한 생명줄이다. 그 농업이 이 강산 이 땅에서 국내외 공장식 기업농에 의해 축소되고 사라질 기로에 놓여 있다.

농업이 없는 국가, 농촌이 없는 도시, 농민이 없는 민족은 영생할 수 없다. 그래서 OECD는 농업을 일컬어 다원적인 복합 기능의 수행자라고 정의 내리고, WTO 역시 농업을 식량과 섬유 등의 제공은 물론, 환경 생태계와 문화 전통, 경관의 보전 등 다양한 비교역적 기능을 창출하는 기초생명산업이라고 규정하고 있다. 유엔 식량농업기구는 식량·농업은 국가와 민족의 형성·발전에 필수적으로 갖춰야 할 최소한의 필요충분조건이라고 말한다.

특히 한반도에서 이 같은 기초생명산업으로서의 3농(농업·농촌

·농민)의 기여와 중요성은 하버드 대학교의 라이샤워 교수가 일찍이 갈파한 한국론에 잘 시사되어 있다. "이 지구상에 수없이 많은 국가와 민족이 일어섰다 사라져갔으나, 지금까지 가장 오랜 기간 한 핏줄, 한 언어, 한 문화권 그리고 비슷한 규모의 국경을 보존해온 나라는 아마도 중국을 빼놓고는 Korea뿐이다. 신라 이후 Korea는 오늘날에 이르기까지 (비록 분단이 돼 있어도) 민족과 국가의 동질성을 가장 잘 유지하고 있는데 오늘날 유럽계 국가들에게서는 유례를 찾아보기 힘들다(Edwin O. Reischauer, *Ennin's Travel to Tang China*, The Ronald Press Company, 1955)."

지난 5000년간 우리 민족이 한반도에 나라의 터전을 다진 이래 오늘날 남북한과 세계 각지에 인구 7000여 만 명을 헤아리는 '작지만 강하고 아름다운 강소국'으로 발전해온 저변에는 생태 지향적인 벼농사를 중심으로 3농의 생명력이 뒷받침해왔기 때문이다. 이 3농의 벼릿줄이 다름 아닌 두레, 향약, 대동계, 품앗이 등 상부상조 정신과 협동과 신뢰에 기반한 공동체 의식이었다. 요즘 말로 '협동조합', '사회적 경제' 개념의 원형이 바로 우리 3농의 전신이었다. 사람(농민)이 먼저이고 사람들의 협동·협력(공동체)이 제일 중요하였다. 오랜 세월 동안 역대의 무능한 왕권과 탐욕스런 지배 세력들의 가렴주구(苛斂誅求)에도, 그리고 수많은 외침(外侵)에도 이 나라이 겨레의 사직(社稷)이 지탱될 수 있었던 저력은 우리 사회의 밑바탕에 농업·농촌·농민의 든든한 상부상조와 협동의 정신이 뒷받침하고 있었기 때문이다. 가까이로 1997~2000년의 IMF 환란 때도 주식인 쌀이 자급되어 있었고 3농의 저력이 살아 있어 세계 역사에서 유례를 찾아보기 어려운 민초들의 눈물 겨운 '금 모으기' 참여정신으로 위기를 극복할 수 있었다.

하늘과 땅과 사람의 관계를 지키는 농업 정책

국가의 정책이 농업·농촌·농민의 3농 가운데 어느 한쪽에만 치우칠 때 하늘과 땅과 사람의 관계는 균형이 깨진다. 특히 사람, 즉 농민에 대한 모심과 보살핌이 소홀하거나 농민이 궁핍해지고 억압받을 때는 반드시 민란과 체제전복으로 시달림을 받았다. 그것이 과거 봉건 왕조의 붕괴사다. 지배세력들이 토지와 농업 수탈에 혈안이 될수록 하늘이 노하고 땅이 노하여 체제전복(민란)으로 이어졌다. 바야흐로 하늘이 이상기후로 충만하고 땅과 3농이 투기와 약탈 대상으로 요동치면 농민(서민) 대중의 삶이 도탄에 빠져 허덕인다. 비록 현재 우리가 살고 있는 사회가 옛날처럼 농경 문화가 주축을 이루는 봉건사회 체제가 아니고 자본주의 상공업 시장경제 체제라 하더라도, 민심이 천심이 되어 나라의 정체(政體)가 바뀌고 무너지기는 마찬가지다. 농민 대중의 삶이 빚에 쪼들리고 백성들이 먹을거리가 부족하고 불완전, 불안전하면 그 위에 번창하던 상공업과 도시사회 역시 모래 위의 성같이 한순간에 무너져내릴 수 있다. 이명박 정권의 출범과 더불어 한순간에 불에 타 무너져내린 남대문의 전조가 이 같은 사태를 상징한다.

소위 이명박 정권 때 부쩍 강화되기 시작한 신자유주의적 황금만능주의가 우리 3농 정책 곳곳에 아직도 판을 치고 농업·농촌·농민에 대한 배려가 턱없이 부족하다. 우리의 일거수일투족을 지배하고 있는 승자독식의 신자유주의 세계화 체제에서 백주 대낮 대명천지에 생태계와 천, 지, 인 균형체제의 붕괴 행위가 급속도로 진행되었다. 국가주권과 국민의 생존권이 달린 3농의 운명 역시 바야흐로 벼랑 끝으로 몰리고 있다. 신구 정권의 각료 후보자들이 토지와 산지를 투기적으로 소유 겸병하고 있는 데서 보듯, 전국의 농경지와 임지의 대부분은 이미 비농민 부재지주와 도시자본의 투기 대상으로 전락했다. 농업인의 실질적인 2차, 3차 소득 원천인 식품 가공업과 유통 시스템 역시 이미 도시자본들의 독무대가 되었다. 특히 식음료품 가공산업은 연간 1200여 만 톤에 달하는 해외 수입 농산물의 마구잡이 수입을 기반으로 하여 비정상적으로 비대해지고 있다. 이를 촉진이나 하듯, 정부는 농민에게 쓰여야 할 막대한 농림 예산을 '6차 산업 육성'이라는 명분으로 태연히 재벌기업들에 편파 지원하였다. 농민이 없는 농정, 농민을 배제한 연구 결과(수직빌딩 농업 등)에 대해서도 국가 예산이 왜곡 지원되고 있다. 7·4·7 녹색성장 정책이 말만 '창조경제'로 바뀌었을 뿐, 생명·생태 공동체와 3농의 기초조건들은 날로 비농민화의 길을 줄달음치고 있다.

가족농이 살아야 농업이 산다

2005년 1월 3일, 노무현 정부의 새해 벽두에 필자가 "이제 농업은 '6차 산업'이다"라는 논설을 주창했을 때와는 아주 동떨어진 방향으로 6차 산업론이 구 정권에 이어 새 정부에서도 등장하였다.

기업농 중심의 6차 산업 지원 정책이 그러하다. 원래는 농민들이 마을 단위나 개인적으로 생산도, 가공도, 유통·판매와 수출도, 그리고 녹색관광 및 어메니티 자산화 운동에도 적극 참여함으로써 3농의 고유 영역을 되찾아 농가 소득을 높이고 농업의 다원적인 공익 기능을 활성화하자는 것이 당초 6차 산업 진흥론의 근본 취지였다. 그러나 새 정부의 6차 산업 농정 지표에는 "가족농의 전문화와 협동화, 그리고 도농 연대"로 천지인 3재가 균형을 이루는 공동체 사회를 건설하자는 당초의 취지와 목적이 슬며시 사라지고 없다. 대신 기업농을 위한 농정이 기승을 부리고 있다.

IMF 위기를 극복한 이후 대중사회의 소비 패턴은 점차 친환경적인 가족농 체제에 부응하는 방향으로 변화해왔다. 전국 농산어촌에는 IT 기반이 구축되었고 온라인 거래, 택배 시스템이 가능해져 가족농에 의한 친환경 유기농, 슬로푸드의 수요가 날개 돋친 듯 성장하였다. 그때까진 3농 분야를 거들떠보지도 않던 재벌기업과 농업 관련 다국적 기업들이 호시탐탐 전통적인 가족농업의 영역을 넘보기 시작한 것도 이때쯤이었다. 그렇기 때문에 정부와 공공기관이 선제적으로 더욱 소농·가족농을 협동화시켜 이에 대응 대비하게 할 필요가 절실한데도, 엉뚱하게 대기업농 육성책과 대형 가공·유통업체 지원에 이명박 정부가 팔을 걷고 나섰고 박근혜 정부 역시 부창부수하고 나선다.

미래학자 앨빈 토플러가 《제3의 물결》에서 바야흐로 세계는 로스토우 교수가 주장했던 '고도·대중·대량 소비' 단계를 뛰어넘어, 점차 '다양하고 개성적인 소비 시대'로 접어들고 있다고 예고한 바 있다. 이 전망에 주목하여 탄생한 것이 가족농의 전문화와 협동화, 즉 친환경 6차 산업론이었음을 명심하여야 한다. 지속 가능한 생태적 3농 체제가 다품종 소량 생산 및 소량 소비 구조에 부응하는 이른바 현대판 신농정 패러다임으로 떠오른 것이다. 지금 유럽연합, 일본뿐 아니라 심지어 미국, 캐나다에서도 친환경 가족농이 득세하고 있다. 최소한 농업 및 식품 수급 체계에서는 무조건 큰 것이 좋다는 '규모의 경제성(economy of scale)' 시대는 가고 '범위의 경제성(economy of scope)' 시대로 돌입했다. 시나브로 국민대중의 식품 소비 패턴은 큰 것, 싼 것만을 좋은 것이라 받아들이지 않는다. 다양하고 친환경적이며 전통적인 것이 선호되는 시대로 바뀌고 있다. 오랜 역사와 높은 예술적 향기, 깊은 전통의 맛과 인정미 넘치는 완전 발효식품 슬로푸드는 누가 뭐라 해도 가족농들의 다정한 시골 풍경이 가미되어야 완성된다. 농업(1차)이 사람 중심의 가공(2차), 유통·판매(3차) 산업, 그리하여 6차(1+2+3) 산업의 새로운 세계로 진화하도록 농정 패러다임이 바뀌어야 한다. 이것이 우리 조상 대대로 전해온 소중한 자연·문화 유산 지키기와 현대적 시장 경제의 아름다운 만남이다.

우리 고유의 친환경, 친인간적인 식문화는 이미 김치(Kimchi)와 고추장(Gochujang)이 우리말 우리 이름 그대로 유엔 산하 세계식품규격위원회에서 세계적 표준 발효식품으로 인증될 정도다. 한걸음 더 나아가 된장, 간장, 젓갈, 막걸리, 식혜, 소주 등 우리 전통 식품들이 세계 무대에 진출한 사례에서 보듯 '가장 향토적인 것이 가장 세계적인 시대'로 접어들었다. 우리 특유의 맛과 향기와 색깔과 모양을 가진 저장 발효식품이 친환경 유기농업과 만나고 거기에 과학적인 위생 방법으로 안전성이 담보될 때 프랑스의 카망베리 치즈처럼 세계적인 고품질 식품으로 거듭날 수 있다. 이처럼 저장성도 좋고, 가소화율(可消化率)도 높은 건강식품들이 가족농가들의 소득과 도시 소비자들의 건강 생명을 동시에 보장하는 우리 식문화의 한류화가 바로 가족농 중심의 6차 산업이어야 한다. 이것이 농정의 새로운 패러다임이다. 그런데 이를 가로막고 있는 것이 대기업 중심의 각종 농업규제 법령과 제도들, 즉 소농·가족농을 옭아맨 식품위생(가공)법, 도정 관련 법규, 주세법들이다.

지금 이 순간에도 남의 나라, 남의 이론을 따라하기에 급급한 위정자들과 학자들이 신자유주의 무역 자유화 정책과 대기업 선호 패러다임의 기업농 정책을 마구잡이로 밀어붙이는 시행착오가 우리 농정의 도처에서 발견된다. 그래서 한·미 FTA로 피해를 본 농업인들을 지원하라고 국회가 배정한 정부 예산을 수백억 원이나 재벌기업에 몰아주는가 하면, 대형 유통마트에도 수천억 원을 퍼주고 도시자본이 90퍼센트 이상을 출자한 농업회사에도 천문학적인 재정 지원을 서슴지 않는다. 또 지난해(2012)에는 6220억 원이나 되는 농수산식품 수출 지원액의 대부분이 해외로부터 수입한 식품원료를 사용한 대기업 식품가공업체들에게 빠져나갔다. 그 결과 우리나라 식품 수출액은 2007년 38억 달러 수출에서 2012년 80억 달러로 늘어났으나, 같은 기간 농식품 수입액은 192억 달러에서 334억 달러로 늘었다. 이에 따라 무역적자가 2007년의 154억 달러에서 2013년 254억 달러로 오히려 늘어났다. 수출 품목에는 커피,

라면, 담배, 참치 등 주로 외국산 원료를 가공했을 뿐이라 차마 거명하기도 부끄러운 식품들이 대부분을 차지하고 있다. 바꾸어 말해, 그나마 조금 늘어났다는 농수산식품 수출액은 외국 농업인들의 수익을 높여주었을 뿐, 우리나라 농가 소득 증대에 미친 효과는 지극히 미미한 것이다. '마담 MB'가 명예 이사장이 되어 매년 수백억 원의 혈세를 쓰며 추진했던 한식 세계화 사업도 뉴욕에 초대형 한식당을 경영하려다 교포들의 저항을 받고 물러선 다음 지금껏 흐지부지 게걸음을 하고 있다. 이것이 우리나라 수출 농정의 현주소다.

그럼, 우리나라에서 정부 다음으로 큰 기관인 농협은 무얼 하고 있나. 이명박 정부 들어 이름도 멋지게 달라진 NH농협지주회사는 현재 박근혜 정부의 농산물 유통 개선 사업에 중심적인 역할을 다시 맡았다. 5년 전 이명박 정부가 의욕적으로 추진했던 시군 농산물 유통 사업단들이 수천억 원의 국민혈세만 낭비하고 사라진 자리에 은행원이나 다름없이 고임금을 받는 NH농협이 다시 들어선 것이다. 하지만 정부의 지원이 계속되는 한 소기의 가시적인 유통 개선 성과를 보여줄지 조차 의문이다. 사업 내용들을 보면 역대 정권이 들어설 때마다 발표되었던 구호와 대책들이 다시 보인다. 데자뷰에 빠진 느낌이다. 다만 특이한 것은 일부 농협 공판장과 원예 판매장들은 한국 농촌에 시집온 다문화 식구를 배려한다는 명분으로 바나나와 미국산 오렌지 등 수입 농산물을 열심히 판매하는 과잉 친절을 베풀고 있다. 그런 한편 지역에서 생산된 것을 지역에서 소비하자는 로컬푸드 운동이 역시 될 만하니까 기존에 농부들에 의해 운영되던 로컬푸드 매장 인근에 NH로컬푸드 매장을 개설하는 대단히 비농민적인 농협들이 생겨나고 있다. 이러니 농협을 농민들의 조합이 아니라 임직원들만의 조합이라 말하지 않는가.

거꾸로 가는 신자유주의 농정

이렇듯 정부와 NH농협의 거꾸로 가는 신자유주의 농정에도 불구하고, 정부의 농업 예산은 해마다 줄어드는 반면 대기업농과 대형 유통마트 등에 대한 지원은 갈수록 늘어났다. 농산물 가격은 장기간 제자리걸음 또는 하락 일로다. 그러니 지난 5년간 농가 소득은 오히려 해마다 줄어들고, 부채는 계속 늘어나고 있다. 예를 들어 세계에서 제일 비싼 것처럼 공격을 받는 우리나라 농산물 가격의 현실을 보자. 껌 한 통에 200원, 달걀 한 알의 가격이다. 담배 한 개비에 150원, 쌀밥 한 공기 값에 비등하다. 며칠 전 정부는 2013년산 쌀 목표가격을 8년 만에 2.4퍼센트 올렸다. 80킬로그램 한 가마당 4000원을 올린 것이다. 한국에서는 소농, 가족농이 농사를 짓는다는 것은 '웬수'질이다.

평생 '웬수'일는가, 이명박 정부는 거꾸로 대기업들의 축산업 진출을 허용하면서 공장식 축산을 권장하고, 친절하게도 농업회사법인에 도시자본의 무제한 투자를 허용하는 '농업경쟁력 강화 방안'을 가족농업 패러다임 대안으로 발표하였다. 그에 따라 2009년 '농업선진화위원회'도 출범하였다. 그리고 막대한 농업 예산을 10여년에 걸쳐 투입해서 완공한 새만금, 화옹 등 대단위 간척지들을 당초의 간척 목적을 무시하고 과감히 대기업들에게 특혜 분양하였다. 이들이 농업회사를 설립할 경우 정부의 추가적인 재정 지원을 받아 농업 선진화(?) 대열에 뛰어들 수 있다. 기존의 가족농들은 이들 앞에만 서면 추풍낙엽이다. 이것이 농업 선진화란다. 또 정부는 지난 5년간 유례없이 빠른 속도로 46개국과의 FTA 체결을 했으면서 이에 만족하지 않고 지금도 여전히 한·중 FTA, 한·중·일 FTA, 태평양라운드 FTA 등에 열을 올리고 있다. 이것이 농정의 선진화란다. 가족농을 죽이는 기업적 농업, 공장식 축산, 수직빌딩 농업, 무관세 해외 수입 남발, 해외 농산물에 과다 의존하는 가공업체 지원, 대형 유통업계의 후려치기 식 횡포, 구제역 등 빈번히 발생하는 가축 질병, GMO 식품 범람과 질병 유발, 환경 오염과 생명 피해, 이것들이 MB(이명박)식 대기업 위주의 6차 산업 정책의 성과다.

이들 정책 기조를 박근혜 정부가 들어서도 아무런 성찰과 반성이 없이 공식적으로 그냥 계승하고 있는 듯하다. 그것이 창조경제로 이름표를 바꿔 달았는지는 모르지만, 우리나라 3농의 핵심인 가족농에게는 종말의 시간이 점점 가까이 다가오고 있는 느낌이다. 오히려 정부와 NH농협이 3농의 건전한 계승 발전에 걸림돌이 되고 있다는데, 박근혜 정부의 창조농정에 대한 성찰이 먼저 있었으면 이러한 오해가 필요 없을지 모른다. 지금 추세가 이어진다면 앞으로 국민의 건강·생명에 위해한 GMO 식품이 국민 식탁을 완전히 점령하고(이미 연간 780여 만 톤의 GMO가 수입되고 있다) OECD 국가 중 최하위의 식량 자급률이 더욱 떨어지는 후유증을 앓게 될 것이다. 바야흐로 국민 소비자들의 생존권과 건강권이 위협받고 환경 생태계가 붕괴되는 시대가 눈앞에 다가오고 있다.

이제 농업 문제는 농민만의 문제가 아니라 국민 모두의 문제가 되었다. 식량 자급률 22.6퍼센트(정부는 최근 24.3퍼센트로 정정 발표하였다), 쌀 자급률 86.3퍼센트, 쌀을 제외한 곡물의 자급률 3.5퍼센트인 우리 겨레 구성원들의 생존권이 달린 문제가 되었다. 장차 국가 주권의 향방을 어디서 찾을 것인가 하는 문제로 승화하였다. 이제 일반 국민이 한국 농업의 미래를 위해 무언가 실천적인 행동에 나서야 할 때다. 도회지 곳곳에서 텃밭, 상자 텃밭, 옥상과 베란다 농사를 지으며 채소와 꽃나무를 직접 심고 가꿔야 할 것 같다. 모두 도시농부로 탈바꿈하여야 그나마 숨통이 트일 것만 같다.

| 프레시안 2013년 5월 24일 |

4천 년의 농부, 유기농업의 원류

⁝

때는 바야흐로 천고마비, 등화가친의 호시절이다. 성묘를 일찌감치 마친 이번 추석 연휴 기간은 책 읽기에 딱 알맞은 시간이었다. 오래전부터 독서 대상 최우선 순위에 올려놓고서도 완독을 미뤄왔던 책들을 뽑아들었다.

그 첫 번째가 미국 농무부(USDA) 토양관리국장을 지낸 프랭클린 H. 킹 박사(1848~1911)의 1909년 중국·한국·일본 유기농업 견문기였다. 지금으로부터 100여 년 전 당시 문명화된 서양인에게는 미개하게 보였을지 모를 동양 3국의 농업·농촌·농민의 실상을 전문적인 안목으로 조사 기록한 이 책은, 저자가 귀국한 지 몇 년 되지 않아 세상을 떠난 후 미망인이 유고를 정리하여 2004년에야 빛을 보았다. 동아일보의 한 여성기자(곽민영)가 우리말 번역을 하여 2006년 도서출판 들녘에서 펴냈다.

100여 년 전 동양 3국 약 5억 명의 생활상과 4000여 년을 이어온 식량·농업 기술의 지혜는 킹 박사에게 '경이와 찬탄'의 대상이었다. 이 책의 원제 '4천 년의 농부, 유기농업의 원류'를 칼럼 제목으로 단 이유는 이 견문기가 우리에게는 '오래된 미래'를 만나게 한 불후의 명저이기 때문이다. 그가 중국, 한국, 일본을 시찰한 이후 지난 100여 년 동안 우리는 근대화와 현대화의 시련을 겪으면서 어느덧 서구사회에 대한 무한한 동경심과 더불어 열등의식, 피해의식이 겹쳐졌다. 번역자가 후기에 남긴 대로 "서양식은 우월하고 동양식은 열등하다는 이분법적 판단이 우리의 의식을 지배해온 것이 사실이었다."

청년 시기 미국서 교육받은 필자 역시 미국은 무조건 옳고 미국 방식은 모두 선진적인 반면 우리 것은 낡고 후진적이라고 믿어온 면이 적지 않았다. 실제 광대한 농토에 기계화와 화학농법으로 대량생산 체제를 실현한 미국 농업과 영농법을 한없이 부러워했으며, 그것이 우리 농업 현대화의 길이라고 모두들 예찬해오지 않았는가! 지금 이 순간도 우리나라 학계와 관료사회 일각에는 '현대 첨단 바이오 기술농법'이라는 이름하에 태연히 환경 생태계를 파괴하고 자연을 거스르며 종국적으로는 우리 인간의 생명과 존엄성까지 해치는 산업·수출·개발론의 노예의식 소유자들이 득실대고 있다.

경이로운 동양 3국의 공생 농업

그에 반하여, 킹 국장은 4000여 년 긴 세월 동안 자연자원을 이용하여 수억 명의 인구를 부양해왔으면서도 자연자원을 고스란히 보전해온 당시 미개국(?) 동아시아인들이 참으로 도덕적이고 지적이라며, 그들의 토착화된 농업 기술과 지혜를 매일 어디를 가든 보고 배우며 놀라움을 금치 못한다. 땅에서 태어난 것을 다시 땅으로 돌려보내는 위대함에 놀랐으며, 정규 교육시설과 제도가 불비함에도 사람이 땅(흙)과 물과 하늘(기후)과 공생하는 지혜를 터득한 질 좋은 농업 생산성을 경탄해 마지않았다.

그러면서 화학·기계 농법으로 찌들기 시작한 미국식 반환경적인 농법이 얼마나 오래 지탱할 수 있을지 의문을 감추지 않는다. "우리(나)는 2천~3천 년, 아니 4천 년이 지난 후에도 어떻게 한결같이 적은 땅으로부터 수많은 사람들을 변함없이 먹여 살릴 수 있는지를 알고 싶었다"라며 동양 3국의 농업 연수 시찰의 목적을 밝히고 있다.

그 해답이 책 제목 그대로 '4천 년 동양 3국 농부'들의 유기농업이었다. 생태적인 농업 시스템으로서 콩 돌려짓기와 간작·윤작을 하고 쌀(벼)농사와 조·보리·밀·옥수수 농사를 경영하며, 유축농업과 거미줄 같은 관개와 배수로로 지력을 높이고, 양잠과 차(茶) 재배도 병행하며, 공동체 문화를 효율적으로 가능케 하는 생산 계층의 모범적인 생활 태도에 감탄했다. 이들 나라에서는 땅을 먹을거리와 땔감과 옷감을 생산하는 데 남김없이 쓴다. 먹을 수 있는 모든 것은 사람과 가축의 입으로 들어간다. 먹거나 입을 수 없는 모든 것은 땔감으로 쓰인다. 그리하여 사람의 몸과 연료, 옷감에서 나온 배설물과 잔여물(wastes)은 모두 땅으로 다시 돌아간다. 이 배설물과 잔여물을 적당한 기간 잘 보관하고 작업하여 거름으로 쓰기에 좋은 상태로 만든다. 오랜 세월 축적된 자연순환 농법으로 충분한 준비를 거쳐 이루어진다. 하루의 노동으로 조금이라도 생산량을 늘릴 수 있다면 비가 오거나 땡볕이 쏟아져도 때를 놓치거나 일을 미루지 않는 것이 적어도 이들에겐 '불가침의 원칙'이다.

생태계 망치는 서구식 농법 질타

그는 미국 등 서구인들이 소중한 비료가 되는 각종 배설물과 부산물, 오물을 그냥 버리고 그것을 정화하느라 엄청난 양의 물을 쓰고 심지어 화학처리까지 동원하면서 소중한 자원을 함부로 낭비하고 강과 바다와 환경 생태계를 오염시키기까지 하는 이른바 문명사회의 모순을 개탄한다. 땅을 파괴하고 삶의 방식을 해치는 서구화·근대화의 병폐를 질타한다. "인간은 지구상에서 가장 낭비적인 오물 생산자다. 사람의 손길이 닿는 모든 살아 있는 것과 그 자신까지도 황폐화시킨다. 그 파괴의 빗자루는 세대를 거치며 통제력을 잃었고, 모든 생명의 토대가 되는 땅의 비옥함을 빼앗아가 앞으로 수백 년 정도밖에 생명농업과 공동체가 지속할 수 없게 만들었다." 킹 박사의 사후 100여 년이 흐른 지금, 미국을 필두로 한 지구촌 곳곳의 식량·농업 생산 부문에서 보이고 있는 정체 현상을 미리 내다본 토양 전문가다운 그의 진단과 예측에 경탄을 보내지 않을 수 없다.

동양 3국의 농부들이 현대적인 농기계나 화학적 농자재 없이도

4000년 넘게 농사를 지으며 엄청난 인구를 먹여 살려온 사실에 그는 주목한다. 농업 환경 및 기후 조건과 조화를 이루는 생활의 지혜와 영농 기술, 유기농업의 비법이 땅과 물을 최대한 이용할 뿐, 더 빼앗아오지도 더 남겨두지도 않는 공생의 농법에 있음을 터득한다. 특히 킹 박사는 동양의 인분(人糞) 활용법에 대해 '문명화된 인류가 가장 주목해야 할 기술'이라고 평가한다. 엄청난 화학물질을 쏟아붓는데도 땅이 비옥하지 못하고, 오히려 100년 이상 농사를 지탱시키기 힘든 서구식 농법의 취약성에 대한 해결책을 인분 활용법에서 찾는다.

역자가 킹 박사의 유작을 번역·출간하게 된 계기 역시 심상치 않다. 그는 미국 펜실베이니아 주에 사는 농부 조셉 젠킨스(《똥 살리기 땅 살리기》의 저자)를 만나 당시 세상을 뜨겁게 달군 똥 건강 열풍에 대해 취재했다. 그때 젠킨스가 100여 년 전 한국을 다녀간 미 농무부 토양 관리 전문가 프랭클린 킹 국장의 이 책을 보고 인분 퇴비법을 독학했다는 대답을 듣고 번역을 결심하게 되었다고 한다.

다만 이 책《4천 년의 농부: 유기농업의 원류—중국·한국·일본》에 우리나라에 관해서는 17개 장 중 단 한 장 '만주와 한국' 편에 불과하여 아쉬움을 남긴다. 전체적으로 한국의 유기농업은 중국과 일본 농법의 일환으로 취급된 느낌이다. 당시 한국은 을사늑약으로 일제가 경찰 및 행정권을 장악하고 일제강점을 바로 눈앞에 둔 시점이라 실질적으로 일제치하에 있었다. 따라서 킹 박사는 우리나라에 오래 체재하지 못했던 것 같다. '한국' 편은 단지 단오명절

풍경, 흰 옷 입은 여인들, 밀밭, 콩 농사, 벼 농업 이야기, 풋거름 만들기, 양잠, 황소(한우), 다랑이 논, 용두레, 삼 농업 등을 관찰한 수삼 일간의 여행 기록에 불과하다. 하지만 사진과 설명서들을 페이지마다 곳곳에 자세히 배치하여 당시의 농법과 생활상을 실감나게 살펴볼 수 있게 하였다.

유기농업은 '오래된' 미래 농법

확실한 사실은 (1)유기농업이 그동안 학계에서 알려진 바와 같이 서구에서 먼저 시작한 것(1924년 루돌프 슈타이너 박사, 오스트리아·스위스·독일)이 아니라 4000여 년 전부터 우리 조상들이 경영해왔고, (2)세계 최고 인구 밀집 지역인 동양 3국의 식량, 의류, 의료, 연료를 부양해왔으며, (3)지속 가능한 자연순환 농법으로 생산성도 계속 높이고 환경 생태계도 보전하는 친환경 친자연적인 농업 기술과 생활관습을 뿌리내려왔으며, (4)서구식 농법과 서구식 문명이 바야흐로 인류의 건강과 생명, 자연 생태계의 조화와 질 등 지속 가능성에 의문을 던지고 있다는 점, (5)유기농업이 생물학적인 과학기술과 접목하면서 앞으로 땅도 살리고 물도 살리며 자연과 사람을 공생시키는 '오래된 우리의 미래 농법'이라는 사실이다.

| 한국농어민신문 2013년 9월 26일 |

한식 세계화의 기본조건

⋮

식품 대기업들이 수입한 쌀로 빚은 막걸리가 잘 팔리고, 중국에서 수입한 배추나 고추로 담근 김치와 고추장이 잘 나간다고 한국의 식품산업 정책이 성공한 것인가. 또 외국산 유전자조작 원료를 직수입하여 국내에서 가공한 식용유나 참기름이 잘 팔린다고 식품의 세계화 정책이 성공한 것인가. 광우병 의심 30개월령 수입 쇠고기가 안전하다고 선전하는 것이 제대로 된 국민 식생활 교육인가.

원래 식품을 가공하고 보전하는 일은 우리 농어가의 고유 분야였다. 어느덧 세월이 흘러 기업화된 지금, 우리나라 식품산업 분야에는 농어민이 보이지 않고 우리 농산물이 없다. 우리 농업, 농산물과 농민의 참여가 없는 현란한 식품산업이 공허하게 메아리치는 이유다. 원료를 수입·가공하는 사업이 잘된다고 해서 그것을 한식 세계화 정책의 성공이라고 말하기에는 아무래도 민망하다. 이명박 대통령의 '돈 버는 농업, 살맛 나는 농촌' 공약과는 너무나 먼 이상한 나라의 정책이기 때문이다. "지들만 잘 먹고 잘 버는" 수입식품 산업이 무슨 정책이란 말인가! 땅(흙)과 물과 환경 생태계 보전이 첫째 목적인 친환경 유기농 식품 수입마저 외국에 자유롭게 허용하려는 관련 법규 개정 움직임은 또 무엇인가. 외미 의무수입, 무관세 김장배추 수입, 유기농산품마저 무검사 수입……. 여기에 우리나라 기초 친환경농업의 설 자리는 어디 있는가.

식품산업 분야 '우리 것' 배려

최소한 10여 년 전까지만 해도 우리 식문화는 식의동원(食醫同源), 신토불이(身土不二)의 심오한 철학에 뿌리를 두고 한식의 보편화 전략을 모색하였다. 우리 국민이 매일 먹는 음식 재료를 한국화하고, 전통적으로 조리하는 방식, 그것을 담는 그릇의 아름다움을 되살렸다. 또한 우리 음식에는 궁중요리건 일반 가정요리건 지방 특유의 토속요리건 미생물들이 활발히 활동하는 '살아 있는' 발효성 음식의 수월성이 있었다. 그래서 친환경 발효식품은 곧바로 우리의 피요 살이요 혼이었다. 우리의 혼과 문화가 살아 숨 쉬는 발효음식의 밑바탕에는 언제나 하늘도 땅도 사람도 함께 살리는 따뜻한 인간미가 넘치는 생명 유기농업과 공동체 정신이 깃들어 있었다.

일반적으로 식재료와 음식 맛은 4원미(元味), 즉 짠맛, 신맛, 단맛, 쓴맛으로 대별된다. 우리 음식에는 그에 더하여 매운맛, 감칠맛, 시원한 맛, 얼큰한 맛 등의 네 가지 조화미(調和味)가 추가적으로 곁들여지는 것이 자랑이다. 발효음식 고유의 맛과 다양한 양념의 조화 덕이다. 고춧가루, 생강, 깨, 들깨, 마늘, 파 등으로 만들어진 천연조미료를 양념(藥念)이라 불러온 이유 역시 바로 이들에 의해 쌀, 보리, 콩, 밀 등 각종 약곡(藥穀)과 각종 음식이 한 차원 더 높아진 오묘한 맛이 나고 상승 보완작용에 의해 보약의 기능을 수행한 데 기인한다.

색상의 화려함도 우리 식품의 자랑이다. 백색의 무·양파·마늘·연근의 주산지이며, 녹색의 배추·시금치·근대·오이가 아주 잘 자라는 적산지이고, 등황색의 호박·고구마 등의 생육 적지이며, 적색의 적양배추·가지·고구마·비트 재배가 무난하다. 이른바 무지개 7색, 햇볕의 일곱 가지 빛으로 상징되는 음식 재료가 풍성히 식탁을 장식해왔다. 오늘날 세계인의 건강식이 바로 이와 같다.

산과 바다를 두루 갖추어 각양각색의 토산품이 토착음식으로 발달한 우리나라는 참으로 신이 축복한 나라다. 그리하여 각 계절에 나는 신선한 식재료를 지방에 따라 다양한 방법으로 조리하니 지방질이 적고 건강요소가 풍부해 다이어트 건강식품, 즉 보약이 아닌 것이 없다. 일찍이 김치류, 장류, 젓갈류 등 가지각각의 발효식품이 음양의 조화, 알카리성과 산성의 조화, 맛과 색상의 조화, 야생미와 짠맛의 조화를 통해 우리 식품의 기본을 형성해왔다. 거기에 토속 농산물과 특산물을 깊은 산속에서 흘러나온 맑은 약수 물로 빚은 토속 주류—청주와 막걸리와 각종 과일주—는 문자 그대로 건강 장수주이며 예술작품이다. 다만 이 같은 식재료들은 농약과 화학비료를 쓰지 않고 재배한 살아 숨 쉬는 '온전한 식품(whole food)'일 때 식음료 본래의 맛과 건강 기능이 살아난다. 농약과 유해색소, 방부제 등 화학물질이 농산물의 생육이나 조리 과정에 투입될 때, 저마다 생육 때부터 배양되었던 고유한 항체 기능, 예컨대 항균 기능, 재생 복원 기능, 항산화 기능, 항암 기능, 면역 기능 등이 크게 감소하거나 소멸되고 식음료 고유의 맛마저 변질되기 때문이다.

식문화, 살아 있는 종합예술

이렇듯 슬로푸드의 전형인 발효식품은 각종 미생물들이 살아 숨 쉬는 신의 창조물이다. 세계인들이 죽은 음식을 주로 먹는 데 비하여 한국 사람들은 살아 있는 음식을 섭취해왔다. 농수산물 고유의 원형을 살리며 새로운 풍미(맛)와 영양과 가치를 창출하고, 보존 기간을 연장하며, 가소화 영양 비율을 높이는 살아 있는 식품이 발효식음료다. 그래서 친환경 유기농 발효식품을 '제2의 천연식품(natural food)'이라고 부른다. 우리 국민은 채소, 과일, 우유 등 신선 농수축산물류는 물론, 딱딱한 곡물, 생선 머리와 창자까지 발효시킨 젓갈을 밥상에 올렸다. 모든 생물을 발효식품화하는 나라는 아마 우리나라뿐이라고 말해 과언이 아니다. 서남해안 갯벌에서 햇볕으로 구워 올려 3년 이상 간수를 뺀 '천연소금(천일염)'의 존재는 한식문화의 에센스다. 젓갈류의 맛이 더해진 김치는 만인의 미각과 심미감을 자극한다. 우리나라의 짠 음식도 이유가 있다. 대부분

동아시아 쌀 주산지에서는 역사적으로 식단 구성이 짜거나 맵다. 야생성이 강한 쌀밥을 소금의 짠맛으로 중화시켜 식영양 효과를 탁월하게 높이기 때문이다. 쌀밥을 주식으로 하는 곳에서는 반드시 반찬들이 짜고 매운 것은 바로 이 때문이다.

음식이란 원래 두뇌가 먼저 '먹음직하고 먹고 싶다'고 판단을 내려야 후속조치로 소비가 이루어진다. 두뇌로 하여금 먹음직하다고 판단을 내리게 하는 데 과학기술의 합리주의와 문화예술의 심미성이 크게 한몫을 한다. 그래서 음식을 담는 용기 역시 우아하고 적절하며 과학적이면 더 호감이 생겨 식욕을 부추기고, 거기에 문화와 예술이 흥을 돋우면 더욱 소비가 촉진된다. 이렇듯 한 나라의 식문화는 식재료와 조리 방법과 아름다운 용기와 문화예술이 합동으로 만들어내는 살아 숨 쉬는 종합 예술작품이다.

지역적인 게 가장 세계적

이쯤에서 한식을 세계시장으로 뻗어나갈 수 있게 하는 데 화학공해에 찌들지 않은 순수 '우리 것'을 지연(地緣)산업으로 키워 발전시키는 것이 무엇보다도 중요한 과제임을 인식하게 된다. 농약과 방사선 조사(照射)와 유전자조작으로 뒤범벅이 된 외국 농산물을 가공, 조리, 발효시킨 식품을 TV 광고로 아무리 현혹한다고 해도 식품의 '온전성'이 살아나지 않는다. 친환경 유기농의 순수한 우리 것을 우리 그릇(도자기)에 담는 문화와 예술(한류)과 자연경관, 따뜻한 인정 등 어메니티적인 요소를 한데 묶어 내놓을 때 비로소 진정한 '1+2+3=6차' 산업이 탄력을 받는다. 그런 바탕 위에서 우리 건강식품이 세계화의 날개를 달 수 있는 것이다. 이미 세계식품규격위원회도 김치와 고추장을 우리말, 우리 것 그대로 세계표준식품으로 인정했으며 된장, 간장, 인삼 등도 중국, 일본식과 더불어 표준으로 인정하지 않았는가. '가장 지역적인 것이 가장 세계적'일 수 있다는 살아 있는 증거다.

나머지 과제는 식품산업의 발전과 세계화 정책이 주민과 농어민의 소득으로 귀속될 수 있도록 하는 일이다. 현재 시설·규모·절차 면에서 농어민의 삶을 꽉 조이고 있는 대기업 위주의 각종 식품 관련 법규, 예컨대 식품가공위생법, 주세법, 도정법 등을 유럽 등 선진국형으로 대폭 고쳐야 한다. 그럼으로써 전통적으로 농어가에 고유했던 발효식품 가공 분야를 농어민에게 되돌려 농가 소득 증대로 직결해야 한다. 이것이 돈 버는 농업, 살맛 나는 농촌, 한식 세계화의 기본이라고 믿는다.

| 한국농어민신문 2010년 10월 28일 |

■ 대담

한국 유기농, 농민과 소비자의 공생을 찾아

⋮

지난달(2010. 7.) 중순 캐나다 브리티시컬럼비아 주에서 김성훈 전 농림부 장관과 이태근 흙살림 회장을 함께 만나는 소중한 기회를 가졌다. 유기농 전도사인 김 전 장관은 김대중 정부 초대 농림부 장관으로 친환경농업 육성법을 제정하고 관련 정책의 틀을 잡았으며, 이 회장은 지난 20년 동안 한국 유기농업 연구를 이끌어온 인물이다. 대담은 현지의 브리티시컬럼비아 대학교에 초빙교수로 있던 김 전 장관이 이 회장이 참여한 캐나다 유기농 연수팀에 합류하면서 자연스럽게 이뤄졌다.

외국 유기농 수입은 친환경 어긋나

김성훈 김대중 정부 초기 친환경농업 육성법을 제정하면서, 유기농 대신에 친환경이란 용어를 사용했습니다. 그러면서 친환경 농산물의 범주를 넓혀 저농약, 무농약, 전환기 유기농, 유기농의 4단계로 설정했지요. 사실, 유엔에서 말하는 친환경 농업(environmentally-friendly agriculture)은 당연히 농약과 화학비료를 전혀 쓰지 않는 유기농을 뜻합니다. 농약과 화학비료를 남용하던 한국적 현실을 고려해 (농약을 조금 덜 쓰는) 저농약과 (농약을 전혀 쓰지 않고 화학비료는 덜 쓰는) 무농약 단계를 최종 목적지인 유기농 이전에 두었던 것이지요. 국제 기준에는 맞지 않지만, 더 많은 사람들이 유기농으로 가도록 하기 위한 고심의 산물이었습니다.

이태근 처음 친환경법을 제정할 때는, 저농약과 무농약 인증을 각각 5년과 10년 한시적으로 허용하고, 그 뒤에는 모두 유기농으로 간다는 방침이었잖습니까. 그런데 10년이 지난 올해에야 저농약 인증을 중단하는 조처가 겨우 취해졌습니다. 무농약 인증은 그대로 남아 있죠.

사실, 지난 10년 동안 친환경 시장은 엄청난 양적 성장을 이루었습니다. 10년 전에 유기농가가 고작 100가구 정도였는데, 지금은 전체 친환경 농가가 5만에 육박하고 있습니다. 하지만 친환경 농가의 80퍼센트가 저농약이라는 사실을 직시해야 합니다. 나머지 15퍼센트도 무농약이고, 진짜 친환경인 유기농은 5퍼센트에 불과합니다. 이제 문제는 질입니다. 국제사회에서도 통용될 수 있도록 진정한 친환경으로 질적 변화를 이뤄내야 합니다.

김성훈 친환경농업 육성법을 유기농업 육성법으로 바꿔야 할 때가 됐습니다. 세계유기농대회를 여는 나라에서 무농약까지 친환경으로 인정한다는 것은 창피한 노릇입니다. 우리 농림수산식품부에서도 법 개정에 나섰다고 들었는데, 차제에 유기농산물뿐 아니라 유기 가공식품까지 통합해서 지원하는 법체계를 구축해야 합니다. 다만, 외국의 유기농 인증을 동등성 원칙에 따라 수용하자는 외교통상부의 발상은 위험합니다. 수만 킬로미터 운송으로 이산화탄소를 다량 배출하는 농산물 수입을 용인하는 것은 생태계를 살리자는 유기농의 취지에도 맞지 않습니다.

종자에서 농업철학까지 완벽 실천

이태근 지금까지 우리는 농약과 화학비료만 안 쓰면 유기농이라고 생각했습니다. 여기 와서 보니 고개가 숙여지네요. 이 사람들은 종자와 퇴비 순환, 유통, 가공, 생태계를 살린다는 철학까지 철두철미하게 유기농을 실천하고 있습니다. 그런 점에서 우리의 유기농은 아직 진정한 유기농이 아닙니다. 유기 종자도 쓰지 못하고 있잖아요.

우리는 유기농업도 관행농처럼 변해가고 있습니다. 정부 지원금이 나오니까, 유기 농자재를 그저 많이 투입하면 좋은 줄 알거든요. 여기서는 자기 농장에서 나오는 부산물로 퇴비를 만들어 쓰는 것이 원칙입니다. 유기 농자재라 하더라도 외부에서 구입한 것은 투입을 최소화하지요. 우리 농민들이 깊이 반성해야 할 점입니다.

김성훈 유기농 하면 안전한 식품을 먼저 떠올리지만, 그 이상 중요한 가치는 흙을 살려서 환경 생태계를 보호한다는 것입니다. 캐나다에서 유기농 하는 사람들을 만나보면, 모두 생명의 뿌리와 사람을 연결하고 있다는 자부심에 넘칩니다. 그런 가치의 성숙이 유기농 하는 사람의 기본 전제입니다. 자기 농장에서 직접 퇴비를 못 만드는 사람은 유기농 할 자격이 없지요.

소비자들은 유기농을 믿고 그 가치에 감동하기에 기꺼이 지갑을 엽니다. 캐나다에서 유기농은 이제 소수의 대안이 아니라 전체 식품시장의 10퍼센트에 육박할 정도로 성장했습니다. 밴쿠버의 도시농업에서도 보았듯이 소비자들은 농민을 믿고 1년치 농산물 대금을 선납합니다. 비가 와서 채소를 배달받지 못하거나 불량품이 올 수도 있지만 그런 위험부담을 기꺼이 감수합니다. 유기농가를 전적으로 믿기 때문이지요.

유기농이 지속 가능하기 위해서는 농가와 소비자를 연결하는 직거래 유통이 튼튼하게 뒷받침돼야 합니다. 유기농의 성패가 유통에 달려 있다 해도 과언이 아닙니다. 그래서 장관 재임 중에 경제 부처와 심한 갈등을 빚으면서도 소비자협동조합법 제정을 강하게 주창했습니다. 결국 미흡하나마 농가와 소비자를 직접 잇는 지금의 생활협동조합들이 출범할 수 있는 근거가 만들어졌고, 친환경 시장 확대에 상당한 역할을 할 수 있었습니다. 다만 그 뒤로 소비자 유통을 강화하려는 후속 정책이 지속적으로 이어지지 못했다는 점은 아쉬움으로 남습니다. 또한 소비자를 감동시키려는 농민의 노력도 부족했습니다.

이태근 유기농 전문연구소를 꼭 만들었으면 합니다. 농촌진흥청에 유기농업과가 있지만 그것만으로는 부족합니다. 연구의 독립성을 보장하기 위해서도 별도 연구소가 필요합니다. 농약과 화학비료의 적정 투입을 앞세우는 농진청이 유기농 연구의 선봉에 서기는 어렵습니다. 또 인증사업에서는 정부가 손을 떼는 것이 바람직합니다. 민간 인증기관에 인증사업을 맡기고, 정부는 인증기관을 관리 감독하는 것이 바람직합니다. 선진국들이 그렇게 하고 있고, 인증기관의 차별성과 유기농의 고급화를 이루기 위해서도 그렇게 하는 것이 마땅합니다.

인증은 민간이, 관리 감독은 정부가

김성훈 농림축산식품부 장관은 농업의 본령에 충실해야 하고, 농민의 입장에서 농정을 펴야 합니다. 예산과 통상을 책임지는 경제 부처와는 태생적으로 부닥칠 수밖에 없습니다. 약자인 농민을 보호하기 위해서는 싸움을 두려워하지 말고 즐겨야 합니다. 그런 각오가 없다면 농림축산식품부 장관 해서는 안 됩니다. 경제 부처 뒷받침이나 하려면 농림축산식품부의 존재 이유가 없습니다.

가족농이 농정의 기본이라는 점을 강조하고 싶습니다. 가족농을 전문화하고 협동하게 하려면 대농의 효과를 거둘 수 있습니다. 그런 식으로 대규모 경영의 이점을 확보해줘야 합니다. 기업농을 도입하는 것은 대안이 아닐뿐더러, 기존의 가족농을 파괴할 수 있습니다. 식물공장 운운하는 것도 결코 바람직하지 않습니다. 빌딩 지어서 농사짓자는 것인데, 대량의 화학물질과 콘크리트 투입이 불가피합니다. 지금 시대의 농림축산식품부는 농림축산식품부이면서 환경부이고 소비자부라는 점을 명심해야 합니다.

이태근 농민 중심의 제도 개선에 초점을 맞추었으면 합니다. 가장 중요하게는 농민들이 농산물 생산과 가공을 쉽게 할 수 있도록 길을 열어야 합니다. 선진국처럼 농민들이 홈메이드 가공식품을 생산·판매할 수 있도록 까다로운 규제를 풀어야 합니다. 농가에서 가공사업을 할 수 있어야 가족농이 번창할 수 있지요.

우리 유기농이 진정한 유기농으로 성숙할 수 있도록 유기 종자의 자유로운 유통 방안을 마련해야 하겠습니다. 지금은 종자회사에서만 종자를 판매할 수 있고, 종자회사에서는 유기농 종자를 취급하지 않습니다. 시중에서 유기 종자를 구할 수가 없다는 말입니다.

김성훈 우선은 북한에 보내야죠. 북한으로 빠져나가면 단기적 공급과잉은 금방 해소됩니다. 근본적으로는 애그플레이션이 상습화되고 있다는 사실을 무겁게 받아들여야 합니다. 예전에는 7~8년 주기였는데, 지금은 2~3년 주기로 반복되고 있습니다.

그런 점에서 쌀 감산 정책은 방향을 잘못 잡았습니다. 해외에서 들어오는 연 30여 만 톤의 최소 수입 물량을 고려하면, 쌀은 남아돌지 않습니다. 통일을 대비하면 더더욱 그렇지요. 지금 정도의 생산량은 반드시 유지해야 합니다. 쌀 생산 줄인다고, 논을 밭으로 바꿔놓으면 다시 논으로 되돌리기 어렵습니다. 우리 곡물 중 유일한 자급품목이 쌀이잖아요?

— 정리 • 김현대(한겨레 선임기자)

| 한겨레 2010년 8월 31일 |

이제 삶의 오모작은 소비자정의 운동인데, 소비자의 각성이야말로 환경·농민·지구를 살리는 길이라고 생각합니다. 미국의 케네디 대통령이 최초로 선언한 소비자 7대 권리는 그 뒤로 인권과 더불어 보편적인 철학으로 자리매김해왔어요. 한국에서는 아직 미진한 부분이 있습니다. 특히 '알 권리', 도대체 이 음식이 좋건 나쁘건 무엇을 재료로 어떻게 만들었는지는 우선 알고나 먹자는 거예요. 우리가 음식을 먹을 땐 이게 피와 살이 되라고, 좋은 생각을 하고 영혼을 키우려고 먹는 거잖아요? 모르고 먹으면 똥밖에 안 돼요. 나 혼자 잘 먹고 잘살자는 운동이 아니고, 후손까지 고루고루 더불어 사람답게 살자는 운동입니다. 농산물의 기원과 재배 과정을 알면 유전자조작 종자 안 심고 농약·비료 안 쓰고 농사짓는 게 어렵다는 걸 알게 됩니다. 그러면 농민의 수고를 알고 존경하고 배려하게 되지요.

3부

민초(民草) 편에서 살기, 참 어렵네요

내 인생의 첫 수업

⋮

고1 때였다. 중간고사 독일어 답안지를 한참 써내려가는데 불쑥 교무주임 교실로 선생님이 들어오셨다. 험상궂은 얼굴로 내 이름을 부르더니 의무금을 석 달째 내지 않았으니 시험 볼 자격이 없다고 내 시험지를 북북 찢어버린 후 나를 밖으로 내쫓았다. 100점이 예상되던 시험을 망치게 된 나는 망연자실하여 한참 교실 밖에 서 있었다. 그때 시험 감독을 맡으셨던 오종근(吳宗根) 한문 선생님이 다가오시더니 편지 쪽지를 주시면서 학교 근처에 있는 선생님 댁으로 가 사모님께 전해달라고 하셨다. 우리 반 친구 오형철 군의 아버님이기도 하고, 평소 나를 무척 예뻐해주시던 분의 심부름이라 눈물을 훔치며 곧장 달려갔다. 쪽지를 읽은 사모님께서 누런 봉투에 돈을 담아 나에게 주시며 빨리 서무과에 가서 의무금을 내라고 하셨다. 내 인생 첫 수업이 이렇게 시작하였다.

밀린 의무금을 내주신 한문 선생님

그 후 독일어를 제외한 나머지 과목의 시험을 마저 볼 수 있었던 나는, 속으로 꼭 성공하여 이 은혜를 갚겠노라 다짐하곤 하였다. 훗날 내가 대학교수 초년병이 되었을 때 선생님께서 암으로 투병 중이시라는 소식을 들었다. 병상에 달려가 고1 시절에 있었던 일에 대한 감사의 말씀과 함께 얼마간의 돈을 약값에 보태 쓰시라고 간곡히 올렸다. 선생님의 눈가에 이슬이 맺히는 것을 보았다. 그리고 선생님은 귀천(歸天)하셨다. 그때 그 이슬의 뜻은 너도 어려운 사람을 만나면 조용히 베푸는 인생을 살라는 가르침이었다. 아직도 그 약속을 잘 지키지 못하고 있어 선생님께 노상 송구스럽다.

이 사건을 계기로 나는 고교 시절 내내 독일어 공부를 열심히 하여 마침내 니체의 철학서까지 독파할 수 있게 되었다. 그러다가 시성 괴테의 문집에서 "눈물의 빵을 먹어보지 못한 사람과는 더불어 인생을 논하지 말라"는 구절을 읽었다. 물질적 빈곤보다도 더 무서운 것이 정신적 가난이다. 배고픔이야 일정 기간이 지나면 잊혀지겠지만, 영혼과 정신이 찌들면 인생은 어쩔 수 없이 나락에 떨어질 것이 아닌가. 남의 가난, 남의 배고픔, 남의 슬픔에 동참할 여유가 없는 인생은 참으로 불쌍하다. 도둑도, 깡패도, 심지어 탐관오리 사기꾼도 자기 가족만은 소중히 감쌀 줄 안다. 그렇다고 자기들만의 행복이 세상 사람들에게 행복을 가져다주지는 않는다.

그래서 고등학교 2학년이 되자 나는 사람 된 자라면 마땅히 내적으로 고매한 인격과 이타정신을 충실히 연마하고 외적으로는 어렵고 약한 사람들을 도와주는 인간이 되어야 한다고 굳게 믿게 되었다. 또래의 고2 아홉 명이 '한얼'이라는 모임을 결성했다. 큰 뜻의 한국인이 되자는 모임이었다. 3학년에 오르면서 한 학년을 건너뛰어 신입생 열 명을 더 뽑아 숫자를 늘려나가기 시작했다. 방과 후엔 늦게까지 남아 학교와 주변 청소를 자원했고, 아침엔 일찍 나와 공부와 책 읽기를 열심히 했다. 주말이면 다시 모여 인격을 수련하고 교양과 새 지식을 쌓는 데 전념하였다. 당시 우리 '한얼' 모임이 자주 암송하던 경구는 "사람이 사람이면 다 사람이냐. 사람이 사람다워야 사람이 사람이지"였다(이 '한얼' 모임은 서울대 농대에까지 이어졌다).

당시 우리들만의 인격 수양과 선행 수련에 한계를 느껴 목포 예총 회장이셨던 차재석(차범석 선생님의 아우) 선생을 찾아가 지도해 주시기를 간청하였다. 차 선생은 맨 먼저 우리들에게 내적 충실의 법어를 일러주었다. 소승불교의 수련 지침인 "수(守), 파(破), 리(離)"다. 먼저 기존의 진리와 지식을 있는 그대로 받아들여 지키고(守), 깨달음의 경지에 도달하면 옳고 그름을 깨쳐나가며(破), 더욱 정진하여 독자적인 사상과 주의주장을 이루어 독립(離)해 떠나(成佛)라는 가르침이다. 우리들은 수(守) 단계에 있는 학생들이었기 때문에 섣부른 주의, 주장을 펴지 않고 되도록 모든 기존 이론을 더 넓고 깊이 받아들이자는 입장을 취하였다. 우선은 끊임없이 독서하고 토론하며 인격 수련을 거듭하였다. 아무리 고단하고 길이 없는 미개지라 할지라도 "걷고 또 걸으면 언젠가 사람들은 그것을 길"(이철수 그림, 2000)이라고 부르며 따라올 것이라는 신념은 지금도 변함이 없다.

내 인생의 가장 큰 전기는 고교 졸업을 3개월 앞두고 일어났다. 당시 학도호국단 부대표였는데 학교장의 부정부패 행위와 반교육적 행동이 너무 잦아 전교생이 스트라이크를 일으켰다. 대표자였던 나는 '무기정학' 처분을 당했다. 재차 동조 수업거부하려는 동료 학생들을 진정시키고 나는 터벅터벅 걸어서 집으로 돌아왔다. 소식을 먼저 들으셨던지 아버지께서는 꾸짖는 말씀 대신 친구들과 함께 산수 좋은 곳으로 여행을 다녀오라고 권하셨다. 그래서 찾아간 곳이 오늘날 무등산 뒷쪽의 광주 충장동과 담양 별뫼(星山) 일대였다. 이곳 조선조의 가사문학권과 인근 화순 동복의 적벽강 일대를 도보로 여행했다. 면암 최익현, 송강 정철, 소쇄옹 양산보, 정암 조광조 선생 등의 유적과 유물 등이 그때까지만 해도 때 묻지 않고 잘 보존되어 있어 문자 그대로 선인들의 호연지기와 이상을 몸으로 느낄 수 있었다.

판사 지망에서 '농촌운동가'로

여행 중에 정암 선생의 천재의식이 도리어 죽음을 불러들였음을 어렴풋이 깨달았다. 민초들 속에서 민초들과 함께 세상을 조금씩 고쳐나가려는 낮은 자세가 아니고는 세상을 변혁시킬 수 없다는 교훈을 깨친 것이다. 그런 이유로 그때까지 준비해온 법대 진학계획을 바꿔 농대를 가기로 결심하였다. 성천 류달영 선생님의《새 역사를 위하여》라는 갓 나온 책 속의 그룬드비히와 달가스의 농민 사랑이 이러한 나의 결심을 부추겼다. 새로이 자연계 입시 공부를 독학하던 중 입시 3주를 앞두고 무기정학이 풀렸다. 마침내 농학의 중심인 수원행 완행열차에 몸을 실었다.

그 길이 농업경제학도로서 내 인생의 시작이었고 지금까지 나의 숙명이 될 줄은 미처 알지 못했다. 지나고 보니 내 인생에서 '농(農)' 자를 빼면 별로 남는 것이 없다 할 만큼 일생을 농업·농촌 문제와 환경 문제를 가지고 씨름하며 살아왔다. 내 심중에는 언제나 소외받고 천대받고 억압받는 사람들이 떠나지 않았다. 이 세상에 좋은 일만 하고서도 천시받는 무수한 민초와 농민을 위하며 살아가겠다는 초심은 지금도 앞으로도 변하지 않을 것 같다.

| 한국농어민신문 2009년 7월 27일 |

생협 운동에 대한 추억

⋮

국민의 정부 시절 제정·공표된 소비자협동조합법(1999년 2월 제정)에 기반하여 소비자생활협동조합(이하 '생협')이 새롭게 재출범한 지 12년이 지났다. 2011년 말 현재 3대 연합체 산하에만 약 56만여 가구가 조합원으로 참여하고 있고, 연간 매출액이 6000억 원대를 돌파하였다. 생협법 제정 이전 20년 가까이 임의조직으로 근근히 연명해오던 '한살림'과 '생협중앙회' 시절에 비하면 '눈을 씻고 다시 보자' 할 정도로 장족의 발전을 거듭하고 있다.

최고로 신뢰받는 유통 기관

특히 거의 비슷한 시점에 선포된 정부의 '친환경 유기농 원년' 선언에 따른 친환경 농산물의 생산자·소비자 직거래 실현에 커다란 기여를 하고 있다. 지금 대한민국의 국민으로부터 생협만큼 신뢰받는 유통 기관이 없다 할 만큼 그 활동이 눈부시다.

단적인 증거로 2010년 초가을 시중 대형 마트와 농협 하나로마트에서 배추 한 포기 값이 1만 5000원까지 치솟았을 때 생협 점포에서는 보통 때와 다름없이 포기당 1500원에서 2000원에 거래되었다. 당시 생협 매장의 배추는 매일 아침 문을 열자마자 부리나케 동이 났다. 친환경 농산물이라 더 비싸면 비싸야 했는데 어떻게 그 값이 가능했을까? 이는 생산 농민들이 생협 소비자들에 대한 감사의 뜻을 행동으로 표시한 것이었다. 보통 때 수확철 생산량이 몰려 가격이 폭락할 때도 지속 생산을 독려하기 위하여 소비자 조합원들이 품질과 안전성을 믿고 적정 생산비와 이문이 보장되는 가격에 구매해준 데 대한 생산자 농민들의 보은의 표시였다.

생협은 주주 자본가가 따로 없다. 생산자와 소비자가 주인이기 때문이다. 주주의 이익을 따로 계상할 필요도 없다. 생산자와 소비자의 상호 신뢰와 공생, 그리고 지속 가능한 경제가 핵심 목적이기 때문이다. 자본주의 시장경제의 특징인 유통 이윤을 따로 떼지 않는다. 직거래 유통에 따른 직접 비용을 반영해 생산자와 소비자가 합의한 수수료만 내면 된다. 따라서 유통 마진이 3분의 1 수준에 불과하다. 유통 비용 중 인건비 비중도 대단히 낮다. 소비자 조합원들의 자원봉사와 봉사 수준의 급여 체계 덕분이다. 대형 유통업체와 말뿐인 일반 협동조합과는 크게 차별되는 대목이다. 친환경 생산 농민들은 생협이라는 팔 곳이 있어 안심하고 생산에 전념할 수 있고, 소비자 조합원들은 생협이라는 안전한 식품 구매처가 있어

행복하고 만족해한다.

이렇듯 정부의 특별한 지원이 없어도 법정 생협 사업이 쑥쑥 자라나 이제 대한민국 소비자들의 희망 제1번지가 되고 있다. 유럽, 미국, 캐나다, 일본은 일찍부터 생협을 진정한 의미의 협동조합 운동이라고 하여 'COOPS(Cooperatives)'라고 부른다. 오늘날 협동조합 운동의 모태라 할 수 있는 로치델 7대 원칙도 영국 로치델 노동자들의 소비자협동조합 운동에서 시작되었다.

농민과 소비자 간 신뢰 쌓으며 성장

이렇게 착하고 긴요한 소비자생활협동조합(생협) 운동이 법률적인 뒷받침이 없어 표류되고 지리멸렬했던 시절이 한동안 있었다. 지금은 고인이 되신 전 농촌경제연구원장 김동희 박사와 농업기술자협회의 정장섭 선생 등과 함께 생협법 초안을 만들어 정부기관을 찾아다닐 때 맞닥뜨렸던 당국자들의 싸늘했던 반응을 새삼스럽게 떠올리고 싶지 않다. 우리가 만든 생협법 초안은 담당 국장의 서랍 속에 20여 년간 잠자고 있었다. 슈퍼마켓과 수퍼체인협회 등 소매업체와 제조업체들의 극심한 훼방도 다시 떠올리고 싶지 않다.

다만 경실련과 정농회가 합작하여 '경실련·정농 생협'을 조직하여 그 책임자 자리를 맡고 나서부터 필자가 겪었던 고통은 잊을 수가 없다. 아무런 법적인 뒷받침이 없는 임의조직이다 보니 서울시 당국, 가락동 도매시장 상인들 그리고 세무 당국으로부터 푸대접과 박해, 심지어 점포 습격을 받고 개점 휴업까지 하였다. 1년간 실적을 결산해보니 1억 2000여 만 원의 순적자와 농민들에게 밀린 농산물 대금이 겁 없이 늘어나 있었다. 게다가 이사장 개인 명의(생협은 임의단체임)로 농협과 개인에 4000여 만 원이라는 신규 부채까지 생겨났다. 다른 생협들도 정도의 차이만 있을 뿐 모두들 고전을 면치 못하고 부침을 반복해왔다.

그러던 중 1998년 2월 25일 국민의 정부가 탄생하였다. 어마지두에 초대 농림부 장관으로 발탁되었다. 발령을 받은 다음 날인 3월 5일 김대중 대통령 주재로 첫 번째 국무회의가 열렸다. 대통령께서 "오늘은 첫 회의라 특별한 안건이 없으니 국무위원들이 돌아가면서 어떻게 하면 IMF 위기를 극복할 것이며 치솟는 서민물가를 안정시킬 것인가에 대해 자기 부처의 업무에 관계없이 장관들의 개인 소견을 개진해보라"고 하셨다. 내 차례가 왔다. 20년 가까이 뛰어다녔던 좌절된 생협 운동이 생각났다. 당장 갚아야 할 생협 빚 생각도 떠올랐다.

"저는 소비자생활협동조합법 제정이 시급하다고 생각합니다. 개도국, 중진국, 선진국을 막론하고 시장경제 국가 중에 생협법이 제정되어 있지 않은 나라는 아마도 우리나라뿐이라고 생각합니다. 생산자를 위한 농업협동조합법, 수산업협동조합법, 중소기업협동조합법은 있음에도 정작 협동조합 운동의 효시격인 소비자협동조합법이 없어서 생산자와 소비자의 권익 향상에 실효성이 떨어지고 특히 친환경 유기농식품의 직거래가 어렵습니다. 기존의 생협 단체들 모두가 임의조직이므로 행정 · 재정상 혜택은커녕 감시와 억압마저 받고 있습니다. 생산자와 소비자들도 잘 믿으려 하지 않습니다. 물가 안정 차원과 친환경 농산물의 직거래 촉진 차원에서 생협법이 조속히 제정 공포되어야 한다고 생각합니다."

"그 소관 부처는 어디요?" "예, 재경부(옛 경제기획원) 소관사항입니다만 농림부가 주도하지 못한다는 조문은 없습니다"라는 문답이 오갔다. 재경부 장관 차례가 되자 "우리 부가 주관하겠습니다"라고 대답하여 끝을 맺었다.

생협법 제정의 암초들

그러나 얼마되지 않아 재경부 담당 국장이 농림부 장관실로 필자를 찾아와 대뜸 항의를 했다. "생협법을 제정할 수 없는 사정(소매업계의 저항)을 누구보다도 잘 아시는 분이 왜 우리(부서)를 괴롭히십니까!" 화가 났으나 참았다. 답변은 우리 부 담당 국장을 시켜 당신네 장관에게 직접 하도록 하겠다며 물리쳤다. 그리고 한 달 후쯤 열린 국무회의에서 다른 안건을 심의하다가 갑자기 대통령께서 "지난번 논의했던 소비자생협법은 어떻게 진행되고 있는 거요?" 라고 물었다. 해당 장관은 태연히 "아직 검토 중입니다"라고 대답했다. 20년 묵은 설움이 복받쳐 그만 "20년간 저렇게 검토만 하고 있습니다"라고 크게 외쳤다. 좌중의 국무위원들이 일제히 웃음보를 터뜨렸다. 대통령의 안색이 변했다. 총리의 표정 역시 굳어졌다. 발언권도 얻지 않고 덥석 고함을 친 필자의 무례한 돌출행동에 정작 화를 내고 반격하여야 할 재경부 장관이 벌떡 일어서서 "즉시 법 제정을 시작하겠습니다"라고 답변함으로써 분위기를 일신시켰다. 그리하여 생협법 조문이 그해 가을 완성되었다. 농림부의 의견이 거의 대부분 반영되어 만족했다.

그런데 난데없이 큰 복병이 나타났다. 국민의 정부 때 IMF 위기 극복 차원에서 총리실 산하에 새로 만든 규제개혁위원회(기업체 회장이 의장)에서 모든 법률안과 행정법규 제도에 대해 국회에 제출하기 전 최종 심의하도록 되어 있었다. 아니나 다를까, 그 의장님과 모 대학의 법률학 교수 심의위원이 유통업체 편을 들며 제동을 걸었다. 주무 부서도 아닌 농림부 직원들만 생협법을 옹호하고 방어하느라 동분서주했다. 결과는 역부족이었다. 생협중앙회를 설립한다는 조항과 정부의 재정 지원 조항이 잘려나가고, 생협 매장은 친환경 농축산품만 취급하도록 취급 품목 범위가 대폭 축소되었다. 또 생협 조합원에 한해서만 생협 매장을 이용하도록 하고 비조합원 소비자들에게는 제한적으로 홍보 기간 중에만 총매출의 5퍼센트 한도에서 판매할 수 있도록 규정했다. 후자의 일부 독소조항은 2010년 약간 개선되었으나 근본적으로 생협의 성장 발전에 발목을 묶는 상황은 지금도 계속되고 있다.

그런데도 생산자와 소비자들이 서로 존중하고 배려함으로써 생협은 갈수록 국민들의 사랑과 신뢰를 받고, 바야흐로 환경과 건강을 동시에 챙기는 착한 조합으로 성장하고 있다. 그중 '아이쿱' 같은 생협은 너무 잘나가 단시일 내에 사업 규모와 범위가 대기업처럼 성장하였다. 자칫 일부 일반 협동조합처럼 관료화와 대기업화되어 착한 생산자농민과 소비자로부터 거리가 멀어지지 않을까 걱정일 정도다.

정부 기구 다음으로 규모가 제일 큰 기관이자 민간은행인 농업협동조합 조직이 지주회사 체제로 바뀜에 따라 가뜩이나 협동조합 운동 본래의 정신이 점차 희미해지고 있는 이때에, 소비자생활협동조합은 분명 우리 시대 생산자와 소비자의 큰 등불임에 틀림없다.

| 한국농어민신문 2012년 6월 11일 |

경실련의 20년, 우리 사회 미래의 200년

⋮

나는 1989년 경제정의실천시민연합(경실련) 창립에 한 발짝 늦게 참여하였다. 해상왕 장보고 대사의 족적을 찾아 중국 대륙을 헤매고 다니다가, 문득 경제정의를 실천하기 위해서는 농업, 환경, 통일 분야의 어젠다 개혁이 필수불가결하다고 깨달았다. 그래서 1년 늦게 경실련에 몸을 들여놓았다.

한 발짝 늦게 참여한 경실련

첫 번째 부딪힌 난관은 경실련 출범 당시의 2대 과제였던 금융실명제와 토지공개념 정책의 실현이었다. 금융실명제는 숱한 저항과 반대, 찬성 등 우여곡절 끝에 김영삼 대통령의 결단으로 시행되었다. 선진국에 비해 너무나 늦은 제도 개혁이었지만 15년이 지난 지금 되돌아볼 때 그때 경실련이 치열하게 싸워 성취하지 못했다면 우리 사회에 부정부패와 사기 횡령 범죄가 얼마나 더 팽배했을까. 그러나 당시 현재와 미래를 투시해볼 때 토지 공개념을 정치·경제·사회 제도 면에 실현해내지 못한 데서 파생된 사회 각 분야의 부작용—투기와 부정부패의 창궐—을 미리 막아내지 못한 책임을 통감한다. 당시 고위 관료를 앞세운 기득권 세력의 반대 로비에 경실련 볼런티어 내부의 의견이 분열되어 순진한 조세주의식 해법에 굴복한 것이 지금도 우리 경제사회에 엄청난 손실과 비리를 초래하고 있다. 오늘날 위장 전입과 불법 농지 매입을 하지 않은 임명직 고위 관료가 없다 할 만큼 사회 각계의 지도층들이 솔선하여 범법자가 된 현상이 상당 부분 우리 경실련의 나이브했던 운동 때문이라고 말해도 변명할 수 없다.

두 번째, 우루과이 라운드에 임했던 경실련의 신속 정확한 정보와 대안 중심의 경제정의 실천 운동의 교훈을 말하지 않을 수 없다. 미국, 유럽, 일본 등 선진 제국의 협상 동향 정보를 신속히 단독 입수할 수 있는 네트워크를 갖춘 경실련은, 단군 이래 최초로 186개 정치·종교·환경·소비자 시민단체들을 망라하여 쌀과 기초 농산물 지키기 범국민비상대책위원회(후에 '우리 쌀, 우리 농업 지키기 범대위'로 개칭)를 이끌었다. 비록 경실련의 정책 제안이 제대로 수용되지 못했으나 경실련이 주도한 정보 중심, 대안 중심의 국익과 기초 산업 지키기 운동은 지금까지도 대안 중심 시민운동의 전형으로 인정받고 있으며, 마침내 정부를 움직여 협력관계로까지 발전시켰다. 당시 언론에 발표한 다음에라도 즉시 원 자료를 알려주기 바란다는 주무 각료의 통사정이 있었는가 하면, 총리가 경실련 대표들을 불러 막바지에 이른 우루과이 라운드 협상 대책을 협의했을 정도였다.

1995년 WTO의 발족과 가입에 앞서 경실련을 필두로 한 범대위 투쟁의 결과, 여야가 만장일치로 'WTO 이행에 관한 법률'을 통과시켰다. 이 법률은 남북한 간의 거래가 관세를 부과하지 않는 민족 내부 간 거래임을 규정했고 농업 직접지불 제도를 명문화하였다. 그리고 한 차례 대통령의 사과와 두 번씩이나 벌어진 총리의 경질, 세 장관의 문책성 교체를 거친 후 대통령 직속으로 농어촌발전위원회라는 자문기구를 탄생시킨 바 있다. 이 활동들을 문건으로 정리해놓은 경실련의 소책자와 보고서가 〈우리 쌀 어떻게 지킬 것인가〉, 〈벼랑에 선 우리 농업 농촌을 살리자〉, 〈WTO와 한국농업〉, 그리고 〈제2의 UR에 대비하자〉 등이다.

민간 수준의 남북 교류·협력에 앞장서다

세 번째 기록해두어야 할 분야가 경실련 통일협회의 활동상이다. 경실련에 대한 사회적 평가와 기대가 높아지면서 "왜 경실련은 남북 통일과 북한 동포에 대한 활동이 없는가"라는 주문이 쏟아졌다. 이에 자극받은 경실련은 1992년 초부터 광범위하게 전문가들을 연달아 초청하여 연구 세미나 시리즈를 개최하였다. 논의의 결과 유재현, 서경석 사무총장들이 앞장서 경실련 통일협회의 발족을 서둘렀다. 이윽고 필자가 초대 운영위원장, 외국어대 이장희 교수가 정책위원장을 맡고, 조요한 숭실대 총장을 초대 이사장으로 모시고 출범하였다. 우선 객관적이고 실사구시적인 연구와 세미나를 통하여 정부 시책을 유도하고 통일 한국을 대비한 국민 교육, 정부와 국민 간의 교량 역할을 자임하였다. 역량이 비축될 경우 실천 강령으로서 남북한 교류와 협력 추진, 남북 간 민간 수준의 나눔 운동 등을 계획하였다. 당시로는 통일을 화두로 삼는 단체로서 우리가 효시였다. 민족 화해부터 이루는 바탕 위에서 교류와 협력을 강화해나가는 과정에서 비이념, 비정치, 비정파성을 강조한 통일 기반 실천 운동을 환발하게 전개하였다.

그러다가 뜻하지 않은 암초에 부딪혔다. 1994년 7월 남북 정상회담을 앞두고 이를 준비하던 북쪽의 김일성 주석이 돌연사한 사건이다. 국내에서는 조문을 하여야 한다, 하지 말아야 한다로 의견이 엇갈려 자칫 이념 대결의 양상을 띨 상황이었다. 이 와중에 통일협회가 과감히 애도의 뜻을 담은 성명서를 발표하였다. 나름대로 공식적인 검토 끝에 미래 지향적인 입장을 표명한 것이었다. 그런데 극우보수 언론이 사설까지 동원하여 경실련을 성토하자 당시 사무총장이 독단적으로 취소·사과 성명을 발표해버렸다. 이에 대해 절차의 정당성이 문제되어 지도부가 붕괴 직전까지 이르렀다. 경실련 통일협회의 활동은 상당한 기간 휴지기에 들어갔고, 교육 사업 외에 계획 중이던 실천적인 교류·협력 활동은 착수도 하지 못했다. 그때까지 통일협회가 축적한 남북 관련 지적 자산은《동북아시대의 한민족》,《통일 그 바램에서 현실로》,《남북경협의 현장》,《사회주의와 북한의 농업》등 여러 권의 책으로 주로 비봉출판사와 시민의신문사에서 출간되었다. 통일협회가 착수하지 못한 인도주의적 남북 협력 활동 계획 등은 1999년 별도 조직으로 출범한 우리민족서로돕기 운동본부가 전문적으로 담당하였고 경실련 통일협회는 주로 연구·교육 사업에만 머물고 있다.

네 번째, 환경 정책 연구와 활동의 조기 분리 사건을 빼놓을 수 없다. 경실련이 시민의 높은 참여도와 지원에 힘을 얻어 환경 문제에 주목한 것은 대단히 시의적절하며 선견지명이 있었다고 생각한다. 서울대 환경대학원의 노융희 교수, 권태준 교수 등이 참여하고 우리나라 환경운동의 대부 격인 원경선 이사장이 책임을 맡은 환경개발센터가 1991년초 경실련에 보금자리를 틀었다. 그런데 얼마 되지 않아 시민단체가 너무 백화점 식으로 사회문제를 나열하기만 한다는 사회 각계의 비판이 시민운동과 경실련을 겨냥해 일었다. 환경 문제가 국가적으로 아주 중요하게 대두되는 시점이기도 했기에 환경개발센터를 사단법인 환경정의로 분가시켰다. 그곳에서 다시 자연·문화 유산 지킴이 내셔널트러스트(National Trust) 운동이 분가하여 나갔다. 경실련이 하마터면 우리나라 환경운동의 선두 주자가 될 뻔하였다. 아니 이 땅에 경제정의 실천 운동과 나란히 환경정의 실천 운동을 경실련이 시작한 것은 틀림없는 사실이다.

나는 경실련 통일협회 이사장직을 역임한 다음에도 계속하여 우리민족서로돕기 운동본부 공동대표 활동을 했고, 내셔널트러스트 창립 공동대표와 경실련 공동대표직을 역임한 후 지금은 환경정의 이사장직을 맡고 있다. 경실련이 지난 20년간 걸어온 길을 되돌아볼 때, 참으로 우리나라 정치·경제·사회 각 부문 곳곳에 심혈을 쏟아 뿌린 씨앗에서 뿌리를 내린 민생경제 살리기 운동이 가히 선구자적이었으며 눈부셨음을 부인할 수 없다. 이처럼 경실련이 외형상 성장과 발전을 거듭하는 동안 우리나라의 현실은 빈부격차가 더 심해졌고 실직자가 더 늘었고, 더 불공평해졌고, 농업·농촌 사정이 더 피폐해졌으며, 남북 관계가 더 나빠졌다. 환경 생태계는 더욱 파괴되어 총체적으로 국가로서 공동체로서 지속 가능성에 의문이 들 만큼 붕괴 직전의 벼랑 끝에 몰리고 있음을 본다.

경실련을 비롯 양심적인 시민단체들이 시나브로 '보이지 않는 손'의 공작에 의해 숨통이 조이고 자금줄이 막히며 존립에 위협을 받고 있다. 피가 마르는 상태, 그대로다. 상근자 인원을 줄이고 월급을 최저수준으로 낮춰도 생존이 힘들다. 피 흘려 쟁취한 민주주의가 역주행하고, 남북 관계가 악화되고, 경제는 소수 대기업 부유층 중심으로 돌아가고, 환경 생태계는 신음한다.

시민운동의 영생이 우리 사회의 지속 가능성 늘려

이 암울하고 혹독한 '겨울 공화국' 같은 시점에서, 우리 경제사회 개량 운동의 대안은 무엇인가. 다시 시작하는 것뿐이다. 프로메테우스의 피땀 어린 노력을 다시 시작하는 것이다. 민주주의, 생명·환경주의, 여성·취약 계층 북돋우기, 남북 간의 화해와 협력을 통한 통일 기반 쌓기 등 지속 가능한 사회를 향하여 공동체 의식을 되살리며 상생의 이정표를 향해 뚜벅뚜벅 나아가는 것이다. 인간의 삶의 질을 높이고 국가와 사회의 지탱 가능성을 유지 발전시키는 대의를 실천함에 있어 서둘지 않고, 쉬지도 않고, 이념에 치우치지 않고, 상생의 길을 씩씩하게 걸어온 그냥 그대로 나아가는 것이다. 이것이 앞으로 경실련과 시민운동이 200년 이상 지속하는, 아니 영생하는 길이다.

| 경실련 2009년 11월호 |

방역은 강력하게, 보상은 파격적으로

— 2000년 구제역 사태의 추억

지난해(2010) 11월 28일 경북 안동에서 발생한 구제역이 한 달여 사이에 무려 6개 시·도, 39개 시·군으로 확산되어 건잡을 수 없이 번지고 있다. 이미 살처분하여 땅에 파묻은 소, 돼지만도 무려 70만 두에 육박한다. 뒤늦게 최후의 처방인 백신 접종을 시작했지만 이 추세대로라면 전남, 제주를 포함, 나머지 7개 시·도로까지 확산되지 않을까 우려된다. 얼마나 더 많은 우제류 가축(발굽이 두 쪽으로 갈라진 소, 돼지, 양, 사슴 등)을 땅속에 파묻어야 할지, 장차 지하수 오염과 환경 파괴, 전염병 발생 가능성은 없을지 걱정이 이만저만 아니다.

공식적으로 우리나라에서는 구제역이 2000년 3월 경기도 파주에서 최초로 발생하였다. 농림부는 파주의 한 농가에서 구제역 발생 사실을 확인하자 즉각 반경 500미터 이내의 축사와 가축, 건초 등 모든 전염 매개물을 소각 또는 살처분하였다. 다만 지역 공직자와 순경들만으로는 파주로 통하는 초소 24곳을 철통같이 봉쇄하기에는 역부족이고 인정에 약한 정서로 인해 확산을 막기는 거의 불가능하다고 판단한 필자는 꼭두새벽에 국방부 장관에게 통사정을 했다. 구제역의 전파 속도가 상상을 초월한다는 사실과 이태 전 대만 전역에 구제역이 창궐해 400만 두의 가축을 살처분해야 했던 피해 사례를 들어 군의 지원을 요청한 것이다. 마침내 새벽 4시경 군이 동원됐다.

역사에 길이 남을 명지시

그날 아침 필자의 보고를 받은 김대중 대통령은 방역 사상 역사적으로 길이 남을 명지시를 내렸다. "방역은 기존의 규정에 얽매이지 말고 상상할 수 없을 정도로 강력하게 하고, 피해 농가에 대한 보상은 농민들의 기대 이상으로 파격적으로 행하라. 그래야 민관이 자발적으로 협력할 것이 아니겠는가. 모든 부처는 합심하여 만전을 기하라." 대통령의 이와 같은 지시에 따라 군이 첫날부터 구제역 진압의 최선두에 나선 덕에 초동 진압이 가능하였다. 파주 이외의 충남·경기 5개 시군 구제역 발생 지역에서도 군은 초기 출입 통제와 소독 실시, 살처분 매몰 조치까지 솔선수범하였다. 6개 시군 구제역 발생 농가로부터 반경 10킬로미터 이내의 모든 우제류 가축에 대한 방역단의 초동 백신 조치도 가능하도록 뒷바라지해주었다.

당시 총선 운동의 일환으로 현장을 위문 방문한 여야 당 총수들을 되돌려보내고, 잠입 취재한 어느 언론사 기자의 옷과 신발을 모두 소각 조치한 에피소드도 있었다. 구제역이 발생한 농가는 물론, 영향권 내의 미감염 축산 농가들로서는 애꿎은 살처분이나 백신 접종 조치에 대하여 저항하는 것이 인지상정이다. 때로는 떼를 지어 단체로 항의하고 자해에 가까운 자포자기 행위를 보이기도 한다. 애지중지 기르던 생축을 순순히 파묻을 사람이 누가 있으며 그에 따른 경제 및 생활 문제는 어떻게 해결할지 막막하기 때문이다. 그러나 살처분 또는 백신 조치가 지체될수록 구제역은 확산된다. 그래서 처음부터 피해 보상을 기대 이상으로 해줘야 방역이 성공할 수 있다. 2000년 당시 관련 농가에 대해 규정에도 없는 시가 보상, 백신 접종에 따른 손실 보상, 사료 대금 배상, 부채 감면, 자녀 학자금과 생활비 보조, 추후 가축 입식 자금 지원 등 파격적인 조치가 따랐다. 그로 인해 여섯 번째로 구제역이 발생한 경기 용인에서 전염이 멈췄고 살처분 가축은 모두 합쳐 2200마리에 그쳤다. 당시 필자를 포함한 농림부 공직자들은 사무실에서 새우잠을 자며 동해안의 산불 진압과 서해안의 구제역 현장을 쫓아다녔다.

그 결과 국제수역사무국(OIE)으로부터 세계에서 구제역 퇴치를 가장 성공적으로 진압한 모델 국가로 인정받아 구제역 청정 국가 지위를 조기에 회복할 수 있었다. 결과적으로 훨씬 적은 비용으로 가장 빠른 기간에 국내 초유의 구제역을 진압할 수 있었던 것이다.

작금 그 끝이 보이지 않고 번져만 가는 구제역과 군 및 정부의 대응 경과를 지켜보면서 연전에 가신 김대중 대통령의 현명하고 과감한 지시가 새삼 그립게 떠오른다. "방역은 제2의 국방이다"라고.

| 전남일보 2011년 1월 5일 |

김대중 대통령의 농업·농촌·농민 사랑

⋮

지금은 은퇴해 경기도 고양에 계신 우리나라 민주주의와 농권(農權) 운동의 대부인 프랑스 오를레앙 출신 레나드 뒤퐁(한국명 두봉, 가톨릭 전 안동교구장) 주교님이 어느 잡지 기자와의 인터뷰에서 김대중 전 대통령의 치적에 대해 다음과 같이 술회하였다. "이 나라에 민주주의와 평화를 정착시킨 이유 하나만으로도 100년 후까지 그 이름이 교과서에 실려 길이 빛날 것이다."

세월이 흐를수록 두봉 주교님의 예언과 같은 평가는 우리들 앞에 꿈같이 아스라이 맴돈다. 두봉 주교의 짧은 회상이 역주행만 거듭하는 민주주의, 인권과 민생의 파탄, 일촉즉발의 남북 관계, 극심한 경제·사회의 양극화, 간지럽고 허망한 정치적 구호와 말장난들, 무참히 파헤쳐지는 조국의 산하와 겹쳐지면서 새삼 김대중 시대를 떠올리는 노스탤지어에 빠져들게 한다.

필자는 1994년 아태평화재단 창립 때부터 김대중 대통령을 가까이서 지켜볼 수 있었다. 대체로 김대중 대통령의 업적을 말하라면 6.25에 버금가는 IMF 환란을 극복한 것과 남북한 간 최초의 정상회담으로 남북 화해의 물꼬를 튼 것을 꼽는다. 물론 이는 대단한 업적이다. 하지만 태산처럼 큰 치적에 가려 우리 사회의 소외·취약 계층인 농어민·노동자·서민과 중소기업에 대한 그분의 정성 어린 배려가 잘 알려지지 않아 못내 아쉽고 안타깝다. 또한 인권, 교권, 노동자의 권리를 바로 세운 그분의 업적도, 4대 보험 확립, 민주주의와 시장경제의 공생, 생산적 복지 정책의 성과도 제대로 알려지지 않았다. 뿐만 아니라 우리 사회에 민주주의와 자유정신이 확고히 뿌리내리면 창조적인 문화·예술 활동이 활발해질 것이라고 확신해 포괄적 예술 지원 정책을 편 것이 오늘날 세계 무대를 주름잡는 한류 문화의 발전으로 승화한 배경이 되었다는 인식 또한 소홀하다.

새삼 김대중 시대를 떠올리면

아주 작은 것에서 큰 길을 찾고 아주 큰 것에서 작은 것을 놓치지 않는 김 대통령의 세심하고 통 큰 국정 운영 철학은 국민의 정부 첫 국무회의(1998. 3. 5.)에서부터 확인할 수 있었다.

"앞으로 대통령인 나를 각하라고 호칭하지 말아달라. 그냥 대통령님이라고 불러달라"는 것이 대통령의 모두(冒頭) 발언이었다. 그로 인해 광복 후 40년간 국민 위에 군림해오던 공포와 아부의 대명사 '각하'라는 호칭이 이 땅에서 사라지게 되었다. 지금도 대통령은 '대통령님'으로 불리고 있는데, 다시 경화되는 느낌을 지울 수 없다. 대통령도 '미스터 프레지던트'라고 불리는 한 사람에 불과하다는 김대중 대통령의 평민의식이 아직 우리 사회와 관가에 살아 있는지 적이 의문이다.

그리고 이어진 국무회의에서 김대중 대통령은 국무위원들에게 당면한 국가적 소임이 IMF 국가 부도 위기의 극복과 실업 문제 해결, 그리고 물가 안정이라고 분명히 밝혔다. 이 같은 국정 철학에 부응하여 소비자생활협동조합법의 제정과 지원을 통한 친환경 농수산식품의 직거래 활성화가 시작되었고, 전국의 숲 가꾸기 사업을 통한 노숙자 재취업 등 1석 2조의 창조적 실업 해결책이 마련되었다. 1998년 생협 활동의 합법화와 활성화 결과, 지난해(2010) 9월 한 포기당 1만 5000원까지 치솟은 농협 하나로마트 등의 배추 파동 사태에 즈음하여서도 '한살림' 등 생협 매장에서는 포기당 1500원대를 유지하게 만들었다. 그리고 바야흐로 골프장 건설 등 난개발로 좀먹어가는 우리나라 산림 현장에서 그나마 선진국형 숲으로 전환하는 계기가 된 숲 가꾸기 사업은, 역설적으로 현 정부의 녹색성장 정책에 절대적으로 기여하는 기반을 만들었다.

대통령으로부터 격려성 꾸중을 가장 많이 받은 장관

그때나 지금이나 마찬가지이지만, 농촌·농업·농민 문제는 도시 소비자 문제 또는 국민경제로 크게 파급되지 않는 한 세간의 주목을 받지 못한다. 만약 IMF 때나 2008년 세계 금융위기 때 우리 국민의 주식인 쌀 생산마저 자급하지 못했다면 인도네시아나 아이티에서와 같은 식량 소동과 사회 혼란이 일어나지 않았으리란 법이 없다. 그러나 IMF 환란 당시 도시 기업들과 은행들의 줄도산에 이은 대량 실업 사태에 가려, 수많은 낙농·축산·채소 생산 농가와 쌀 농민들이 겪었던 비참한 피해 상황은 세간의 주목을 거의 받지 못했다. 그런데도 국민의 정부 상반기(1998~2000) 중 국무회의 자리에서나 전화로 대통령으로부터 격려성 꾸중을 가장 많이 받은 사람이 아마도 농림부 장관으로 일했던 필자가 아니었나 생각된다.

"농림부 장관, 젖소 송아지 값이 두당 5만 원대로 폭락하여 농민들이 오늘 새벽 국회의사당 앞에 50마리를 내다버렸다는데, 알고 있소?"

"예, 그제 새벽엔 과천 농림부 앞에도 젖소 송아지가 50마리 버려졌습니다. 그리고 오늘 시세는 마리당 3만 원으로 더 떨어졌습니다."

"그러면, 수매를 하든지 뭔가 대책이 있어야 하지 않소?"

"네, 그러나 IMF 긴축 예산으로 정부로서는 지금 자금 여력이 전혀 없습니다."

"축산발전기금이 있지 않소?"

"그것도 지난 정권으로부터 빈 깡통으로 넘겨받았습니다. 다만 편법이지만 연리 18퍼센트의 농협 빚을 내서라도 수매, 해결하는 방법은 있습니다만……."

"그렇게 하시오!"

또 한 번은 이런 일도 있었다.

대통령께서 "농림부 장관, 지금 경상도 진주 지방의 어느 마을에선 영농 자금에 대한 연대보증제 때문에 온 마을 주민들이 연쇄 도산하여 줄탈농 사태가 일어나고 있다는데 대책이 무엇이오?" 하고 물었다. 나는 "네, 진주뿐만 아니라 상주, 정읍, 나주 등 전국의 농촌에서 비슷한 줄도산 사태가 일어나기 직전입니다. 즉시 관계 장관 회의를 요청하여 대책을 내놓겠습니다"라고 답변하였다. 사실인즉, 그에 앞서 두 차례나 관계 장관 회의를 열었으나 농민들의 어깨보증제도를 국가신용보증제도로 전환하기 위한 특별예산 배정을 요구한 농림부 안이 부결된 것이다. 다만, 대통령도 농림부 장관도 짐짓 모른 체하고 언급하지 않았을 뿐이다. 국무회의가 끝나자마자 청와대 복도에서 관계 장관들이 두 사안 모두 농림부 안대로 합의 · 결정하였음은 물론이다.

꾸중에도 나름대로 고마운 꾸중이 있다는 사실을 나에게 일깨워준 사례는 계속 이어진다. 청와대에 농 · 축 · 인삼 협동조합 중앙회 통폐합과 농지개량조합(농조) 개혁에 의한 농업용수 이용료(수세) 폐지 안건 등을 독대로 보고하는 자리였다. 보고가 끝날 무렵 대통령이 묻는다.

"그런데 어제 관계 장관들이 나를 찾아와 김포 매립지를 상공업위락 용지로 용도 변경해주어 동아건설이 IMF 환란 극복에 일조케 해야 한다고 건의하고 갔는데, 주무 부서인 농림부의 입장은 무엇이오?"

나는 깊이 숨을 쉰 다음 말했다.

"아시다시피 김포 매립지는 서산 지구의 현대 매립지와 함께 박정희 정권 때 특혜를 받아 간척한 절대 농지입니다. 일조유사시 식량안보 기지로서의 중요성을 떠나서, 용도 변경을 해줄 경우 근 100조 원에 달하는 천문학적인 이권을 특정 기업에 몰아준다는 비난에 직면할 것이며 경제정의에도 어긋납니다. 국가적 목적에 따라 용도 변경을 하더라도 그 이익 또는 손실은 국가에 귀속돼야 한다고 생각합니다."

당시 여야 정치권은 물론이고 대부분의 신문과 방송들이 김포 매립지가 농업용으로는 부적합하니 용도를 변경해주어야 한다고 로비가 극심했다. 농림부에 대한 유혹성 로비도 절정에 달했을 때였다. 그러자 다 알고 있었는지 김대중 대통령은 정색을 하고 배석한 경제수석과 농림부 장관에게 확실히 쐐기를 박아주셨다. "아무리 나라 경제가 어렵다고 해도 특정 기업에 특혜를 몰아주는 정책은 두고두고 후유증을 남길 것이고, 당장 서산 간척지와 전국의 크고 작은 매립지들이 너도나도 용도 변경을 해달라고 할 것이 아닌가. 그러면 국기가 문란해져요. 누가 뭐라 하든 농림부 소신대로 하시오!" 만일 그렇게 하지 않았더라면 아마도 수서 비리사건 때보다 더 파괴력이 큰 국회 청문회 감이 되지 않았을까 생각된다.

국민의 정부 초기 농림부는 박정희 정권 때 확정돼 1999년 착수하기로 한 영산강 4단계 간척 계획을 백지화할 것을 청와대에 건의하였다. 갯벌의 환경가치와 국민 여가 활용 및 어민 소득 효과가 수전화(水田化)한 쌀농사 효과보다 훨신 더 크다는 근거에서였다. 갑자기 경제수석으로부터 농림부 장관이 대통령을 독대, 직접 건의하라는 연락이 왔다. 새만금 크기의 영산강 4단계 간척 계획 지역은 당시 우리나라에 남아 있는 가장 큰 갯벌로서, 대통령의 고향 목포시와 신안, 무안, 함평, 영광 등 1개 시, 5개 군을 망라하고 있었다. 비장한 각오로 사표를 써 안주머니에 넣고 대통령과 독대를 하였다.

대통령은 지그시 눈을 감고 보고를 듣더니, 주민들의 동의는 받았는지와 시군 의회와 시장, 군수, 도지사의 의견은 무엇인가를 물었다. 장관이 현장에서 직접 공청회까지 주재했고 시군 지도자와 도의회, 도지사의 동의를 받았노라고 답변했다. 대통령은 정색을 하고 다시 묻는다. "이 지역은 정치인인 나로 인해 개발이 억제, 지연되고 각종 불이익을 받아온 지역인데 대안은 무엇이오?"

나는 당시 약 4조 원의 비용이 예상되는 이 사업을 백지화할 경우 그중 8000억 원으로 이들 낙후 지역에 꼭 필요한 농업 용수를 영산강과 주변 호수들에서 끌어들이고 필요한 관정을 개발할 수 있다고 답변했다. 그러자 대통령은 본심을 드러내셨다.

"우리나라는 세계 4위의 갯벌 자원 보유국인데 말이여, 최근 이상기후로 부쩍 그 중요성이 증대하는 환경 · 생태 가치로 볼 때 농림부안은 아주 시의적절하고 타당하다고 생각해요. 농림부가 관계 시장, 군수 입회하에 공식적으로 백지화 계획을 발표하세요."

독대를 마치고 문 밖에 나선 나는 복도에서 혼자 만세 삼창을 크게 외쳤다. 그것도 양팔을 높이 쳐들고. 그리고 며칠 후 1998년 7월

16일 관련 시장, 군수 입회하에 농림부는 영산강 4단계 간척 사업은 물론 앞으로 순천만 등 5단계 영산강 개발 계획 등 대형 간척 사업을 착공하지 않겠다는 방침을 만천하에 공표하였다. 진행 중인 새만금 개발 사업도 일단 중단하고 환경·경제 타당성 조사 분석을 다시 할 것임도 밝혔다. 영산강 4단계 간척 사업 백지화 결단으로 환경운동연합은 현직 장관에게 '올해의 환경인' 특별상을 수여하였다. 지금 신안, 무안, 함평 등은 갯벌 체험 관광으로 여름철에 북적대고 경제 붐을 이루고 있다.

청와대 복도에서 혼자 외친 만세 삼창

어느 날은 이런 일이 있었다. 김대중 대통령 회의 중에 뜬금없이 물었다. "어제 가락동 도매시장에서 깻잎과 채소류에 맹독성 농약이 검출됐다는데, 농림부 장관, 이제 우리 소비자 국민들은 무슨 농산물을 안심하고 먹을 수 있소?" 그 사건을 계기로 1998년 11월 11일 대한민국 최초로 국무총리 주재로 '친환경 유기농 원년'을 선포하고 정부가 직접 친환경 농업 직불제와 유기농 육성 시책을 펼 수 있게 되었다. 12년이 지난 현재 전국에서 생산된 농산물의 12퍼센트가 친환경 인증을 받았고 전라남도의 경우 52퍼센트가 친환경 인증 생산물이다.

민망했던 기억도 있다. 1999년 추석 무렵, 아주 사나운 태풍이 경상도 남해·하동 지방으로 상륙하고 있을 때였다. 나를 비롯한 농림부 관료들은 추석 명절인데도 미리 현장에 가서 대비하고 있었는데, 이를 알지 못한 대통령께서 다급한 전화를 걸어 대뜸 "농림부 장관, 지금 어디서 무얼하고 있는 것이오?"라고 꾸짖지 않는가. "왜요?"라고 되묻자, "지금 큰 태풍이 예고돼 있는데 대비해야 할 것이 아니오?"라고 질책하셨다. 심술이 나서 어마지두에 "예, 지금 남해 섬에 와서 태풍을 마중하고 있는 중입니다"라고 버럭 소리를 높여 대꾸를 하였다. 이는 아랫사람으로서 예의를 갖춘 태도가 분명 아니었다. 대통령은 민망하셨는지 "그런데 말이여, 앞으로는 수해 등 어떤 자연재해건 복구를 지원할 때는 원상복구에 그치지 말고, 다시 피해가 발생하지 않도록 아예 항구적인 복구 원칙을 세우도록 하시오"라고 말꼬리를 돌리셨다. 덕분에, 이듬해 강원도 고성, 동해, 삼척, 울진에 큰 산불이 났을 때와 구제역 파동 때 영구복구 개념이 도입되어 평상시의 두 배가 넘는 예산 지원이 해당 지역에 행해졌다.

구제역은 공식적으로는 2000년 3월 경기도 파주에서 발생한 것이 대한민국 최초의 기록이다. 나는 새벽 2시경 국방부 장관에게 전화하여 군 장병과 장비 지원을 요청했고, 새벽 4시부터 군 장병들이 앞장서 소각, 살처분 매몰, 출입 교통 통제 조치를 취했다. 타 시군에서도 마찬가지였다. 그리하여 구제역 방역 조치를 초동에 효과적으로 시행하여 3개 도, 6개 시군에서 2216두의 살처분 매몰에 그쳤다. 백신 조치도 군의 도움으로 조기에 실시했다. 그 결과 국제수역사무국으로부터 가장 성공적인 초동 작전이었다고 우리 정부가 크게 칭찬을 받고 조기에 청정국가 지위를 회복할 수 있었다.

357여 만 두의 살처분을 초래한 이 정권의 초동 작전 실패와는 너무나 큰 대조를 보여주는 사례다. 당시 첫날 보고를 받은 김대중 대통령이 나를 비롯해 관련 각료들에게 단호하게 지시하셨다. "방역은 국민의 재산과 생명을 지키는 제2의 국방이다. 방역은 규정에 얽매이지 말고 상상할 수 없을 만큼 강력하고 신속히 하고, 피해 농민에 대한 보상은 기대하는 수준 이상으로 파격적으로 행하라. 그래야 관련 부처와 민관이 적극 협력할 것이 아닌가."

농촌과 농민의 가치를 이해하는 마지막 대통령

이와 같이 대통령이 직간접으로 챙겼음에도 IMF 사태 이후 농촌·농민의 살림살이는 보편적인 농업의 자연적, 기술적, 경제적 제약성 때문에 2년이 지나서야 겨우 살아나기 시작했다. 아주 더디고 열악한 정부 재정 지원도 그 원인의 하나였다.

재임 1년 반쯤 지나 신병을 핑계로 첫 번째 사임 의사를 품신했을 때, 김대중 대통령은 노기 띤 언성으로 크게 나를 나무랐다. "내가 생각하여 쉴 때가 되었다 싶으면 쉬게 해줄 테니 추진하던 개혁사업들을 마무리하는 데 정진하라." 그러면서 1년을 더 장관직에 머물게 하였다. 그때 대통령께서 불쑥 던진 말씀이 지금도 가슴속에 절절이 남아 있다.

"김 장관, 나는 어렸을 때부터 농어촌에 살아 누구보다도 농어민의 고통과 서러움을 뼛속 깊이 느끼고 있소. 아마도 내가 농촌·농업·농민의 가치를 이해하는 마지막 세대의 사람일지 모르오. 앞으로 정부는 도시 출신의 젊은 사람들이 이끌어나갈지 모르오. 지금 내가 대통령일 때 우리나라 농업·농민을 살릴 수 있는 정책일랑은 적극 추진하시오. 그것이 이 정부의 보람이 아니겠소."

대저 농업이란 경제 이론만으로 풀 수 없는 경제 이상의 고려 대상이다. 하늘과 사람과 땅이 화목하여 생명과 환경·생태와 문화적 가치를 창조하는 생명산업이다. 그래서 선진국일수록 농업은 국가와 민족 형성의 최소 필수요인이라고 정부와 국민들이 확고히 믿고 지원한다. 평소 '선진국이란 국민들이 도시나 농촌 어디에서 살든 경제, 사회, 교육, 문화, 복지 면에서 차이가 없고 차별을 받지 않는 나라'라는 신념을 피력해오시던 김대중 전 대통령이 살아계셔 최근 날로 쇠퇴해가는 오늘의 농촌·농업·농민의 비참한 몰골을 본다면 무어라 말씀하실까 송구할 뿐이다.

| 프레시안 2011년 4월 4일 |

앵무새 강단 경제학자들

⋮

나는 1965년부터 대학 강단에서 경제학 강의를 해왔고 이제 45년이 됐다. 고백하건대, 처음 25년은 잘못 가르쳤다는 생각이 든다. 피(血)가 있고 살(肉)도 있고 혼(靈魂)을 가진 사람(homo sapiens)을 놓치고, 피도 눈물도 감정도 없는 합리적인 경제인(homo economicus)을 상정하여 그 행위만을 분석의 대상으로 삼아 연구하고 가르쳤다. 현실 경제 현상과는 동떨어진 이른바 신고전학파 경제 이론을 곧이곧대로 앵무새처럼 되풀이했다.

대학 강단에서만 유효한 경제학

지금 우리 사회는 정치가 경제를 주도하고 경제의 대부분은 독과점 재벌기업의 영향 아래 있으며 지하경제가 판을 치고 있다. 시장경제란 말뿐이고 실제로는 독과점에 의해 경직화되어 있다. 경제 정책이 왜곡되고 경직된 경제 구조를 합리화하기는커녕 시장경제 만능주의가 기승을 부리고 있다. 농촌경제학, 노동경제학, 복지경제학, 환경경제학 등 비주류 경제학도들은 현상유지에 급급할 뿐 생명력 있는 대안을 제시하지 못하고 있다. 이것이 더욱 경제적 약자와 취약 계층의 멍에가 되고 있다.

1998년과 2008년 불어닥친 세계적 경제위기의 원인에 대해 주류 경제학은 해답을 제시하지 못했다. 그리고 이들 경제공학(economic technologist) 차원의 예측들이 빗나가기 일쑤이다 보니 이젠 아무도 믿지 않는다. 예측의 토대가 되는 부분적 계량 분석 결과에 불과한 연구 논문들을 누가 발주하고 인용하고 있는가. 과연 용역업자와 교수·학자 간의 차이는 무엇인지, 그 구분마저 모호해졌다.

지금 대한민국의 국무총리는 한때 우리나라 경제학계에서 촉망받았던 사람이다. 그의 이론과 원칙은 강단에 서 있을 때만 유효했다. 어느 경제학자도 IMF 외환위기나 금융 파생상품에 의한 위기를 예측하지 못했다. 식량 및 식품 안전성 위기, 환경 생태계 위기, 기후변화 위기도 마이동풍식이었다.

그동안 경제학자들이 가정투성이의 계량경제학 모델이나 돌려서 자가도취한 사이에 경제 이론이 경제 현실과 동떨어져 따로 노는 현상이 벌어진 것이다. 미국 유학파 중심의 경제학 교수들은 다투어 정부 당국과 대기업, 재벌 언론의 비위에 맞추어 시장경제와 신자유주의 정책이 인류를 빈곤으로부터 구제할 것이라고 찬양해왔다. 경쟁력 없는 기업과 산업은 죽어 마땅하단다. 그리하여 우리나라 농업·농촌·농민 문제는 구제할 수 없는 퇴출 대상이 되고 말았다. 노동자, 중소 상공인의 설 자리도 점차 좁아졌다.

그러나 제2차 세계 금융위기가 휩쓸면서부터 미국, 유럽 등 선진국에서 "신자유주의는 죽었다. 인간적·사회적 경제학이 살아나야 한다. 정부가 적극 규제 활동에 나서야 한다"는 주장이 고개를 들고 있다. 양식이 있는 일부 구미 경제학자들이 그런 주장을 용기 있게 쏟아내고 있다. 대한민국에서는 아직도 그런 주장, 그런 사람을 '좌파'라고 부르기 때문인지 대부분의 경제학자들이 다투어 몸을 사리고 있다. 그러니 우리나라에서는 신자유주의가 절대 죽지 않는다. 오히려 더 기세를 부리면 부렸지 죽을 리 없다. 부정·불법 행위로 실형을 언도받은 재벌 총수들이 다시 활보하고 있지 않은가.

'좌파 딱지'에 앞다퉈 몸 사리기

나는 이제 경제학이 새로운 대안을 내놓아야 한다고 본다. 우리의 실정에서 북유럽의 모델인 휴머니즘에 입각한 사회적 시장경제가 우선 대안으로 떠오른다. 전체 시장경제도 살리고 신자유주의를 극복할 수 있는 대안이라고 생각한다. 시장경제의 장점을 살리되 모든 사람의 행복을 중시하고 약자에 대한 배려도 유념하는 깨끗한 정부와 사람 중심의 경제학 이론, 즉 사회적 시장경제의 새 패러다임을 찾아내야 할 때다.

특히 지금 지구촌과 우리 삶 속에는 일찍이 겪지 못한 난제들이 새롭게 부상하고 있다. 기후변화, 에너지·식량 위기, 그리고 생태계 위기는 그중에서도 시급히 해결해야 할 문제다. 단언컨대 신자유주의로는 이 같은 글로벌한 경제, 기후·환경 문제를 해결할 수가 없다. 이제 사회적 시장경제와 복지, 환경의 관점에서 대안을 모색해야 할 때다. 사람을 살리기 위해서는 우리의 오늘을 지탱해온 자연과 환경 생태계와 뭇 생명체를 보듬어 안고 함께 공존공영하는 방법을 찾는 생명의 철학이 필요하다. 대운하보다는 환경 생태계가, 토건업자보다는 팔당 유기농민이 더 값지고 중요하다는 인식의 전환이 절실히 필요하다.

보수 언론들은 이 같은 사상의 흐름에 여전히 좌파라는 낙인을 찍을 것이다. 그렇다면, 기존의 둑을 허물고 하천의 생태계를 살리며 사람들을 행복하게 하는 북유럽과 캐나다 등의 사람 중심, 환경·생태 제일주의도 좌파란 말인가? 그런 입장과 그런 언론은 세종시 원안 수정을 반대하고 4대강 대운하 사업을 반대해도 좌파라 한다. 대한민국의 천주교, 불교, 원불교, 기독교계가 온통 좌파투성이라는 말이 된다. 이 같은 메카시즘적 정치·사회 풍토하에서 살아 숨 쉬는 뭇 인간과 생명체를 살리자는 생태경제학을 공부한다는 것이 얼마나 고통스러운 일인지 모른다.

사회적 시장경제 패러다임 찾아야

이 시대에 '참경제학'을 공부하려는 자라면 부익부 빈익빈을 어떻게 풀 것인지, 사회적 소외 계층의 의료, 복지, 교육, 문화적 낙오 문제를 어떻게 대처할 것인지, 그리고 전 지구적 종말을 재촉하는 기후변화 위기를 어떻게 극복할 것인지 답을 할 수 있어야 한다고 확신한다. 아쉽게도 지금 우리나라 경제학자들은 용역 사업하기에 너무 바쁘다. 학자라는 사람들이 밥벌이 교수직에 안주하여, 돈을 받지 않으면 연구하지 않는 시대가 됐다. 자기기만이고 자기모순이다. 사회적 경쟁에서 낙오하고 있는 약자들을 위해 고민하고 연구하는 학자들이 기피당하고 있다. 직업인으로서의 교수, 보직자로서의 교수만 존재하고 진정한 선비 학자가 줄어들고 있다. 참다운 애정으로 제자를 키우고 생명 사상과 보편적 복지 이론을 물려줄 수 있는 스승이 사라지고 있다. 공부하려는 학생도 출세를 위한 수단으로서 대학을 다닐 뿐이다.

현재와 앞으로의 경제학은 환경생태학, 사회경제학, 문화경제학, 보편적 복지학 등을 포괄할 수 있어야 한다. 시장경제의 가장 큰 적은 지금 이 순간도 시장경제만이 인류를 살릴 수 있다고 말하는 독과점 대기업과 극보수 상업적 언론, 개발주의에 눈이 먼 권력과 앵무새 강단 경제학자들이다.

| 한국농어민신문 2010년 6월 28일 |

내가 가장 후회하는 일

흔히 사람을 정치적 동물이라고 한다. 완력의 세기에 따라 우두머리가 결정되는 동물의 세계와는 달리 권모와 술수, 재능과 경륜, 재력에 의해 대표가 뽑히는 민주사회일수록 장삼이사(張三李四) 같은 범부들도 기회만 있으면 우두머리 자리를 탐낸다. 그래서 어느 사회를 막론하고 민주주의가 두루 환영받는지 모르겠다.

나 역시 그 범부 중의 한 사람이었다. 아니 지금도 불현듯 젊은 시절의 순간적인 야망을 연민과 회한의 정으로 뒤돌아볼 때가 있다. '착한 원순 씨'가 서울특별시 시장으로 극적으로 뽑히던 날, 나의 성공인 양 마냥 기뻐하다가 문득 지난날의 어리석었던 행동을 후회하는 상념에 빠졌다. 지방자치제도가 부활하던 1995년, 뿌리칠 수 없는 유혹의 손길이 내밀어졌다. 정치와는 무관한, 평범한 교수였던 내가 고향 땅의 도지사로 출마하라는 권유를 받은 것이다. 그것도 민주화 투쟁의 화신인 큰 어른으로부터 내려온 권유였다. 지금의 공천이나 다름없는 제안이었다. 불감청(不敢請)이나 고소원(固所願)이라고, 덥석 물어 안을 만큼 달콤한 유혹이었다.

받아들이기도 뿌리치기도 어려운 유혹

그러나 학문 활동과 시민운동, 농민운동만 해오던 나에게 그 제안은 받아들이기도 뿌리치기도 곤혹스러운 난제였다. 나 자신을 돌아볼 때 돈도, 경험도, 조직도, 준비도 안 된 주제였기 때문이다. 그런데도 시민운동 동료들은 지방자치는 정치가 아니라 시민의 권리요 의무라며 내 등을 다독거렸다. 망설임 끝에 직접 큰 어른을 뵈었다. 위 네 가지 말고 정치할 마음도 없노라며 사양을 했다. 그랬더니 한참 경청하던 그분께서 책상 서랍을 열어 논문 한 편을 꺼내셨다. 그리고 "이거 김 교수의 글이 맞소?" 하고 물으셨다. 자세히 보니 두어 달 전에 '광주·전남 경제 이렇게 살리자!'라는 세미나에서 발표한 나의 논문이었다. 빨간색 푸른색 밑줄이 좍좍 그어져 있었다. 그렇다는 나의 대답에 그분께서, 그러니까 이 논문에서 주장한 대로 한 번 실천해보라며 힘주어 권하셨다.

그렇게 해서 야당 후보 등록 마지막 날 어마지두에 도지사 후보 경선에 뛰어들었다. 꼭 열흘간 19개 시·군을 미처 다 돌지도 못한 채 투표일을 맞았다. 자초지종을 생략하고, 단 두 명이 후보로 나선 경선에서 30표차로 낙선하였다. 문자 그대로 선거(정치)가 무엇인지조차 모르는 채 준비를 갖추지 않고 나선 것이라 예정된 실패였다. 지역 도민들의 여론이나 참여가 아예 배제되기는 했지만 당시로는 매우 참신한 방식인 대의원들만의 민주적 경선에서 탈락한 것이었다.

혈혈단신 몸뚱어리만 갖고 선거판에 뛰어들다니 어리석기 그지없는 정치놀음이었다. 정치판에 들어가보지 않아서 그 세계가 어떤 세상인지 가늠조차 못했던 나는 단 열흘간의 경선 기간 중 갖가지 흑색선전과 모략에 만신창이가 되었다. 투표 직전의 마지막 경선 연설에서까지 된통 얻어터진 것이 하도 억울해서, 나는 단상에 나란히 앉은 상대 후보에게 낮은 소리로 왜 정견은 발표하지 않고 사실도 아닌 거짓말로 공격만 하시느냐고 물었던 것 같다. 그는 나를 한참 쏘아보더니 답했다. "여보 김 교수, 축구 시합에서 볼(공)만 차는 줄 아십니까. 심판이 안 볼 때 적당히 까고 치기도 하지 않소?" 만고에 불변할 우문에 현답이었다. 볼도 제대로 차지도 못하는 주제에, 하물며 까고 치기를 잘해야 하는 선거판에 실탄도, 얻어터질 준비도 제대로 하지 않고 끼어들다니.

물론 아날로그 시대의 정치와 지금의 사이버 시대 정치는 다를 것이다. 그렇다고 입지(立志)도 제대로 세우지 않고 준비도 제대로 갖추지 않은 주제에 무엇에 뽑혀서 무엇을 이루고자 한다는 것은 그야말로 무모한 허욕이다. 그래서 그 후 두세 차례 정치판에서 삼고초려가 있었음에도 그때마다 나는 단호히 물리쳤다. 인생에서 똑같은 후회는 한 번이면 족하다고 생각했기 때문이다.

나에게 정치, 선거, 투표란 이제까지의 내 모든 삶과 행동방식을 통속적으로 온통 바꾸어 정치화해야 성공할까 말까라고 깨닫게 되었다. 이제까지 생각하고 말하고 행동해온 인생을 모조리 정치화 해야 한다는 것이 나에겐 너무나 힘든 변신이기도 하다.

| 경향신문 2011년 12월 23일 |

무참히 짓밟힌 나그네의 '순정'

⋮

나는 지난(2010) 3월 29일부터 4월 18일까지 미국 샌디에이고 캘리포니아 대학교(UCSD) 국제관계 대학의 태평양 지도자 특임연구원으로 초청되어 '한·미 FTA의 문제점과 전망'에 대한 공개강연회를 가졌다. '한국의 저탄소 녹색성장 정책'에 대한 강의도 했다. 긴장을 많이 한 만큼 반응도 아주 좋았고, 한국의 실정과 입장을 나름대로 잘 전달했다 싶었다. 그 후 열흘 남짓 미국 중서부 지역을 여행하고 4월 28일부터 캐나다 밴쿠버 브리티시컬럼비아 대학교(UBC)의 초빙교수로 와 있다. 이번이 세 번째 UBC 방문교수 생활을 하는 셈이다.

그러던 차 지난 5월 3일 나와 이름도 비슷한 C일보의 K기자로부터 전화가 왔다. 한국말에 굶어 있던 터이라 우선 반가웠다. C일보에 대해 전혀 경계하지 않았던 것이 잘못 끼운 첫 단추였다.

먼저 근황을 묻기에 UCSD에서의 강연 성과를 이야기해주었다. 공개 토론 과정에서 한·미 FTA와 관련해 미국 측 발표자가 장차 정식으로 재협상이나 추가협상을 하지 않고, 자동차, 쇠고기 등 민감한 사항에 미국의 이익을 반영해 별도 서신 형식으로 처리할 계획이라고 발언했다는 중요한 정보도 알려주었다. 그러나 K기자는 그 이야기엔 별로 관심이 없어 보였다. 나중에 기사를 읽어보니 2년 전 촛불시위 주역들을 차례로 혼내주는 기획시리즈로 나에게 전화를 했던 모양이다. 그런 줄도 모르고 나는 강연 이야기를 늘어놓았다.

속내 감춘 줄 모르고 사심 없이 대했건만

강연 중에 나는 구체적인 국별 비교·분석 자료를 통하여 설명을 했다. "한국이 다른 나라에 비해 FTA 협상을 아주 비대칭적으로 불리하게 했다. 특히 불리한 미국산 쇠고기 수입 협상이 국민 소비자들을 자극해 두 달간 촛불시위가 일어났다. 그러나 우리나라 소비자, 아기 엄마, 소년소녀들이 반대한 것은 미국인이 주로 먹고 있는 20개월령 안팎의 쇠고기가 아니라, 광우병의 98퍼센트가 발생한 30개월령 이상의 쇠고기와 내장·척수 등 광우병 위험물질을 수입하도록 개방한 편파적인 협상조건이다. 더군다나 캠프 데이비드 한미 정상회담을 하루 앞두고 우리 정부가 갑자기 180도로 입장을 바꾼 것에 항의한 것이다."

"그 결과 대통령이 두 번씩이나 공개 사과를 했고 재협상을 통하여 30개월령 이하의 쇠고기와 부산물이 수입되고 있다." 특히 "세계 유수 국가 중 어느 나라도 30개월령 이상의 쇠고기와 특수 부위는 수출도 수입도 하지 않지 않느냐. 당신네들도 알고는 사 먹지 않지 않느냐. 우리나라 소비자들은 미국민이 먹고 있는 것을 수입하지 말자고 주장한 것이 아니었다. 미국식 민주주의를 배운 어린 학생들까지 근 두 달간 촛불시위를 한 요인은 바로 30개월령 이상 광우병 위험물질의 수입개방 때문"이라고 말하자 일부 청중들은 박수하고 공감하더라는 말도 했다. 그 예로써 내가 직접 확인한 샌디에이고의 '대안 햄버거집' 이야기도 했다.

"미국에 도착한 사흘 후 미국인 교수의 소개로 샌디에이고 부유층이 많이 살고 있는 라호야(La Jolla) 시내에서 순전히 풀을 먹고 자란 버팔로(들소) 전문 '버거 라운지'를 찾아갔다. 발디딜 틈도 없이 붐비는 백인들 틈에 끼어 햄버거를 시식해보았다고 말했더니 청중들이 박장대소하더라"는 말도 기자에게 했다. 미국 사람들도 쇠고기와 관련한 각종 질병에는 아주 민감해한다는 사례로 햄버거 시식 건을 소개한 것이다. 내친 김에 미국 서부 지역 여행 중에 본 풍경도 소개했다. 맥도날드 햄버거집은 한산한데 비해, '인앤아웃(In N Out)'이라는 햄버거집은 문전성시를 이루고 있어 이유를 알아보았다. 그곳의 햄버거는 직영 및 협력농장에서 직접 기른 18~24개월 안팎의 최고급 신선 쇠고기를 프리미엄을 주고 확보하고, 특히 신선도 유지를 위해 하루 배달거리에 위치한 캘리포니아와 애리조나, 네바다에서만 체인 점포를 운영하며, 냉장·온장 시설 없이 당일 소비를 원칙으로 할 만큼 철저히 신선도와 위생 중심의 경영 전략을 취하고 있어 시식해보았다는 이야기였다.

이렇게 현지의 친환경 대안 햄버거 집을 찾아가 직접 실태를 파악하고 시식한 사실을 C일보는 마치 내가 햄버거 병이 든 어린애인 양, 또 이중인격자인 양 제목과 내용을 기가 막히게 짜깁기해 대서특필했다. 소문대로 C일보의 작문 실력은 소설가를 뺨칠 정도로 '명불허전'이었다. 국민의 생명과 안전성에 대해서는 99.99퍼센트가 아니라 100퍼센트를 책임지는 것이 정부와 언론의 사명이다. 그런 나라가 진짜 선진국이다. 딴 꿍꿍이속을 채우기 위해 1퍼센트라도 위험성을 감추거나 왜곡, 호도하는 언론은 사이비일 뿐이다.

친환경 대안 햄버거 찾은 것을 이중인격자로 둔갑시켜

마침내 K기자는 쇠고기 촛불시위가 너무 과장된 것이 아니었냐고 질문을 하였다. 나는 왜 C일보가 노무현 정부 때는 같은 쇠고기 수입 협상조건에 대해 국민 편에서 건강과 생명을 중시하더니 6개월도 채 지나지 않은 새 정권하에서 광우병 사태와 촛불시위 때는 전혀 다른 입장을 취한 이유를 되물었다. 그는 내 질문에는 대답하지 않고, 당시 우려와 주장이 좀 무리한 것 아니었느냐고 계속 물었다. 나는 그러면 왜 이 대통령은 두 번씩이나 사과를 했고 재협상했느냐고 되물었다. 거짓 사과가 아니라면 말이다. 정부는 단 한 사람의 건강과 생명도 중요하게 보호해야 할 책임과 의무가 있다고 강조했다.

당시 K기자는 《시민사회신문》의 2008년 5월 5일자에 실린 내

기고문의 내용과 내 홈페이지에 올린 글이 왜 달라졌느냐는 질문은 전혀 하지 않았었다. 그래 놓고 기사에선 내 기고문과 홈페이지 기재 글이 달라진 것을 보니 내가 슬그머니 최근에 입장을 바꾼 것이라며 혹독히 비난했다. 물어봤다면, "2년 전 기고 당시 수정한 원고를 《시민사회신문》에 보냈는데 이미 인쇄가 끝나 수정이 불가능했다. 단, 인터넷판에는 수정원고를 싣겠다는 대답을 듣고 내 홈페이지에도 올렸다"고 설명했을 것이다. 트집도 잡지 않고 기자 혼자 작문한 것이다. 그리고 또다시 2008년 6월 C일보가 사설로 나를 적시하며 매도했던 내용(광우병 의심자 25만에서 65만)과 똑같은 글을 재탕하여 비난을 퍼부어댔다. 단 한마디라도 물어보았다면 2008년 6월 25일자에서 밝힌 《시민사회신문》 인터뷰 기사(profksh.co.kr 홈페이지에 실려 있음)를 적시하며 외국의 새로운 연구 동향을 설명했을 터이다.

도리어 나는 내 새 홈페이지에 UCSD에서의 강연 요지를 올려놓았으니 타국과 비교해 매우 불평등한 한미 쇠고기 재협상 결과를 참고하라고 친절히 알려주기까지 했다. C일보는 앞서 소개한 내 글 중 정부나 자기네가 듣기 싫어하는 부분은 어느 것도 거들떠보지도 않은 것 같다. 이 시리즈 기획 단계부터 촛불시위 주역들에게 큰 상처를 내려고 작정하고 이명박 대통령의 두 번 사과에 따른 한을 풀어주는 데 목적을 두었던 것 같다.

전화 막바지에 불현듯 불길한 예감이 들어 K기자에게 물었다. 오늘 이야기 나눈 것이 기사화되느냐고. 그럴 것이라고 하기에, 노파심에 "내 말이 너무 논쟁적으로 다뤄지지 않았으면 좋겠다"라는 말로 엎질러진 물을 대신했다. 만일에 대비해 사전 각본에 따라 일방적으로 기사를 단순화하지 말라는 뜻이었다. 그렇게 하겠다는 대답을 들었다. 그 대답이 11일 C일보에 대서특필된 인격파괴용 작문 기사다. 내 나이 칠순에 XXX에게 물리다니, 아직 철이 덜 든 모양이다.

이처럼 모처럼 '자유인'이 되어 국내의 정치 소용돌이를 피하여 '나그네 길'을 딛고자 했던 순정이 무참히 짓밟힌 황당한 이야기의 전말이다. 아직도 C일보에게는 내가 이용할 가치가 있었던 모양인가. 연전에 소비자시민모임의 송보경 교수가 "나쁜 사람들이 나쁘다고 하는 사람은 좋은 사람일 가능성이 크다"고 했던 말로 애써 인간신뢰에 대한 배신감을 달래본다.

| 우리와다음 2010년 7·8월호 |

언론이 정도를 벗어나면

⋮

소금이 짠맛을 잃으면 더 이상 소금이 아니고 돌가루일 뿐이다. 언론이 불편부당, 공평무사, 공명정대한 공론의 장이기를 포기하면, 사람들은 그런 신문, 방송을 가리켜 홍보지, 광고 전단지, 심지어는 쓰레기라고 부른다.

'겨울 공화국' 체제하의 경직된 언론의 논조는 둘째치고라도, 약육강식 승자독식의 '정글'의 법칙이 횡행하는 천민자본주의 체제하에서 언론이 장사꾼 빰치는 수익 창출 도구로 전락한 경우가 흔하다. 최고 통치권자에게 충성하는 대가로 큰 놈, 많이 가진 자, 비리 부패 집단과 기득권층에 기대어 회사의 이익을 최대화하고 영향력을 확대하는 데 수단을 가리지 않는다.

해방 정국 이후 천편일률에다 맹목적인 친미, 반공, 보수 편향을 보호색으로 방패 삼아 막대한 영향력을 확장해온 일부 극보수 신문들은 사회적 약자인 중소 상공인, 노동자, 농민, 서민들의 실정은 외면한 채 복지주의, 환경주의 등 진보적 주장을 무자비하게 매도한다. 이미 언론재벌 또는 재벌언론의 경지에 도달한 그들은 기회 있을 때마다 안보 장사, 정치 장사, 지역감정 부채질, 재벌 옹호, 땅 투기 합리화, 수출 지상주의를 끊임없이 외친다. 국민을 지역적으로, 또는 정치적 이념적 색깔로 편을 갈라놓고 센 쪽, 큰 쪽, 기득권층을 우군으로 삼는다. 이것이 이른바 우리나라의 재벌언론이자 조폭언론의 생리다. 이들에겐 돈이 안 되고 힘이 없는 집단은 내 편이 아니고 적이다. 이들에게 가장 싫고 골치 아픈 존재가 실속없이 바른 말을 하고 행동하는 시민단체와 소비자단체, 환경단체들이며 시민운동가들이다. 그래서 한편으로는 대항마로 사이비 어용 알바, 우파 시민단체를 키워서 대립시키기도 한다.

덜 나쁜 신문 구독해 더 좋은 신문 키워야

이런 상황에서 언론은 소위 '찌라시'라 손가락질 받아도 부끄러워하지 않는다. 기사를 사실대로 쓰는 것이 아니라, 이미 회사의 장삿속에 따라 기획한 대로 모양만 기사 흉내를 낼 뿐인 짜깁기 소설 작문을 서슴지 않는다. 그래야 돈도 벌고 영향력도 확장하고, 광고도 많이 들어오고, 때에 따라서는 최고위층으로부터 칭찬도 받는다. "감사하다"는 말씀 한마디만 들으면 그 신문사가 그토록 몽매지간에 원하던 그 무엇(종편TV 사업 등)도 얻어낼 수 있다. 독자들의 반응? 그것은 걱정할 필요가 없다. 구독을 끊을 만한 사람들은 이미 독자가 아닌 지 오래됐고, 나머지 사람들에게는 신문은 마찬가지라는 고정관념을 심어놨다. 뻥 튀기고 비튼 기사로 기왕의 기득권층들을 똘똘 뭉치게 만들어 든든한 후원자로 결속을 다진다. 그래서 이런 신문들은 독재자가 나와도 찬양한다. 무지막지한 살인마 정권마저 이권이 생길 것 같으면 찬미한다. 한동안 일본 제국주의 천황 폐하를 찬양했고 이승만을 국부로 치켜세웠으며 차례로 군부 독재자들에게 추파를 던졌던 언론이다. 5.18 광주 민주화 운동을 공산주의 친북좌파 폭도들이 일으킨 것처럼 보도하던 그런 언론이었다.

평소 용비어천가를 부르던 그 언론사가 선거철에 임해서는 회사 운명을 좌우할 당근을 독식하려고 갖은 장난을 서슴지 않는다. 대한민국 대통령이 두 번씩이나 국민 앞에 사과했던 광우병 의심 30개월령 이상의 미국산 쇠고기와 내장 척수 등 위험부위 수입 협상 결과를 느닷없이 옹호하고 나섰다. 그 신문이 특집으로 다룬 촛불시위의 진실 뒤집기, 폄훼, 인격살인적인 기사에 감사해하면서, 높으신 분은 국민, 지식인, 의학계가 반성하지 않으면 사회적 처벌을 받아야 한다고 엄포를 놓는다. 속으로 쾌재를 불렀을지 모른다.

함석헌 선생은 덜 나쁜 신문(정치가)을 골라 널리 구독하다 보면 더 좋은 신문(정치가)이 나타날 것이라고 강조하였다. 소금의 역할을 잃어버린 언론이 발을 붙이지 못하도록 우선 그보다는 덜 나쁜 언론을 선택해 마침내 좋은 언론으로 키워내는 것이 정의, 진실, 평화를 사랑하는 올곧은 시민의 책임이요 의무다.

| 전남일보 2010년 5월 24일 |

이견이 없는 사회

이승만 장로가 대한민국 정부 수립과 더불어 초대 대통령이 되었을 때, 나라 안팎은 좌파와 우파로 갈라져 국토는 양단되고 사회는 갈등과 혼란으로 들끓었다. 좌파 척결이라는 명분하에 김구 선생을 비롯한 숱한 애국지사 독립운동가들이 비명에 스러졌다. 극심한 좌우 대립은 마침내 6.25라는 피비린내 나는 민족상잔의 비극을 불러들였고, 남북한이 공히 초토화되었다. 정당한 반대의사 표시와 항의성 대안 제시마저 '빨갱이'로 매도되었다. 독재자 이승만 장로는 탐욕에 눈이 어두워 3선 개헌을 감행하다가 마침내 4월 학생혁명으로 쫓겨나 해외에서 불귀의 혼령이 되었다.

이후 들어선 세 명의 장군 출신 독재자들은 국가를 온통 병영화하고 국민의 입과 귀를 틀어막아 숨 쉴 자유밖에 허락하지 않았다. 그분들의 말로는 모두 비참했다. 박정희 소장은 경제라도 비약적으로 일으켜세웠다는 변명이 통하지만 나머지 두 분 장군 대통령은 지금까지도 국민들에게 희화화되고 있다.

생각이 다른 사회가 더 건강해

두 번째로 장로님이 대통령이 되었다. 김영삼 대통령은 "닭의 모가지를 비틀어도 새벽은 온다"고 말했던 반독재의 화신이었다. 군부의 환부였던 '하나회'를 척결하고 금융실명제를 실시한 아주 담이 큰 장로님이었다. 그러나 지나침은 부족한 것만 못하다는 선인들의 말대로, 우루과이 라운드 협상에서 쌀과 금융시장 등을 통 크게 열어줘 두 차례나 대국민 사과를 해야 했다. 그리고 남미 등 외국을 빈번히 순방하며 선심성 원조를 베풀다가 경제 면에서 6.25에 버금가는 IMF 환란을 불러들였다.

사상 초유의 평화적 정권 교체로 들어선 김대중 정부는 IMF 위기 극복이라는 뒤치다꺼리와 국가부도 사태 조기졸업에 국력을 기울이면서 농업 부문과 사회간접자본 분야에 긴축경제를 실시하였다. 시민 세력의 민주·인권·평화에 대한 요구를 충족시키는 과정에서 40여 년간 부귀영화를 누려오던 수구 기득권층은 자기들의 전과에 지레 겁을 먹고 소금에 절인 배추마냥 납작 엎드려 숨만 쉬었다. 한편 남북한 간의 평화와 화해를 얻어내는 데 수천억 원의 속칭 '퍼주기'를 감행하였고 그 결과 마침내 분단 50년 만에 남북 정상회담을 성사시키고 화해 협력 무드를 조성하였다.

노무현 정부는 IMF 조기 졸업 후유증으로 생긴 재정적자 위기,

카드깡 위기, 부동산 투기 위기 등을 틀어막느라 정권 초기에는 정신을 차리지 못하였다. 부동산 투기 극복에 선전하여 토지 공개념이 정착된 듯 보였다. 집회·결사·언론의 자유와 민주·민권·인권의 개념도 유사 이래 가장 의미 있는 꽃을 피웠다. 그러나 남북 정상회담을 용인받기 위해 미국 부시 정권에게 경제 항복문서나 다름없는 한·미 FTA를 자발적으로 갖다 바쳤다. 특히 '좌회전 깜빡이를 켠 채 우회전'한 국정 운영, 즉 말은 좌파인데 행동은 우파여서 많은 사람을 헷갈리게 하였다. 그러니 무위무능한 정권으로 비치기 십상이었다. 더구나 앞선 정권에 이어 노무현 정권에서도 친인척들이 부정부패에 빠져들어 정권 말기 도덕성에 커다란 상처를 남겼다. 결국 '권불삼 세불십(權不三勢不十)'이라는 옛말대로 국민에게 이것도 아니고 저것도 아닌 퍼주기 좌파 정권으로 낙인찍혀 정권을 다시 보수 세력에게 넘겨주었다.

그 결과 토건 재벌회사 회장 출신의 세 번째 장로님 대통령이 당선되었다. 권토중래란 말처럼, 이명박 보수 정권은 시작부터 '잃어버린 10년'을 되뇌며 특정 기득권층과 부패 재력가, 땅 부자들을 되살려놓았다. 그리고 오로지 대미 일변도의 사대주의적 정책들을 쏟아내었다. '강부자 고소영' 내각이 탄생했고 무엇이든 '노무현 정권 때 것만 아니면 된다'는 방향으로 정책을 선회하였다. 명분은 좌파 척결이었다. 대통령 취임 두 달도 안 돼 방미하여 개최한 정상회담에서 특별대우(캠프 데이비드 초대)를 받은 고마움 때문이었던지, 광우병 의심 미국산 쇠고기를 월령과 부분 제한 없이 완전 개방하기로 양보하였다. 자기 자신과 자식들의 건강·생명을 제일 우선시하는 젊은 소비자들이 분기하여 근 두 달간이나 촛불시위가 계속되자 이 대통령은 두 달 새에 두 번씩이나 대국민 사과를 하였으며 30개월령 이하의 쇠고기와 부산물만 수입하도록 미국과 재협상하였다.

이때 반대파 축출 의지가 분출했는지, 광우병, 세종시, 4대강 사업 등에 반대하고 성명서에 서명한 교수 또는 시민단체들의 블랙리스트를 만들어 정부 부처 각 기관의 위원직 임명이나 연구비, 보조금 지급에서 배제했다. 4대강 사업을 하느라 농림수산업 예산의 절대액마저 유사 이래 최초로 줄어들 전망이다. 공산주의가 몰락한 지 오래되었으나, 4대강을 반대하는 수많은 신부, 주교, 승려, 목사, 교수, 교사, 농민, 시민단체들을 좌파로 지목해 목을 죄고 있다.

정책 입안 때 직간, 직소 활발해야

이 과정에서 주목할 사항은 우리 사회가 이견(異見)을 전혀 허용하지 않는 체제로 바뀌었다는 점이다. 6.25 이후 '말이 많으면 빨갱이'라고 낙인찍었듯, 광우병 사태든 세종시든 4대강 살리기든 이견을 내거나 대안을 제시하는 사람은 좌파라는 인식이 사회에 팽배해졌다. 특히 정권과 재벌기업과 유착관계에 있는 극우보수 언론들이 정부 정책에 조건부 반대 또는 조건부 찬성 등 가타부타 토를 달고 나서는 사람이나 집단을 좌파로 몰아붙이고 있다.

미국 하버드 대학교 로스쿨의 카스 R. 선스타인 교수는《왜 사회에는 이견이 필요한가》(박지우·송호창 역, 후마니타스, 2009)라는 저서에서 "생각이 모두 한 방향으로 쏠리는 사회는 위험하고, 생각이 다른 사회는 건강하다"라고 강조했다. 소위 보수 집권층이 노래하는 '일사불란'한 사회가 더 위험하고 불안하다는 것이다. 이견을 드러내지 못하고 이런저런 핑계로 무조건 동조하거나 쏠리는 사회는 집단편향에 빠져 마침내 히틀러의 나치즘과 같은 극단적인 결과를 불러올 수 있다고 경고한다.

이 장로님의 대통령 임기는 며칠 후면 반환점을 돌게 된다. 지방선거를 계기로 청와대 보좌진도 개편했고 곧 내각 개편도 있을 것이라 한다. 절대왕조 독재체제하에서도 감히 "아니 되옵니다, 전하!"라는 신하의 반대 목소리가 허용되었고 사간원, 사헌부 등의 직간, 직소도 용납되었다. 이견이 허용되는 사회체제였기에 조선왕조는 500여 년이나 지속할 수 있었다.

정부 정책을 입안하고 집행할 때 직간, 직소가 활발히 일어나 최종 의사결정 과정이 투명하게 공개되고 이견을 흡수할 수 있어야 진정한 민주주의라고 말할 수 있다. "대통령님, 그렇게 무리하게 임기 내에 20조~30조 원씩 4대강 토건업에 쏟아부어 환경 생태계와 뭇 생명체와 유기농업인을 죽여서는 안 됩니다"라고 직간하는 장차관과 막료가 주변에 있으면 금상첨화다. 이승만 장로 대통령이 방귀를 뀌니 "각하, 시원하시겠습니다"라고 맞장구치던 유명한 장관이 있었다. 나라가 한참이나 잘못 운영되어도 침묵으로 동조하거나 대통령께 아부하기 위해 반대편을 탄압하는 각료와 막료는 그 장관과 다름없는 간신 무리다.

| 한국농어민신문 2010년 7월 26일 |

농민·농업 편에서 살기, 참 어렵네요

우리나라에 광복 이후 현대 농업경제학을 새로이 일으키신 경제학계의 큰 별 김준보(金俊輔, 1915~2007) 선생께서는 불후의 명저 《농업경제학 서설》(1967)에서 "한국의 농민·농업 문제는 슘페터적 비전과 주체적 문제의식 없이는 보이지 않는다. 문제의식은 농민·농업 문제, 특히 소농과 가족농에 대한 애정과 열정 없이는 생겨나지 않는다"라고 말씀하셨다.

필자를 비롯한 수많은 농업경제학자들을 배출한 선생께서는 구미 유학을 마치고 귀국하는 이른바 신고전학파 또는 자유주의 학파 맹신도들이 많아질 것에 대비해 이 책을 집필하셨다. 전남대학교 총장 재임 중 시작해 5년 동안 뼈를 깎는 노력을 쏟아부었다. 그러나 현재 전국 각 대학 연구 기관과 정부 부처에 종사하고 있는 후진들 중에 몇이나 이 책을 읽고 깨달음을 얻었는지는 미지수다.

농업·농촌 문제 인식하는 인사 없어

한 가지 확실한 사실은 현재 한국의 정계, 재계, 학계, 언론계를 막론하고, 농민·농업·농촌 문제의 본질은커녕 그 중요성을 뼈아프게 느끼고 해결해보려는 지도층 인사들이 별로 보이지 않는다는 것이다. 모두들 밥벌이에만 눈이 멀었다. 하다 못해 300명의 국회의원을 뽑는 총선 후보자 공천 과정에서 통합진보당을 빼놓고는 새누리당이나 민주당 어느 정당도 진정한 농민 대표를 단 한 명도 포함시키지 않았다. 게다가 이것을 문제시하는 메이저 언론도 보이지 않는다. 세계 최하위권인 식량 자급률(25퍼센트)이나 농업·농민 황폐화는 관심도 없다.

심지어 이명박 정권이 들어선 다음 쇠고기 협상이나 FTA와 관련해 농민·농업 문제를 농민 입장에서 주장을 할라치면 영락없이 '좌파' 취급을 당했다. 좀 더 세게 주장하고 행동하면 그 앞에 '친북'이니 '종북'이라는 수식어까지 붙인다. 한술 더 떠 극우보수 언론이 이를 부추긴다. 농민·농업 문제는 아예 기피 대상이 되거나 폄훼당한다. 이명박 정부와 극우보수 언론, 재벌, 여당의 합작품이 한·미 FTA고 광우병 의심 미국산 쇠고기 수입이다.

김대중 전 대통령께서 재임하실 때의 일이다. IMF 외환위기 기간에 전국 방방곡곡 농촌 마을마다 농민들이 연대보증의 빚 사슬에 걸려 쓰러지기 시작했을 때다. 당시 대통령의 용단으로 국가가 신용보증제도를 농어업에 도입하여 농어촌의 줄도산을 막아낼 수 있었다. 그때 대통령께서 농림부 장관인 필자를 불러 남기신 말씀이 지금도 유언처럼 생생이 기억난다. "김 장관, 나는 어렸을 때부터 농촌에 살면서 농어민의 고통과 참상을 뼛속 깊이 보고 느껴온 사람이오. 그러나 다음에 올 대통령들은 아무래도 도시 출신의 비교적 젊은 분일 것이므로 농촌 문제나 농민 생활에 관심이 적을 것이오. 그러니 내가 있을 때 어지간한 농업 문제를 개선하도록 힘쓰세요. IMF하이니 우선 돈이 크게 들지 않는 제도 개선부터 시작하는 것이 좋을 것이오."

그래서 박차를 가한 것이 농지개량조합(농조) · 농지개량조합연합회(농조연) · 농업진흥공사의 축소 통폐합으로 인한 수세(농업용수 이용료) 폐지였다(참고로 현재 지구상에 수세를 걷지 않는 자본주의 국가는 우리나라뿐이다). 그리고 1단계로 농협 · 축협 · 인삼협 중앙회를 축소 통폐합하고 금리를 연 18퍼센트에서 5퍼센트로 내렸다. 수입 개방에 대비, 품질과 안전성으로 승부하려는 '친환경 유기농업 원년'을 선포하고 친환경 농산물 직접지불제와 논농업 직접지불제를 도입했다. 밭작물 직불제도 준비했다. 전국 17만 농가에게 정보화 교육을 무상으로 실시하고 전국 읍면 지역에 정보화 기반 구축용 케이블 또는 전화선을 깔았다. 1만 호에 인터넷 홈페이지를 개설해 온라인 직거래 유통을 가능케 했다. 그리고 북한에 비료 보내기, 나무 심기, 금강산의 솔잎흑파리 퇴치 등도 결행했다. 그러다가 필자는 치아가 처음엔 5개, 다시 9개가 연달아 빠져서 도저히 업무와 건강을 양립하기 어려워 두 번째 사표를 내고 대학 강단으로 복귀했다. 그러한 무지막지한 개혁 업무를 평생 농민운동, 시민운동만 해오던 샌님 대학교수로서는 도저히 감당할 수 없었던 것이다. 건강이 회복되고 대학(상지대) 총장을 맡아 4년간 친환경·유기농 녹색대학을 전국 최초로 만든 다음, 나이 70세에 일체의 공직을 사양하고 물러났다. 다만 환경·시민 운동과 유기농 전도사 역할은 지금도 계속해오고 있다.

그러한 필자가 요즘 갑자기 세인의 주목을 받게 됐다. 언론과 지인들로부터 칭찬인지 비아냥인지 "나이가 얼만데 아직도 정부의 불법사찰 대상에 올라 있느냐"라는 질문 공세에 시달리고 있다. 소위 청와대 하명에 의한 총리실의 민간인 불법사찰 대상에 내 이름과 재산 상태가 조사 보고됐다는 것이다.

사연인즉 멀쩡히 한 주소지에서 1986년부터 살고 있던 집을 2003년 재건축해 다시 입주했는데, 분양 과정에서 비위가 있었는지, 꼭대기층 펜트하우스에 사는지 등이 조사 보고된 문서가 터져 나온 것이다. 다행인지 7층 건물의 5층에 살아왔기 때문에 '해당사항' 전무였다. 분양 중의 비위는커녕 해외체재 중이라 재건축을 반대하지 못했지만 원 거주자로서 재분양받았을 뿐이다. '하명'을 내린 청와대나 '조사 보고'한 총리실이 멋쩍게 되어 도리어 미안하다. 그러고 나서 헤아려보니 청와대 이름으로 내가 맡고 있던 농림업 관련 비상근직이나 자문직 자리를, 임기도 끝나기 전에 내놓으라고 윽박지르던 사건들이 떠올랐다.

뿐만 아니라 내 개인 홈페이지 이메일도 해킹당했다. 집 전화도 자주 감도가 떨어져 통화하기 불편해졌다. 은행 거래도 조심하라는 귀띔을 받았다. 우리 대학에서는 최초로 2005년부터 태양광·열과 지열에너지를 이용한 냉난방 시설을 9개의 건물에 설치하고 유기농 식당을 차리고 환경생태 관련 과목을 전교생에게 의무화해, 말하자면 녹색운동 실천에 앞장을 섰다. 그런데 웬일인가. 총장을 그만둔 2009년부터 시작해 올해 초까지 경찰이, 검찰이, 교육부가, 감사원이 동일 안건에 대해 네 차례나 총장의 비위 사실이 없는가 조사, 심문을 했다. 이런 것을 두고 '표적 감사'라 하는지 몰라도 도무지 이유를 알 길이 없다. 언필칭 세계인이 자기를 '녹색성장의 아버지'라고 한다는 이명박의 정부가 할 짓이 아니기 때문이다. 민생을 위해 할 일도 많고 바쁘실 청와대와 총리실 공직자들이 정치인도 아닌 민간인, 그것도 모든 공직에서 물러난 칠순 노객의 뒷조사나 하고 다니다니.

불법사찰 대상이라니 웬 날벼락인가

그중에 공개적으로 드러난 사실이 이번의 '청와대 하명에 의한 총리실 조사 사건'이다. 그 이유가 참으로 궁금하다. 그래서 나는 요 며칠간 곰곰이 지난 세월 살아온 길을 되돌아보았다. 이제까지 한 것이라고는 비가 오나 눈이 오나 오로지 김준보 은사님의 가르침에 따라 농민·농업 편에 서서 생각하고 말하고 글을 써온 죄밖에는 없다. 천생이 심약하고 게을러서 데모 시위대에 가담하지 않았고 육체적 노동이라곤 아파트 옥상에서 상자농사를 짓고 있는 미안함뿐인데 왜 내가 '민간인 불법사찰' 대상이 되었단 말인가.

이명박 집권 초기 광우병 발생의 97퍼센트를 차지하는 30개월령 이상의 쇠고기와 위험물질의 '수입'을 반대하는 글과 인터뷰를 자주 했고, 한·미 FTA가 되면 우리 농축산업과 중소 상공업이 크게 위축될 것이 뻔해 이를 반대하는 논문을 국내외에 발표했다. 죽지도 않은 강을 살린다고 전국의 산하를 파헤치는 '4대강 살리기 사업'을 반대하고 그 대안을 당시 이명박 대통령 후보에게 공개적으로 제기했고 그 후 글을 몇 편 써서 기고한 것이 괘씸죄에 걸렸단 말인가. 아니면 시민운동가로서 경제정의와 환경정의를 부르짖고 팔당 지역 유기농 살리기 운동을 한 것이 찍혔을까.

그것이 죽을 죄라면, 아니 망신을 줘야 할 사안이라면, 그렇게 판단한 측이 아무래도 제정신이 아닌 사람들이라고 생각한다. 아무리 생각해도 나는 소농, 가족농, 농민 편이지 좌파도 무엇도 아니다. 다만 이 사람을 개혁적인 농민·시민 운동가라고 하면 그건 맞는 말이다. 장관직에서 물러나면서 흔히 가는 산하 기관장 또는 위원장 자리 하나 맡아 한 적이 없고 관폐, 민폐가 될 것 같아 농업 관련 모임이나 학회, 단체를 만들어 운영하지도 않은 이 사람을 더 이상 건드리지 말라. 곱게 늙어가고 싶다.

그래서 나는 이 지면을 빌려 감히 이명박 대통령께 공개 청원한다. 이 정부가 나를 불법사찰하게 된 배경과 이유, 주동자 등 진실을 소상히 밝혀주시기 바란다. 누가, 무엇 때문에 순수 민간인인 불초 칠십 노객을 불법사찰하고 뒷조사했는지 그 자초지종을 밝히도록 특별 지시해주기 바란다. 대통령이 직접 시키지 않았다면 말이다.

| 한국농어민신문 2012년 4월 5일 |

■ 인터뷰

소비자정의 운동으로 삶의 오모작을 일군다

어른은 많지만 참 어른은 많지 않다. 여기저기에서 위기의 시대라고 탄식이 쏟아지니 사람들은 다급하게 혜안을 가진 스승을 찾는다. 이런 때일수록, 세상에 순응하여 자기 자신의 시장가치를 높이라는 단견을 그럴싸한 위로의 말로 포장해 내놓는 가짜 스승들이 불안한 마음을 현혹하는지도 모른다. 여기 학자로서, 행정가로서, 또한 여전히 멈춤 없이 활동하는 시민운동가로서 늘 '현직'을 지키며 우리 곁에 함께해왔고, 이 봄을 맞아 또다시 스스로 새로운 과제를 정하여 도전하는 든든한 어른이 있다. 일흔다섯 나이에도 아이처럼 천진한 미소에, 권위를 세우지 않고 소탈하게 이야기를 건네지만 그 속에는 단단한 원칙과 세상에 대한 애정, 뼈 있는 농담이 담겨 있다.

1998년 11월 11일 당시 농림부 장관으로서 '친환경 유기농 원년'을 선포한 이래 '유기농 전도사'라고 불려온 김성훈 중앙대 명예교수다.

유기농 하면 생협이다. 김성훈 교수는 한살림 생협에 대한 이야기로 시작했다. "조합비 3만 원을 내고 가입한 조합원"인 김 교수는 아침 설거지하고 부인과 함께 점심때쯤 종종 집 앞 한살림 매장에 장을 보러 간다. 채소가 떨어져서, 배추 한 포기를 못 사고 두유만 집어들고 돌아오는 일이 있었다. 어느 날 열 시쯤 일찍 가보니 매장 앞에 값비싼 승용차를 불법주차한 부유한 옷차림의 조합원들이 배추를 대여섯 포기씩 사들고 나가는 모습이 보였다.

노부부가 함께 생협 매장에서 장보며 유기농 운동 정신 되새겨

김성훈 생협이 유기농 운동에 기여한 바가 정말 크지만, 생협 정신을 늘 일깨워야 합니다. 요즘 이상기후 때문에 수확이 부족해져서 채소 가격이 오를 때가 많아요. 그래도 생산자들은 '가격이 폭락할 때 소비자 조합원들이 생산비를 보장해줘서 농사를 계속 지을 수 있었습니다', '고맙습니다' 하는 뜻으로 원래 값으로 공급하지요. 그런 생산자의 뜻을 존중해서 소비자 조합원들도 시중 값이 비쌀 때일수록 '같이 나눕시다' 하고 한살림에서 조합원 교육을 더 하면 좋겠어요. 특히 부자들은 남을 배려하지 않아요. '한 포기만 가져가십시오', '뒷사람을 생각해서 고마움을 나누어 가집시다', 그게 바로 생협의 나눔 정신이거든요. 유기농 운동에서 가장 중요한 것이 '배려(care)'와 '나눔(sharing)'입니다. 우리 전통에 김장을 담글 때나 집안에 기쁜 일로 잔치를 할 때, 김치 한 포기씩 나누고 떡 한 조각씩 나눕니다.

살림이야기 유기농산물이 좋은 음식이라는 공감대는 어느 정도 형성되었지요. 생협 운동은 땅과 농민을 살리는 유기농 운동과 함께해왔는데, 결과만 보고 '비싸고 좋은 음식'을 먹기 위해서만 생협에 간다고 생각하는 사람들도 있습니다.

김성훈 맞아요, 유기농은 비싸지요. 서민들은 선뜻 사 먹기 어려워요. 그런데 이건 우리 집사람에게 배워서 허락받고 인용하는 건데, 유기농산물을 먹으니 식비 총지출은 오히려 줄어든다고 해요. 비싸니까 상해서 버리지 않도록 필요한 만큼만 조금씩 사지, 오늘 아침은 몇 명이, 저녁은 몇 명이 먹는가 따져서 딱 맞게 만들지, '깍쟁이 접시'라고 부르는 작은 그릇에 조금씩 먹을 만큼만 담고 남기지 않고 싹싹 비워요. 음식물 쓰레기가 안 나오니 환경에도 도움이 되고 쓰레기봉투 값도 절약하지, 설거지도 쉽고 물과 세제도 절약이 됩니다.

살림이야기 한살림의 고 박재일 회장과도 생협 운동, 유기농 운동 동지로서 긴밀하게 교류하셨지요.

김성훈 제가 경실련에 있던 1996년에 경실련과 정농회가 경실련 정농생협을 만들었어요. 그전부터 생협법을 제정하려 애썼고. 나중에 박재일 회장에게 "우리 집 근처에도 한살림 매장이 있으면 참 좋겠다"고 이야기하곤 했어요. 내가 캐나다에 교환교수로 가 있을 때 부고를 듣고 황망했지. 그러고 한국에 돌아오니 집 앞에 매장이 생겨서 그이가 준 선물이다 하고 참 행복하게 다닙니다.

살림이야기 한살림 시작할 즈음에는, 생협에 대한 법률적인 뒷받침이 없어 '임의단체'로 취급되어 어려움이 많았는데, 국민의 정부 초대 농림부 장관 하실 때 생협법이 만들어졌지요.

김성훈 1998년 3월 5일, 고 김대중 대통령 주재로 열린 첫 번째 국무회의에서 20여 년간 잠자고 있던 생협법을 이야기했지요. 우여곡절 끝에 그해 가을 재경부가 주관하고 농림부 의견이 반영되어 생협법 조문이 완성되었습니다. 이제 잘되었다 했는데 갑자기 총리실 산하 규제개혁위원회의 한 심의위원이 기존 유통업체의 편을 들어 제동을 걸면서, 법안이 많이 바뀌어버렸어요. 일부 독소 조항들은 2010년에 약간 개선되었지만 아직도 생협의 성장 발전을 가로막는 면이 있어서 아쉽습니다.

문화예술은 사회 갈등과 경제 문제를 치유하는 힘

살림이야기 지난 2월, 《전남일보》에 '대선 이후 호남의 길을 말한다'라는 칼럼을 기고하여 화제를 모았습니다. '정치'가 아니라 '문화'로 치유하라는 의견에 공감하는 사람들도 많지만, 한편으로는 너무 지역 입장을 강조한 것이 아닌가 하는 우려도 있습니다. 대선 직후 시민사회가 '멘붕'이라고도 하는데 어떻게 극복해야 할까요?

김성훈 그 '멘붕'에 빠진 사람들 가운데 호남 사람들이 많으니 상징으로 든 것이고, 사실 시민사회 전체에 하고 싶은 이야기였어요. 첨예하게 대립하여 골이 깊으면 갈등은 계속 심해질 수 있어요. 문화·예술은 단지 도피처가 아닙니다. 모든 영역을 다 덮고 경제를 좌우할 수 있는 수단이기도 하니 문화에서 답을 찾아보자는 것입니다. 전남 영광과 경북 울진, 이 지역만 생각하면 마음이 아픕니다. 핵발전소를 막았어야 했는데. 영광과 울진에서 어떻게든지 유기농을 해보려 해도 어려워요. 지역 주민들을 살려야 합니다. 올바르게 살려던 사람들이 '멘붕'에 빠져 있는데 '다음 선거에서 이 정치인으로 어떻게 해보자'라는 식으로는 대안이 안 된다고 생각해요.

살림이야기 교수님 책과 글을 보면서 인상적이었던 것이, 흔히 '지속 가능'이라고 번역하는 'sustainability'를 '영생'이라고 옮기셨습니다. 오랜 가톨릭 신자라고 하셨는데 종교의 영향으로 그렇게 표현하십니까?

김성훈 그런 영향은 아니고 '지속 가능'이라는 말이 너무 절충적이고 수동적이라서 '영생'이라고 옮겼습니다. 굳이 달리 표현하면 '지탱 가능'인데, 생태 환경적으로, 사회·경제적으로 지탱할 수 있으려면 계속 살아 있어야 하는 것이에요. 혼자 살아남는 게 아니고 '더불어 삶'이지요.

김성훈 교수는 2008년 12월부터 시민단체 '환경정의' 이사장을 맡아오다 올해(2013) 2월 퇴임했다. '앞으로 이런 반환경적인 지도자가 다시 나오지는 않을 것'이라는 생각에 이명박 대통령 퇴임에 맞추어 이 직함을 내려놓기로 전부터 결심하고 있었다고 한다.

"내 인생은 오모작", 소비자정의 운동의 새 과제 맡아

김성훈 이제 환경정의는 젊은 사람들에게 맡기고 소비자정의 운동을 하려고 합니다. 내 인생을 보면 지금이 인생 오모작째인 셈입니다. 일모작은 농업경제학 교수로서 강단에 서고 우루과이 라운드 투쟁을 했던 시기입니다. 이모작은 농림부 장관으로 '친환경 유기농 원년' 선포를 하던 때이겠지요. 그때 가장 큰 보람은 농지개량조합과 농지개량조합연합회, 농어촌진흥공사를 통폐합하여 농업용수 이용료를 폐지한 일입니다. 또한 전국 읍면 단위까지 정보통신망을 설치한 일도 기억에 남습니다. 산업화 시대에 농촌의 교통이 불편하여 농민들의 생활, 특히 경상도, 전라도의 산골 마을들이 낙후되었어요. 디지털 시대에는 '정보 격차'가 큰 문제니까요. 삼모작은 상지대 총장 시절입니다. 학교 건물 9개 동에 태양광발전과 지열난방 시스템 등 신재생에너지 시설을 설치했어요. 전교생 필수과목으로 환경생태학 강의를 두 개씩 듣도록 하는 에코 커리큘럼도 실행했습니다.

살림이야기 상지대 생협도 그때 만들어졌지요.

김성훈 그렇지요. 상지대 생협에서 유기농 식당을 운영했습니다. 학교가 있는 강원도 원주시 호저면을 비롯해 가까운 지역의 친환경 유기농산물로 음식을 만들어요. 학교 식당이니 1600~1900원이면 한

끼를 유기농으로 먹는단 말이에요. 학생뿐 아니라 인근에서 한 시간씩 버스를 타고 와서 학교 식당에서 모임도 하고. 그러니까 교수회의와 생협에서 외부 사람들의 출입을 통제해야 하지 않겠느냐는 의견이 나왔어요. "곳간에서 인심이 나오는데, 먹는 것 갖고 차별하지 말자. 그게 바로 학교 홍보가 아니겠나"라고 대답했지요. 그런데 정말 그게 홍보가 되더란 말이에요. 유기농 밥 한 끼 먹고 간 사람들마다 상지대학교가 달라졌다, 에코대학이다 하고 널리 이야기하니 학교 입학 경쟁률까지 훌쩍 올라갔습니다.

살림이야기 상지대 총장에서 퇴임한 후 환경정의 이사장을 맡으셨습니다. 이명박 정부 때라 어려움이 많았을 텐데요.

김성훈 시민운동의 직함도 다 내려놓고 자연인으로서 살아가려 했는데 또 맘대로 안 됩디다. 이명박 정부하에서 가장 탄압을 받은 게 환경운동가들이에요. 광우병, 4대강, 한·미 FTA 문제 등 전부 환경운동가들이 제기하고 나선 일 아닌가요.

살림이야기 그때 국무총리실에서 민간인 불법사찰을 했던 일도 최근 드러났지요.

김성훈 계좌며 아파트 거래 내역이며 조사했지만 아무것도 안 나왔다고 합니다. 이명박 전 대통령에게, 이제 퇴임했으니 속된 말로 '계급장 떼고' 차 한잔 나누자고 초대할 참이에요. 만약 사찰 결과 내

약점이 나왔으면 어떻게 하려고 했느냐, 약점을 안 잡혀서 정말 미안하다, 이렇게 골려먹으려고 작정하고 있습니다.

여기까지가 사모작이고, 이제 삶의 오모작은 소비자정의 운동인데, 소비자의 각성이야말로 환경·농민·지구를 살리는 길이라고 생각합니다. 미국의 케네디 대통령이 최초로 선언한 소비자 7대 권리는 그 뒤로 인권과 더불어 보편적인 철학으로 자리매김해왔어요. 한국에서는 아직 미진한 부분이 있습니다. 특히 '알 권리', 도대체 이 음식이 좋건 나쁘건 무엇을 재료로 어떻게 만들었는지는 우선 알고나 먹자는 거예요. 우리가 음식을 먹을 땐 이게 피와 살이 되라고, 좋은 생각을 하고 영혼을 키우려고 먹는 거잖아요? 모르고 먹으면 똥밖에 안 돼요. 나 혼자 잘 먹고 잘살자는 운동이 아니고, 후손까지 고루고루 더불어 사람답게 살자는 운동입니다. 농산물의 기원과 재배 과정을 알면 유전자조작 종자 안 심고 농약·비료 안 쓰고 농사짓는 게 어렵다는 걸 알게 됩니다. 그러면 농민의 수고를 알고 존경하고 배려하게 되지요.

살림이야기 지금까지는 사회적인 삶에 대해서 주로 이야기하셨는데, 개인적인 삶은 어떠한지도 궁금합니다.

김성훈 개인의 삶도 똑같아요. 나는 스무 명의 유기농민만 모여서 부르면 전국 어디든지 갑니다. 그때마다 우리 집사람과 같이 다녀요. 집사람이 늘 운전을 맡아주어서 전국으로 데이트를 다니는 셈이지요. 홈페이지와 이메일도 관리해줍니다. 얼마 전 후배 교수 부부들과 함께 밥을 먹었는데, 내가 잠시 담배를 피우러 나갔다 오니 집사람이 나에 대한 불만을 토로하고 있더라고. 운전하고 컴퓨터 작업을 도와주는 일도 다 좋은데, 그때 옆에서 담배 좀 뻑뻑 피우지 않았으면 한대요. 집사람은 도량이 넓어서 개인의 기호라면서 담배를 끊으라고는 하지 않아요. 하지만 안 피우는 사람에게 피해는 주지 말라고 하는 거죠. 그래서 약속했어요. 차를 타고 갈 때 적어도 30분은 참겠다. 그래도 피우고 싶으면 잠시 주차하고 나가서 피우겠다. 이제 1시간까지 늘렸고 곧 2시간은 참게 될 거 같습니다. 의좋게 오래 살려니 노력하게 됩니다.

유기농민 스무 명이 부르면 어디든 달려가

살림이야기 2009년에 내신 칼럼집《더 먹고 싶을 때 그만두거라》에서 고 류달영 선생님과의 인연을 읽었습니다. 고등학교 3학년 때까지 판사를 지망하였다가 류달영 선생님의《새 역사를 위하여》라는 책을 읽고 농촌운동가의 길을 결심했다고 하셨지요.

김성훈 류달영 선생님은 제 인생의 스승 가운데 한 분입니다. 농업경제학과에 입학하자마자 선생님 댁과 연구실을 드나들면서 가르침을 받았습니다. 선생님의 시〈젊은 하루〉를 좋아해서 종이에 써서 늘 보면서 외웠고 미국에서 공부하는 동안에도 늘 머리맡에 붙여놓았어요. 박사학위를 받고 돌아와서 선생님께 그 말씀을 드렸더니 기특하게 여기셨는지 도자기에 시를 써서 보내주셨어요. 지금도 그 도자기를 보면서 마음을 다잡습니다. 나는 지금도 마음은 '젊은 하루'를 산다고 생각하니까요.

김성훈 교수는 천천히 〈젊은 하루〉를 읊어주었다. 열아홉 청년 시절부터 지금까지 삶의 좌우명이다.

젊은 하루

성천 류달영

그대
아끼게나 청춘을
이름 없는 들풀로
사라져 버림도
영원에
빛날
삶의 광영도
젊은 시간의
쓰임새에 달렸거니
오늘도 가슴에
큰 뜻을 품고
젊은 하루를
뉘우침 없이
살게나

살림이야기 이제 소비자정의를 위해 산다고 하셨는데, 그 전에는 환경정의, 경실련 활동으로 경제정의, 내셔널트러스트 운동으로 토지정의, 이렇게 '정의'라는 큰 뜻으로 삶이 이어집니다. 그렇게 살아온 동력이 무엇이라고 생각하십니까?

김성훈 내가 실제로는 시원찮은 사람이지만, 정의롭게 살려고는 노력했어요. 아버지가 일제시대에 농촌 협동조합 운동을 하시다가 '빨갱이 사회주의자'로 몰려 감옥살이도 하시고 결국 온 가족이 만주로 피신을 했지요. 그런 아버지를 어려서부터 존경했습니다. 대학에 입학하니 아버지가 저를 불러 앉혀놓고, 사람이 사는 길에 명예, 권력, 부를 추구하는 길이 있는데, 각각 겸할 수가 없는 것이다, 종국에는 서로 배타적이 되니 하나만 가기로 정하여 사회에 나가야 한다고 이르셨습니다. 어린 마음에 제일 쉬운 게 명예의 길이라고 생각해서 그리 살겠다고 결심했지요. 그런데 살아보니까 쉬운 길이 아니에요.

살림이야기 장관까지 하셨으니 그때는 권력의 길에도 얼추 가까이 가신 게 아닙니까?

김성훈 그때도 나는 명예의 길을 추구했어요.

살림이야기 사람들은 셋 다 갖고 싶어하지 않습니까? 가질 수 있다고 생각하지요.

김성훈 그런 유혹이 있단 말입니다. 유혹을 이겨내려면 가정이 잘 뒷받침되어야 해요. 배우자나 자식이 욕심을 내면 집사람 이기는 남편 없고, 자식 이기는 부모 없습니다. 우리 부부가 자식들에게 딱 두 가지 가르친 게 자립과 배려입니다. 용돈 10만 원씩만 받고 대학을 다들 자기 힘으로 다녔어요. 그런 걸 당연하게 생각했고. 결혼할 때 배우자와 함께 뜻을 딱 세우고 만들어가는 것이 가정입니다. 사람들이 결혼할 때 "널 행복하게 해줄게, 호강시켜줄게" 이렇게 약속을 하더라고. 그거 오래 못 가요. 덕 보려고 결혼하는 게 아니에요. 더 덕 볼 사람 생기면 마음이 흔들릴 거 아니에요? 같이 만들어가는 것이라고 생각해야 합니다.

GMO 반대, 완전식품 운동에 함께하기를 바라며

살림이야기 인생의 선배로서, 《살림이야기》 독자들에게 올해 이것만큼에는 꼭 관심을 두라고 권하고 싶은 일은 무엇입니까?

김성훈 우리나라에서 언론이 보도하지도 않고 학자들이 연구·발표하지도 않지만 우리에게는 너무나 중요한 문제가 있어요. 바로 유전자조작 농산물입니다. 다국적 식품 대기업들이 농민들에게 유전자조작 종자를 비싸게 파는 것도 일차적인 문제지만, 더 나아가 인류의 멸종 또는 변종을 가져올 위험을 경계해야 합니다. 일상생활이 점령당하고 후손에게까지 영향을 미치게 됩니다. 한살림 같은 생협과 경실련, 소비자시민모임 같은 시민단체가 함께 연구하여 함께 대응하면 좋겠지요. 또한 최근 유럽에서 대두되고 있는 '완전식품 운동'을 주목해야 합니다. '유기농'에서 한 발 더 나아가 GMO 등을 제외한 완전한 식품을 추구하는 것이에요. 특히 성장기 어린이들부터 완전식품으로 후천적인 면역력을 좋게 해야겠지요. 지금까지 안 해온 건 아니지만 앞으로 더욱 강조해야겠다고 생각합니다.

인터뷰를 마치고 김성훈 교수는 "생협 운동 하는 사람들은 세상의 효소가 되어야 한다"며 유기농 가루효소를 나누어주었다. 사회에 좋은 역할을 하라는 당부에 우리 농산물을 사랑하는 섬세함을 더하니 상대방은 그 뜻을 마음 깊이 담아두게 될 수밖에. 팔자 눈썹이 자연스럽게 웃는 얼굴이다. "웃고만 살아도 아까운 세상인데"라며 다시 한 번 웃음을 던지고 '집사람'을 만나러 돌아갔다.

— 진행 • 주요섭(모심과살림연구소 소장), 정리 • 구현지(살림이야기 편집부)

| 살림이야기 2013년 봄호 |

그동안 그만큼 배불리 먹고 잘살았으면 이제 남은 인생은 생명 살리기, 어려운 사람 돌보기, 하늘과 자연의 뜻에 순종하기를 시늉이라도 시도할 때가 아닌가. 그것이 삼모작 사모작 인생이었으면 그 얼마나 좋을까! 아, 옛사람들은 어찌하여 인생 칠십을 고희(古稀)라 이름하였던가. 그만큼 오래 살았으면 그런 만큼은 세상에 돌려주고 가야 하지 않겠느냐고 먼저 생각하는 것이 삼모작 인생의 시작이었으면 싶다. 살아가면서 뭇 생령들을 보살피지 못했으면 여생이라도 그들을 돌보며, 못 다한 책무를 이행하는 것이야말로 삼모작 사모작 인생이라고 감히 정의 내리고 싶다. 바로 이것이 〈워낭소리〉가 나에게, 그리고 당신들에게 들려주고 싶은 메시지가 아닌가 싶다. 서로 인정하고 서로 믿고 의지하며 사랑하라고.

4부

인생살이는 가볍게, 먹을거리는 바르게

한가위 같지 않은 슬픈 보름달

추석이 되면 우리 선조들은 "더도 말고 덜도 말고 한가위만 같아라" 하고 덕담을 나누며 보름달을 기리었다. 하늘이 돌보고 땅이 돌보아 순풍순우 풍작이 들고 나랏님이 정사(政事)를 잘하여 백성들의 살림이 넉넉해 시름을 덜어준 덕분이다. 이때가 되면 굶주리거나 빚진 사람들도 어깨를 펴고 오곡백화가 무르익어 희희낙락 풍년을 노래하는 계절이다. 그래서 한가위야말로 5대 명절 중 단연 으뜸이 아니던가.

그런데 달은 달이로되 슬픈 보름달이요, 풍년은 풍년이로되 궁핍기근이다. 웃음소리가 충만해야 할 추석 들녘엔 오히려 한숨소리만이 진동하고 있다. 농협 곳간마다 지난해 사들인 쌀이 잔뜩 남아돌아 적자투성이다 보니 올 추수할 벼이삭에 미운 털이 박혀 있다. 농협이나 정부가 모두 근본적인 대책에는 이 핑계 저 핑계 뒷짐만

지고 있으니 풍작을 내려준 하늘을 원망하랴, 소출을 많이 내준 논밭을 탓하랴. 눈덩이처럼 불어난 농사 빚 갚을 생각에 농부들의 심사가 여간 착잡하고 막막한 것이 아니다.

그럴 수밖에, 아직 추수도 미처 끝내지 않았는데 웬일인지 쌀값이 곤두박질쳐 4년 전 추수 때보다 더 심하게 떨어졌다. 곡창지대일수록 볏값이 말씀이 아니다. 정부가 발표한 (2009) 9월 15일 현재, 40킬로그램 쌀 한 가마 값이 지난해 이맘때보다 전국 평균 17.1퍼센트나 떨어졌다. 곡창지대에서는 무려 20퍼센트나 하락했다. 전통적으로 미질이 좋아 특수 수요에 특수 가격을 누려오던 여주쌀 역시 쌀값이 벌써 20퍼센트 이상 떨어졌다. 상황이 이렇다 보니 자포자기한 농민들이 아예 추수를 포기하고 벼 이삭째 논을 갈아엎는 경우도 있다고 한다.

늘어나는 수입량에 이태째 대북 지원 중단

원인을 두고 이러쿵저러쿵 말들이 무성하지만 아무도 딱 부러지게 실상을 말하지 않는다. 그저 국민의 쌀 소비가 줄었기 때문이란다. 쌀의 국내 생산량과 국내 소비량에만 한정할 경우, 비록 1인당 쌀 소비량이 해마다 줄어들고 있지만 갑자기 올해(2009)와 같은 과잉 공급 현상이 돌출할 수는 없다. 사실은, 2004년 우리 정부의 서툰 WTO 쌀 재협상 결과에 따라 해마다 밥상용 쌀을 포함한 외국산 쌀 수입량이 늘어나 매년 이월 재고량이 쌓이고 있는 데다가, 이명박 정권이 들어선 이후 이태째 대북 쌀 차관 공여가 중단되고 있는 것이 가장 직접적인 원인이다.

구체적으로 외국 쌀 의무 수입량은 2005년 19만 톤, 2006년 24만 톤, 2007년 25만 톤, 2008년 26만 톤, 2009년 28만 톤, 이런 식으로 매년 늘어나고 있다. 반면, 대북 쌀 지원은 2000년부터 매년 30~50만 톤씩 공여되던 것이 이명박 정부가 들어선 이후 뚝 끊어졌다.

최근 북한의 연이은 유화 정책과 이산가족 상봉 조치로 행여나 하고 기대되던 대북 지원 재개에 대한 가능성도 엊그제 청와대의 논평에 따르면 큰 기대를 걸 수 없는 것 같다. 군대급식에 라면 대신 쌀국수 공급을 늘리고, 병사들의 생일날에 쌀 케이크를 제공하겠다는 것이 정부의 새로운 대책이다. 다행히도 쌀값 안정에 만전을 기하라는 대통령의 지시가 떨어지자 당정은 지난달 28일 협의를 갖고 올 수확기 쌀 매입량을 23만 톤 더 늘리기로 했다. 또 지난해보다 쌀 매입을 15퍼센트 이상 늘린 미곡종합처리장에 대해서는 쌀 매입 자금 지원 금리를 0~2퍼센트에서 무이자(0퍼센트)로 인하하기로 했다. 그러나 당정이 지난달 18일 내놓은 1차 쌀 수급 안정대책이 실효성을 거두지 못한 가운데 나온 이번 2차 대책이 어느 정도 효과를 거둘 수 있을지 의문이다.

다행인지 최규성 의원 외 65명의 국회의원들이 정부의 공공비축량을 2005년 수준인 58만 톤으로 확대하는 동시에 40만 톤의 쌀을 북한에 지원해야 한다는 '쌀 대북 지원 촉구 결의안'을 발의했다는 보도가 나왔다. 그러나 WTO 핑계와 북한의 경직된 핵 정책을 이유로 내세우며 다수당인 여당이 그 결의안에 손을 들어줄 리가 없다.

인권 문제 중에 가장 원초적인 것이 인간을 굶주림으로부터 구조하는 것인데도, 북쪽을 향하여 정치적인 인권을 외치는 사람들일수록 동포들의 배고픔과 굶주림을 해소할 식량 지원에 대해서는 입을 다문다. 북한 정부의 고집과 남한 정부의 딴청 사이에서 애꿎은 북한 주민들과 남한의 농민들만 골탕 먹는다.

1석 3조를 놔두고 천박한 셈법만

그렇다면 우리 정부는 막대한 재고 부담 비용을 줄이고 쌀값 안정을 위해서 미국 등 선진국처럼 일부 재고미를 태평양에 수장해야 할까, 아니면 해마다 늘어나는 의무 수입량만큼 아시아·아프리카 빈곤층에게라도 원조라도 해야 할까. 무슨 획기적인 대책이 있는지 궁금하다. 아시아·아프리카에 원조하는 것은 1석 2조의 효과요, 북한에 차관으로 공여하면 1석 3조의 효과다. 미국의 부시 대통령도 그간 첨예한 대북 대치 상황에서도 인도주의 정신에 따라 북한에 식량을 원조해오지 않았던가.

정부 일각에는 북한에 식량을 주면 군인들에게 먼저 갈 것이고, 식량 원조액만큼 북한 정부에 여유 자금이 생겨 핵 개발에 전용할지 모른다는 계산을 하는 정치공학 전문가들이 상당수 있는 모양이다. 사람 간의 관계란 자주 오고 가고 만나면 만날수록 통하게 되고, 주고받고 하는 사이에 정이 들게 마련이다. 사이가 아주 나빴던 국가 사이도 교류와 협력, 그것도 경제 협력이 빈번해지면 신뢰가 싹트고, 신뢰가 쌓이게 되면 전혀 불가능하게 보이던 쟁점들도 쉽게 풀릴 수 있는 법이다. 먹는 문제가 인권의 기초이며 기아 해결 지원은 하늘도 땅도 감동할 인류사회의 기본적인 윤리다. 하물며 그 대상이 같은 동포이고, 그 이득이 우리 농민들에게 돌아오는 것이라면 이런 정치공학적인 셈법이 얼마나 천박한 발상인가.

올해 일고 있는 쌀 대란을 만에 하나 해결하지 못하고 넘긴다면, 농민들은 너도 나도 뒤질세라 쌀농사를 포기할지도 모른다. 그럴 경우 그동안 우리 국민과 나라가 무상으로 향유하던 쌀농사의 다양한 공익적 기능과 가치들이 사라질 것이고 그 결과 국토가 재앙에 시달릴지도 모른다. 뿐만 아니다. 장차 우리 국민의 생존권과 식량주권이 다국적 초국경 기업과 쌀 수출국의 통제에 맡겨져 또다시 IMF 환란이나 세계 금융위기가 닥칠 경우 몇 배가 치솟은 국제 가격으로도 제때 필요한 식량을 제대로 사오지 못해 우리 모두가 도탄에 빠질 날이 다가올지도 모른다. 그래서 올 한가위의 보름달은 한없이 슬프게만 비추이는가 보다.

| 한국농어민신문 2009년 10월 1일 |

남북 공동사업, 성공담과 실패담

1998년 11월 속초항을 떠나 북한의 장전항으로 향하는 금강산 관광 여객선 설봉호의 첫 취항에는 고 이보식 산림청장의 특명을 받은 산림 병해충 전문가 한 사람이 타고 있었다. 관광객 신분으로 금강산 노송들이 솔잎혹파리병에 감염됐는가를 확인하고 오라는 당부를 받고 나선 길이었다. 2박 3일 동안 다른 사람들은 풍악산(楓嶽山)의 절경에 황홀해하며 관광에 여념이 없을 때 그는 짐짓 비경을 찍는 척 금강산 낙락장송들의 잎, 가지와 줄기 상태를 카메라에 담는 데 일편단심이었다.

이후 농림부 장관실에서 그 전문가와 산림청장 등 관계자들이 모여 찍어온 사진들을 판독하면서 모두들 깜짝 놀랐다. 소문이 사실로 드러나는 순간이었다. 앞으로 전개될 유병 상태를 보아 그리 오래 버틸 수 없을 것 같았다. 수천 년 동안 금강산의 비경과 함께

묵객들의 찬탄의 대상이 되어온 천연기념물과도 같은 낙락장송들이 솔잎혹파리의 공격을 받아 수년 내 금강산에서 사라질 운명이었다.

수년 내 사라질 운명의 금강산 노송들

따지고 보면 금강산의 솔잎혹파리들은 남쪽에서 건너간 것이니 남측도 그 책임과 원인에서 자유로울 수 없었다. 솔잎혹파리는 일제강점기 전라남도 목포에 입항한 목재에 묻어 들어왔다. 그 후 연평균 4킬로미터가량 북상하면서 남한의 숱한 소나무들을 쓰러뜨렸으나 마침내 강원도 일원에서 완전히 퇴치된 것으로 믿어왔던 터였다. 그 녀석들이 우리 민족의 성산이자 세계적 자연·문화 유산인 금강산에서, 그것도 남한의 전문가에 의해 발견되었다. 그 해충에 대한 사전 지식과 정보, 방제용 약제가 전혀 준비되어 있지 않은 북녘땅으로 넘어간 것이다.

지난 50년 동안 분단 상태라는 이유만으로 우리 민족 공동의 유산이자 세계적 명승지인 금강산까지 침입한 솔잎혹파리를 모른 체하고 넘어가기엔 인류의 보편적인 양심에도 걸리려니와 우리 조상과 후손들 앞에 면목이 없을 것 같았다. 농림부 관료끼리만 고민에 고민을 거듭하다가 용기를 내어 장관이 직접 나서기로 하였다. 맨 먼저 통일부 장·차관에게 통보하고 설득하였다. 당시만 하더라도 남북한 당국 간에는 공식 대화통로가 개설되어 있지 않아 대신 민간기구를 앞세우기로 하였다. 우리 측에는 퇴임한 산림 관료와 학자 출신들이 모여 만든 수목보호연구회가 있었다. 고인이 되신 이범영 박사를 필두로 4명의 산림 병해충 전문가들이 우리 정부를 대신하여 총대를 멨다. 북측의 자존심을 자극하지 않으면서 솔잎혹파리병의 위험성과 방제법을 설명하느라 한참 애를 먹었다 한다. 금강산 솔잎혹파리 공동방제에 겨우 동의를 얻은 다음에도 새로운 문제들이 속출하였다. 예컨대, 고독성 살충제로 단시일 내에 제거하자는 북측의 주장과 자연 생태계의 파괴를 최소로 하는 저독성 해충제를 사용하면서 동시에 천적을 이용하는 방법을 병행하자는 남측의 주장이 팽팽히 맞선 것이다.

그렇다고 급속히 번식하는 솔잎혹파리들을 그대로 놔둘 순 없는 일이었다. 수백 년 묵은 소나무들이 죽어가면 누가 손해인지를 분간하기 어려울 정도의 남북 간 줄다리기 끝에 결국 중간선에서 타협하였다. 남측이 각종 약제 제공과 방제법 전수를 맡고 북측이 인력을 담당하는 선에서 방제를 서둘렀다. 그리하여 처음 솔잎혹파리병을 발견한 지 3년 만에 금강산 전역으로 번져나가는 것을 막아내어 낙락장송 지키기의 대업을 완수할 수 있었다. 이 과정에 산림 분야 병해충 담당 연구원들과 수목보호연구회의 고 이범영 박사 등 제현들이 나무 사랑, 금강산 사랑을 위해 피땀을 흘리던 모습을 잊을 수 없다.

그런데 막상 대한민국 국회에서는 농림부 장관이 국회에 불려나가 의원으로부터 공격을 당하는 일이 일어났다. 왜 북측에 '퍼주기'로 약제와 방제법을 공짜로 넘겨주었느냐고 따지고 든 것이다. 금강산은 우리 민족 공동의 자산이요 영산으로서 장차 통일이 됐을 경우 우리의 영원한 자연·문화 유산인데 어째서 솔잎혹파리병의 습격으로부터 금강산을 지키는 일이 '퍼주기'냐고, 그리고 단지 금강산이 북쪽 경계에만 있을 뿐인데 우리나라 산이 아니라는 말이냐고 되받았다. 장관의 당돌한 답변에 동조하는 여야 국회의원들이 의외로 많아 가까스로 봉변을 면하였다. 그로부터 2008년 7월 이명박 정부에서 금강산 관광 방문 길이 막히기 전까지 필자는 금강산만 세 차례 찾아갔다. 그때마다 삼일포 지역으로부터 개골산(皆骨山) 일만이천봉에 이르기까지 전역에 뻗은 그림 같은 독야청청 노송들을 바라볼 때마다 새삼 그 국회의원의 근시안적인 퍼주기론을 떠올렸다. 역사의식도 없고 통섭의 원리도 모르는 그런 지도자를 모시고 있는 우리 사회의 현실이 마냥 부끄러웠다.

퍼주기 했다고 질책받은 농림부 장관

비슷한 사건이 노무현 정부 때에도 일어났다. 결론부터 말하면 이번엔 실패담이다. 교수직으로 복귀한 필자는 유네스코에 등록된 우리나라의 범종교 범시민단체인 '우리민족서로돕기 운동본부'의 공동대표로 취임하여 세계 각국에 흩어져 있는 우리 민족과 북한 동포들을 돕는 일에 참여하였다. 시민단체, 종교단체, 의료 관련 단체, 농림수산업 종사자 그리고 지자체 대표들과 함께 북한을 자주 방문하였다.

자연스럽게 전공과 관심을 살려 북쪽의 농업 사정을 관찰하였다. 우리나라의 선진화된 농기구와 농기계, 비료 등 농자재를 민간 차원의 모금으로 지원하고, 효과적인 모내기 방법의 전수나 나무 심기(금강산과 개성 단지에 각 두 번씩) 등에 앞장을 섰다. 정부에 몸담았을 때 최초로 북측에 화학비료 보내기 사업을 주관했던 터라 그 효과를 관찰하는 데에도 소홀하지 않았다. 특히 자연 환경과 인간의 생명·건강 유지에 유익한 유기농업을 보급할 가능성을 타진하는 데에도 큰 관심을 가졌다.

그런데 북한의 논밭 흙 속에는 유기물질이 워낙 적어 지력이 쇠약해져 있었다. 따라서 화학비료를 시비하더라도 남쪽에서만큼 효과가 나타나지 않음을 알 수 있었다. 경우에 따라서는 오히려 토양의 질이 더 나빠지고 산성화되어 화학비료의 생산력 증대 효과에 일정 정도 한계를 보이기도 하였다. 낙엽이나 농가 부산물 등은 대부분 가정에서 부족한 연료로 사용되고 축산업이 미미하여 분뇨퇴비도 태부족이었다. 인분만으로는 넉넉지 않아 유기질 비료 원천이 절대적으로 취약한 상태였다.

북의 척박한 논밭과 남의 넘쳐나는 축산분뇨

다른 한편, 우리나라는 산과 골짜기 들판에 넘쳐나는 축산분뇨와 음식물 쓰레기(연간 약 500만 톤)를 강과 저수지와 바다에 내다버려 환경 오염이 심각하다. 내년(2013)부터는 그것도 전면 금지되어 분뇨와 음식물 쓰레기를 처리하느라 대란이 예상된다. 4대강과 그 지류는 영양(유기물질)이 지나치게 부유하여 각종 환경적 부작용마저 초래되고 있다. 올여름 4대강에서 목격한 이른바 '녹조라테' 현상도 그 일환이다. 그중에서도 축산분뇨 처리 문제가 가장 큰 골칫거리다. 그다음이 연간 18조 원으로 추정되는 음식물 쓰레기의 처리 문제다. 잔여 농산물과 부산물, 도회지의 가로수 낙엽 처리 문제도 골치다. 이런 때 북한을 방문했던 남측의 시민단체 대표 한 사람이 공식석상에서 생가축분뇨를 얼마든지 보낼 용의가 있으니 받겠느냐고 북측에 제안을 하였다가 된통 무안을 당한 해프닝이 벌어졌다. 생물 형태의 가축분뇨는 악취는 물론 각종 질병 요소를 포함하고 있어서 국제적으로 이동이 허용되지 않기 때문이다.

그러나 이를 과학적으로 상당 기간 숙성, 자연 발효시키고 여타 유기물질을 적절히 배합 처리하면 기생충 알을 비롯해 나쁜 세균을 제압할 수 있어 양질의 유기질 비료가 된다. 선진국의 슈퍼마켓 앞에 즐비하게 진열되어 판매되는 예쁜 포장의 퇴비들이 바로 이렇게 만들어진 유기질 비료다. 도시농업과 화훼농사에 아주 유용한 흙과 비료 성분이 되기도 한다. 남한 땅에서는 넘쳐나 각종 환경 오염과 악취를 일으키는 가축분뇨, 음식물 쓰레기, 농업 부산물을 유기질 비료로 만들어 시비할 경우 북한 땅 들녘의 지력을 크게 높일 수 있어 말 그대로 '누이 좋고 매부 좋은' 일이 된다. 강과 바다에 투척하여 환경을 오염시키거나, 소각 처리하는 데 드는 남측의 비용을 감안할 때 유기질 비료로 만들어 북송하는 구상은 그야말로 서로가 윈윈하는 상생의 대안이다.

이와 같은 취지를 우리민족서로돕기 운동본부 공동대표 자격으로 북측 대표에게 자세히 설명하였다. 북측 대표가 내부적으로 신중히 검토한 후에 공식 채널을 통해 남쪽 정부에 제안하겠다는 답변을 해왔다. 나중에 북한 대표들이 한국에 왔을 때 통일부 계통을 통해 우리나라에 유기질 비료의 지원을 공식으로 요청한 것으로 알려졌다. 그러나 막상 우리 정부 측에서는 어떠한 반응도, 대안 제시도 없이 고위층에서 그 요청을 묵살한 것으로 알려졌다. 최근에야 당시 통일부 장관을 지낸 모씨가 인터뷰를 통해 "직접 보고받지 못했다. 오히려 그전에 남측의 한 (시민)대표가 가축분뇨를 제공하겠다고 제안했을 때 북측이 즉석에서 거부했던 것으로 알고 있다"는 생뚱한 해명을 하였다. 유기질 비료에 대한 북측의 정식 요청은 묵살하고 그 이전 비공식 채널의 생가축분뇨 거부 사례만 기억하는 듯하였다. 이것이 지난 정권에서 최고위 정책 결정자들의 무지가 남북 간 절호의 상생 기회를 날려버린 대표적인 실패 사례다. 그러나 지금도 이 제안은 남북 서로간에 유효하다고 본다.

고위층의 무지가 날려버린 남북 상생의 기회

'우리 강산 푸르게 푸르게'를 사시(社是)로 하는 유한킴벌리는 1985년부터 매년 식목일 무렵이면 신혼부부 300쌍을 초청하여 나무 심기 행사를 펴오다가, 2005년부터는 금강산과 개성 등 취약 지역을 찾아 나무를 심어왔다. 이명박 정부 들어서부터는 남북이 다시 가로막혀 경기도 일대로 방향을 틀어 국내 식목 행사만 계속하고 있다. 우리민족서로돕기 운동본부, '생명의 숲' 등 산림·환경 분야 시민단체들도 북녘땅에 묘목 포장을 지원하고 나무 심는 활동을 수년간 행해오다가 이명박 정부가 들어선 이후 접어야 했다.

후보 시절 이명박 대통령은 북쪽에 나무를 심으면 교토 의정서의 합의에 따라 탄소 배출권을 행사할 수 있다는 사실을 인지하고 있었다. 그래서 대선 기간 중 서울숲에서 '후보와의 차 한잔' 회동을 하며 대통령에 당선되면 북녘땅에 대대적인 식목 지원 사업을 펼칠 것을 공약으로 발표하기까지 했다. 그러나 지난 5년간 단 한 그루의 나무도 북한 땅에 심지 않았다. '비핵 3000'이라는 허황스런 족쇄에 스스로를 옭아매어 남과 북에 공히 이익이 되는 '북녘땅 푸르게 푸르게'라는 식목 공약을 허공으로 날려보낸 것이다. 평신도는 거짓말하면 지옥에 간다는데, 장로님이 거짓말하면 아무렇지 않은 모양이다. 후보 시절 직접 유기농업 발상지인 팔당 지역을 찾아가서 유기농업이 이 나라 농업을 살리는 대안이라고 공언해놓고도, 4대강 녹색공원과 녹색 자전거길을 만든답시고 팔당 지역에서 유기농가들을 몰아낸 행위와 마찬가지다. 그래서 지난 4년 동안 팔당 현장에서 신부, 목사, 승려, 신도들이 970여 회나 집회하고 예배를 올렸나 보다.

| 프레시안 2012년 11월 12일 |

남북에 서로 좋은 농림수산 협력 사업

금강산 관광이 중단되기 전, 필자는 금강산에 갈 때마다 직업의식이 발동하여 기어코 들르는 곳이 있었다. 민간 차원에서 정부의 지원을 받은 통일농수산사업단(남측 대표 이우재)이 2005년부터 북측 농업성 농업과학원과 공동으로 금강산 삼일포, 금천리 등 2500여 헥타르 4000여 가구의 11개 협동농장에서 농업 공동협력 사업을 펼치기 시작한 것이다. 남측 전문가의 기술 지도와 자재 지원으로 벼농사를 비롯해 보리·밀 재배, 옥수수와 콩 농사, 봄 감자, 김장채소, 과채류와 고등원예 및 양돈, 기타 산나물, 양잠, 양봉 등을 망라하였다. 초기 성과에 탄력을 받아 2007년부터는 개성 송도리 협동농장 등으로 남북 간 농업협력 사업을 확대하였다. 2008년 이명박 정권의 등장으로 중단되기까지 이 농업협력 사업의 성과는 실로 눈부시며 남북 식량·농업 발전에 획기적인 희망을 갖게 하였다.

비교적 농사짓기가 어려운 동해안의 금강산 지역과 서해 지방의 개성 등 두 지역의 벼농사 성과를 보면 단위면적당 생산성이 30~33퍼센트나 증가하였고, 밭작물은 거의 50퍼센트의 증산을 기록하였다. 이는 세계적으로 단위면적당 토지 생산성이 매우 높은 남한 농업의 생산성에 견주어 약 90퍼센트 수준이다. 큰 가능성을 본 것이다. 이외에도 3년의 공동협력 사업 결과 이모작이 가능한 면적이 금강산 지역에서만 이전에 비해 세 배나 늘어났다. 선진 농법과 농자재 그리고 농업기계화에 의한 적기적산(適期適産)의 효과다. 양돈 사업을 통해서는 자체적인 유기질 비료(퇴비) 조달도 가능해졌다. 문자 그대로 실락원에 뜨는 별이라 할 수 있다.

실락원의 별, 금강산과 개성에서 거둔 성과

북한은 지난 수년간 식량 총생산량이 연평균 450만~470만 톤에 불과하여 정상적인 식량 수요량인 650만 톤에 크게 미달했으며, 식량 자급률은 약 70퍼센트 정도(남한은 22.6퍼센트)다. 북한 주민을 먹여 살리기 위해 필요한 최소한도의 양곡 비상 수요량을 540만 톤이라고 가정하더라도 연간 약 100만 톤 안팎이 부족하다. 유엔 세계식량계획(WFP)은 외화 사정이 여의치 않아 부족분의 식량을 제대로 사들여오지 못하는 북한에서 해마다 굶어 죽는 사람이 속출하고 노약자와 어린아이들의 영양 결핍이 아주 심각하다고 보고하고 있다.

이러할 때 금강산과 개성 지역의 협동농장에서 거둬들인 3년간의 공동협력 사업의 성과는 획기적인 희망임에 분명하다. 이 같은 협력 사업을 북한 전 지역의 논과 밭에 적용할 때 북한은 필요한 식량을 거뜬히 자급할 수 있을 뿐만 아니라 협력 상대방에게도 일부 돌려줄 수 있음을 확인하였다. 북한은 논 면적은 남한보다 적지만, 밭 면적이 훨씬 커서 총경지 면적이 남한보다 21만 헥타르(12.5퍼센트)나 더 넓다. 거기에 이모작이 확대된다면 남한 인구의 절반에도 못 미치는 북한 주민들이 '이팝에 고깃국'을 배불리 먹게 될 날이 머지않을 것이다.

자, 이쯤 해서 왜 남한에는 쌀이 남아돌아 쌀값이 계속 떨어지는데도 아사지경의 북녘땅에 쌀 차관을 계속하지 않느냐는 농민·시민 단체들의 빗발치는 항의에 대하여 이명박 대통령님께서 아마도 책임 회피용으로 대답한 듯한 "북한의 농업 생산기반을 자립하도록 돕겠다"(2009)는 말씀이 얼마나 정확한 탁견(?)인지 감탄하지 않을 수 없다. 비록 그의 재임 기간 중에 비료 한 바가지, 쌀 한 톨도 북쪽에 보내지 않았지만, 그 말씀만은 지당하고 선견지명이었음을 인정할 수밖에 없다. 성경 말씀대로 실천을 해야 말이지만.

이번 대선(2012)에서도 각 후보들은 앞다투어 남북 간 화해와 협력 등 통일 정책을 공약으로 발표하고 있다. 한결같이 거창하고 추상적이다. 그리고 일방적인 해법뿐이다. 구체적으로 1퍼센트 선행조건이 빠져 있다. 아무나 한 번쯤은 해볼 수 있는 말씀들뿐이다. 일찍이 이명박 대통령도 '비핵 3000', '남북 정상회담 개최' 등을 공약한 바 있다.

대저 분단된 나라에서 화해, 협력, 통일을 이야기하려면 무엇보다도 먼저 서로 신뢰를 튼튼히 쌓는 일이 중요하다. 신뢰관계는 단순히 "나를 믿어주세요"라는 말과 구호로만 가능한 것이 아니다. 자주 오고 가며 만나고, 주고받으며 나누는 과정에서 싹이 트고 자라나는 것이다. 있는 쪽이 먼저 없는 쪽에 손길을 내밀어 조건 없이 나누고 돕는 데서 믿음이 싹트는 것이다. 이것은 만고불변의 인지상정이다. 불화하던 형제 간에도 또는 서로 싸우던 지역 간, 계층 간, 모든 인간관계에서 배려(care)와 나눔(sharing)이 먼저여야 한다.

남북 간 신뢰는 배려와 나눔, 주고받는 과정에서

평생 남을 도와보지 못했고 늘 대접과 보호만 받아온 고대광실 귀한 자식들일수록 배려와 나눔을 '퍼주기'로 잘못 해석한다. 구걸하는 탁발승에게 동냥은 못 줄망정 쪽박을 깨뜨리는 망나니들의 사고방식과 언어행동이 다름 아닌 '퍼주기론'의 표출이다. 그들에게는 배려와 나눔이 일방적인 퍼주기로 비칠지 모르지만, 꾸준히 계속되면 신뢰가 쌓이게 되고 결국 어떤 형태로건 선의의 보답을 돌려받게 된다. 그것이 신뢰 회복의 첫걸음이다. 일시적인 손해, 일방적인 퍼주기가 마침내 상호 간의 신뢰와 이익으로 귀착된다는 것은 성경 말씀 말고도 동서고금의 성공사례가 증명한다. 섬김과 모심을 항상 되뇌는 장로가 아닌 일반 민초들도 배려와 나눔이 화해와 평화의 단초라는 것쯤은 체득하고 산다. 이 믿음을 부정하고 상업적인 주판을 튕기는 조건부 거래는 스스로 인간(사람이 서로 돕는 사이라는 뜻)임을 부정하는 짓이다. 그래서 시성 괴테는 "눈물 젖은 빵을 먹어보지 않은 사람하고는 더불어 인생을 논하지 말라"고

했는가 보다.

배려와 나눔 위에 형성된 신뢰를 바탕으로 하여 남북 간에 긴요한 협상과 협력이 진행될 경우에야 진정으로 양보와 타협이 가능한 것이다. 따라서 신뢰 쌓기는 인권과 인도주의의 가장 기본이자 가장 보편인 배고픔과 가난으로부터의 해방을 지원하는 것에서부터 시작한다. 그래서 남북관계의 회복과 협력을 위한 대화의 재개는 인도주의 차원의 식량·농업 분야의 협력에서 시작되어야 한다. 이것은 차라리 진리요 진실이라고 말할 수 있다.

남북한 간의 신뢰 회복을 위해서도, 또 거창하고 장기적인 정치·군사 부문의 합의를 위해서도 본질적으로 정치·군사적 갈등관계에 영향을 받지 않는 인도주의적 자세와 민생 살리기에 기반한 남북 간 식량·농업 협력이 우선돼야 한다. 우선 당장의 북한 기아 문제 해결에 민관이 발 벗고 나서는 조건 없는 배려와 나눔이 선행되어야 하고, 고기 낚는 방법과 수단의 제공이 뒤따라야 한다. 임기 내에 굵직한 업적을 남기려는 정치적 제스처, 예컨대 남북 정상회담 개최나 남북 경제연합 구축 또는 북핵 문제와 한반도 평화체제 구축 문제 등은 다음, 그다음에 협의할 사안이다.

2010년의 5.24 조치 해제 여부는 그로 인해 도산한 우리 측 203개 대북 경협 기업체를 구제하는 차원에서 다룰 문제다. 평화 프로세스로서 금강산 관광 재개 역시 신변 보장 체제를 확실히 한 바탕 위에서 다시 시작하면 되는 일이다. 이미 통일농수산 사업단이 금강산과 개성 지역에서 시범을 보인 바 있는 식량·농업 협력 사업을 북한 전역으로 확대할 의지를 보일 때에야 비로소 박근혜 후보가 말하는 '신뢰 프로세스'가 형성되고, 문재인 후보가 역설한 5대 협력 사업의 추진이 가능한 것이다. 안철수 후보의 '강하고 당당하고 평화로운 한반도' 구상 역시 지속적인 남북한 간 식량·농업 협력의 바탕 위에서 선순환의 탄력을 받을 수 있다. 왜들 이런 기본을 모르는가. 너무 작은 사안이라고 깔보다가는 1퍼센트 부족으로 모처럼 엮은 남북 협력의 통나무 통에 물이 새고 깨지기 일쑤다.

남쪽에도 도움되는 농림수산 분야 대북 협력사업들

이미 중국이 북한의 각종 광산과 광물성 자원을 독점적으로 장악한 배경에는 식량과 농업 협력 분야에서 북측의 신뢰를 먼저 얻은 데서 가능했다. 지금도 나선 경제무역지대에서는 560헥타르(555만 제곱미터) 농지의 고효율 농업 시범지구를 중국의 베이다황(北大荒) 그룹이 지원하고 있다. 신뢰 회복의 선행 조치들을 하나도 취하지 않으면서, 무얼 믿고 우리 통일부는 지난 8월 남북 간 이산가족 상봉을 제안하였다가 거부당하는 외교적 수모를 당했는지 그 멘털리티를 의심하지 않을 수 없다.

남북한 간 상호 이익이 되거나 도움이 되는, 그리하여 장차 남북 신뢰관계 형성에 근간이 되는 농림수산 분야 협력 사업들을 열거하자면 부지기수다. 산림 분야의 다양한 협력이 국제적으로 탄소 배출권을 우리에게 인정하는 꿩 먹고 알 먹는 사례라고 한다면, 국내 환경 오염 대처 차원의 대북 유기질 퇴비 보내기 역시 서로 도움이 되는 협력 사업이다. 그 밖에 남측의 선진 영농 기술 지원, 비닐하우스 고등원예 사업 및 양돈 등 축산 분야(한우 및 산양과 양계 등) 협력은 남북 모두에게 이익을 줄 수 있다. 전통적으로 남북은 남쪽의 쌀농사, 북쪽의 밭농사로 서로 보완관계를 이뤄왔으나, 지금은 거꾸로 상호간에 취약 분야이기도 하다. 또한 수산 분야 중에서 공동 양식어장 사업은 대단히 유망한 협력 분야다. 남측이 기술과 자재를 제공하고 북측이 노력과 오염되지 않은 연안 해역을 제공한다면 막대한 어패류와 해조류 생산이 가능하다. 판매처도 무궁무진하고 수출 가능성도 대단히 높은 사업이다.

이렇듯 농림수산 분야에서 남북이 협력하면 누이 좋고 매부 좋고, 뽕도 따고 님도 보는, 서로 이익이 되는 사업이 수두룩하다. 2008년에 중단된 남북 간 농림수산 분야 협력 사업만 재개하여도 그 확대, 지속 가능성은 무궁무진하다. 한반도의 기온이 세계 평균의 두 배 속도로 상승하는 추세에서 장차 20~30년 후에는 남한의 농림수산업 상당 부분이 북쪽으로 이동할 것으로 전망된다. 이처럼 기후변화 대책 차원의 농수산업 협력 사업도 지금부터 양측이 시작할 준비를 갖춰야 한다.

다만 기초적인 미시 분야 협력 사업 등 기본에는 취약하고 거대담론에만 눈이 먼 근시안적인 지도자들이 혹시나 대권을 잡고 이명박 정부와 같은 허세와 고집을 계속하지 않을까 걱정이다. 바야흐로 나라와 겨레의 한반도 진운이 어떻게 전개될 것인가는 국민의 현명한 선택에 달려 있다. 이번만은 모두들 정신을 바짝 차려야겠다.

| 한국농어민신문 2012년 11월 12일 |

'한반도 신뢰 프로세스'의 미망

박근혜 정부의 대북 정책은 '한반도 신뢰 프로세스'라는 용어에 축약되어 있다. 북한이 지금이라도 핵을 포기하고 올바른 선택을 한다면 한반도 신뢰 프로세스를 통해 남북한 공동 발전과 평화 통일의 기반을 구축해나갈 것이라는 의미다. 구체적으로는 남북 비무장 지대(DMZ) 안에 세계 생태·평화 공원을 짓겠다고 제안하고 있다. 이명박 정부의 '비핵 개방 3000'을 생각나게 한다.

그 결과인지 원인인지 알 수 없지만, 박근혜 정부 들어 개성 공단이 165일간 폐쇄되었고, 남북 이산가족 만남이 며칠 앞두고 취소되었으며, 금강산 평화관광 재개의 희망 역시 좌절되었다. 제각기 자기 구역 안에 DMZ 평화공원을 유치하겠다고 경쟁을 벌이던 경기도와 강원도 간의 물밑 경쟁도 머쓱해졌다.

그런가 하면, 57개 대북 협력 민간단체들이 굶주림에 고통받고 있는 북한 어린이들에게 기초 영양·식량을 지원하겠다는 계획과 대북 수해 지원 계획은 통일부가 승인하지 않았다. 북한에 산모용 필수 의약품과 의료 소모품을 보낸 후, 전달 여부와 사용처, 향후 지원 방향을 협의할 계획이었던 우리민족서로돕기 운동본부의 인명진 목사, 영담 스님 등 지도자들의 방북 신청마저 불허되었다. 말만으로도 '신뢰'관계가 이뤄질 수 있다면야 모르겠지만, 백 마디가 불여일선(不如一善)이 아니던가. 수많은 세월 동안 켜켜이 쌓여온 남북 간의 오해와 갈등, 불신을 풀기 위해서는 자주 만나고 서로 돕되 가장 시급한 배고픔과 굶주림 문제부터 도와주려는 인도주의적 자세가 기본이다.

인도주의가 상호신뢰 형성 기본

처음부터 정부 당국이 전면에 나서기가 곤란하면 인도주의적인 민간단체끼리의 교류와 협력을 선행하는 것도 한 방법이다. 정부가 개입하더라도 비정치적인 이산가족 상봉이나 문화·예술·체육·과학·사회·경제 협력 문제부터 시작하여 종국적으로는 정부 간의 정치·군사·핵·평화 통일 문제로 이어지게 하는 것이 보편적인 평화 프로세스고 신뢰 프로세스다.

남북한 간에 긴장이 고조되는 동안 중국은 북한의 주요 광산과 항구, 통신, 교통, 산업 등 인프라 부문까지 석권하였다. 북중 경협이 활발히 이루어지고 있는 황금평 일대의 북녘땅과 중국을 잇는 신압록강대교마저 완공을 앞두고 있다. 말만 번드레한 '비핵 개방

3000', '신뢰 프로세스'가 난무하는 가운데 남북관계 개선은 지지부진하다.

이제 박근혜 정부의 남은 임기 4년 4개월 동안 큰 성과를 내려 서두를 것이 아니라, 이 같은 믿음(신뢰)의 관계를 다시 회복하는 일부터 새로 시작해야 한다. 천릿길(평화 통일)을 가려는 사람일수록 한 걸음 한 걸음 신뢰를 쌓아가는 꾸준한 노력 외에는 왕도가 따로 없다. 남북관계에 백해무익한 국내 정치권의 북방한계선(NLL) 논쟁과 정상 대화록 논란은 제발 접어야 한다. 교류협력을 가로막는 이명박 정부의 5.24 조치 역시 우리 기업의 이익을 위해서라도 깨끗이 백지화해야 한다.

누누이 강조하거니와 서로 이익이 되고 도움이 되는 일부터 복원하고 인류의 보편적 인도주의로 기아 문제부터 도와가야 신뢰가 생긴다. 배고픈 어린이와 노약자를 돕는 문제를 가지고 '퍼주기' 운운하는 악담에 휘둘려서도 아니 된다. 금강산 평화관광 재개 문제를 놔두고서 DMZ 세계 생태·평화 공원 건설을 주장하는 것 역시 일종의 위선이나 다름없다.

식량·농업, 공동협력 사업 재개해야

박 대통령은 시진핑 중국 주석과 오찬을 하며 북한 어린이들의 참상을 전하는 사진을 보면서 "너무 가슴이 아팠다. 북한 청소년들의 키가 우리 청소년들보다 10센티는 더 작다"고 말했다. 그러면서 북한 어린이들에게 영양 식량을 지원하겠다는 민간단체의 인도주의적 선행을 막는 것은 '퍼주기' 운운보다 훨씬 더 가혹한 위선이다. 감동을 수반하지 않는 남북 공동협력 사업은 사상누각이며, 신뢰를 불러들이지 못하는 대북 정책은 안 하는 것만 못하다.

진정 한반도에 '신뢰 프로세스'를 정착시키려면 인도주의적 교류협력 사업부터 시작해야 옳다. 식량·농업 공동협력 사업을 다시 열어야 한다.

조건 없는 배려와 나눔 정신이 선행되고, 그다음으로 고기 잡는 방법과 수단의 제공, 격의 없는 '대화의 장'을 마련하는 것이 신뢰 프로세스를 여는 열쇠다. 그야말로 '미워도 다시 한 번', 미운 새끼에게 젖 한 번 더 물리는 인내와 관용이 선결 조건이다.

| 내일신문 2013년 10월 15일 |

올바르게 먹고 건강하게 살려면

기독교, 유태교, 이슬람교의 공통 성경인 창세기 제2장을 보면 에덴동산을 언급하고 있다. 그곳에서 하느님은 "보기에 탐스럽고 먹기에 좋은 온갖 나무(식물)들을 흙에서 자라게 하셨다." 인간과 뭇 생명체를 번성시킬 다양한 음식의 근원을 마련해준 것이다.

신의 위대한 설계에 역행하는 식품 공급 체계

그러나 40~50년 전부터 농업생산이 산업화되고 식품산업이 극소수 대기업에 장악되면서 현실은 정반대 방향으로 흐르고 있다. 농경사회에서 산업사회로 전환한 지난 반세기 동안 원래 신체의 모든 기관을 형성하며 생리 작용을 활성화시키며 신체의 대외적 활동에 필요한 에너지와 영양소를 공급하던 음식(먹거리) 소비의

문화가 변화되었다. 화학농법에 의한 급격한 산업화와 식품 대기업들의 독과점화로 농식품의 생산·가공·유통 과정이 통째로 탐욕과 이윤 창출의 수단으로 전락하였기 때문이다. 그리하여 식품 공급 체계는 신의 섭리에 반하여 인류의 건강과 환경 생태계의 지속 가능성에 오히려 심각한 역작용을 일으키고 있다.

단적인 사례가 식품산업의 메카인 미국 본토에서 일어났다. 버지니아 주 리치먼드에 사는 린다 부인은 자신의 아이가 다니는 유치원장으로부터 "아이에게 매일 점심 도시락을 싸서 보내려면 주치의의 의료 소견서를 제출하라"는 통지를 받았다. 유치원장은 그것이 미 연방정부가 하달한 '예비학교 점심 도시락 관련 지침'이라고 친절히 밝혔다. 린다 씨는 예비학교 유치원에서 제공하는 점심에 유전자조작 식품이 포함돼 있고 아이스크림과 기타 식음료는 칼로리만 높을 뿐 기초 영양성분이 결핍된 데다가 안전하지도 않는 유해 첨가제들이 다수 포함돼 있어 집에서 정성 들여 도시락을 직접 만들어 보내고 있었다. 이 통지문이 사진과 함께 공개되자 미국 전역의 학부모 사회와 일반 시민들 사이에서는 일파만파의 파문이 일어났다. 식품 체계가 어떻게 되었기에 미 연방정부마저 식품 대기업들의 앞잡이가 되어 유전자조작 식품과 가공식품을 옹호하게 되었느냐며 수군거리는 소리가 점점 높아지고 있다고 한다.

미국의 저명한 의료 및 건강 전문가들은 미국이 세계의 모든 분야에서 선두에 서 있는 최강의 나라지만, 국민건강 측면에서는 가장 취약한 나라로 전락하고 있다고 주장한다. 그 구체적인 사실들이 새삼스레 크게 부각되고 있다. 대표적으로 미국 국민들이 세계에서 가장 뚱뚱하다 못해 대부분의 사람들이 비만에 시달려 유럽과 아시아의 선진국들보다 세 배나 많은 돈을 의료 서비스에 지출하고 있으며, 나쁜 건강으로 인해 많은 미국인이 아주 불행한 인생살이를 하고 있다는 것이다(폴 Z. 필처 저, 김성철 역, 《건강 관리 혁명》, 아이프렌드, 2013). 비만이 전 국민에게 만병의 근원이 되고 있다. 당뇨, 고혈압, 심혈관 질병, 우울증, 변비, 수면 호흡 정지, 신장 장애, 간과 폐 질환, 각종 암등 중증 질병들이 모두 비만과 운동 부족에서 기인한다(Joel Fuhrman, *Eat to Live*, Little Brown, 2011).

세계 최강 미국, 세계 최악의 건강

구체적으로 미국 질병관리예방본부에 의하면 2010년 현재 미국인의 61퍼센트가 과체중이며, 30.6퍼센트가 비만 환자로 분류된다. 2012년의 유엔 자료는 미국의 비만증 환자가 31.8퍼센트로 늘어났으며 이 같은 추세가 지속될 경우 2030년에는 인구의 50퍼센트에 육박할 것이라고 전망한다. 특히 어린이들의 30퍼센트가 과체중 또는 비만으로 나타나 미국의 미래를 대단히 어둡게 한다. 흡연이 건강에 해롭다는 사실은 널리 알려져 있지만, 그보다 더 무서운 것이 비만이라는 전염병(?)인 것은 잘 알지 못한다. 비만은 만성적인 질병과 삶의 질을 떨어뜨리는 만병의 근원이기 때문이다. 최근에 와서야 시민들 스스로 비만을 하늘이 내린 천벌이라고들 말하기 시작했다. 현재 미국에는 흡연 인구가 약 19퍼센트, 상습 음주 중독자는 6퍼센트에 불과하다. 비만 비율(30.6퍼센트)에 비하면 아주 낮은 수치다. 마침내 미 의료 당국은 미국에서 해마다 30만 명 가량이 비만으로 인해 죽어간다고 공식 발표하였다.

운동 부족은 부차적인 이유다. 비만의 주원인은 한마디로 지방질 식품과 가공식품의 과다 섭취다. 화학농법, 유전자조작 등으로 면역 기능이 현저히 떨어지거나 상실된 농축산 식품, 비위생적이고 비인도주의적 조건에서 생육된 축산제품, 과다한 지방질 인스턴트 식품, 화학물질이나 유전자조작 농산물에서 추출한 액상과당 등 유해한 첨가물을 더해 대공장에서 찍어낸 식음료품들이 비만의 주범이다. 오늘날 식품 공급 사슬을 지배하고 있는 한 줌의 거대 식품기업들은 인체의 기관과 세포 형성에 필수적인 단백질과 비타민, 무기질(minerals) 등 기본 영양소는 부족하고 색깔과 맛만 달콤하게 만든 식음료품을 양산하고 있다. 그리고 거미줄 같은 유통망과 광고망을 동원해 현대인의 식단 대부분을 점령하고 있다.

유전자조작 농식품에 색깔과 맛을 더하는 지방질을 추가로 첨가하고, 화학적 향료와 나트륨(소금), 인공 색소와 방부제를 투입한 패스트푸드가 그 대표다. 고열량을 내지만 필수 비타민과 무기질, 단백질 성분이 현저히 낮아 영양의 불균형을 초래하고 신체 안전에 위해(危害)를 가한다. 이렇듯 상용화된 과다 지방 및 가공식품의 섭취가 바로 미국 국민건강의 취약점이다.

지방은 고체형 지방질(비계), 액체형 기름, 동물성 식품에서 유래한 콜레스테롤로 구성된다. 지방을 지나치게 많이 섭취하면 비만해질 뿐만 아니라 저질 콜레스테롤이 동맥 혈관을 막거나 혈관의 흐름을 방해하여 심장마비, 심부전 등을 일으킨다. 지난 반세기 동안 미국인 평균 식단에서 거의 40퍼센트 이상의 비중을 지방이 차지하고 있다. 특히 저학력 저소득층의 인구에서는 50퍼센트 이상의 칼로리를 지방에서 얻고 있다. 그러나 전문가들은 총소요열량에서 지방이 차지하는 비율이 20퍼센트 이내가 되어야 균형된 식사라고 권고한다.

그런데도 맥도날드 딜럭스 햄버거 한 개의 총열량 810칼로리 중 61퍼센트인 490칼로리가 지방에서 나온다. 거기에 기름으로 튀긴 감자(프렌치프라이)까지 더하면 성인 기준 1.5일분의 지방 소요량을 단 한 개의 햄버거로 섭취하게 된다. 햄버거에 곁들인 일부 채소류는 농약과 화학비료로 키우다 보니 필수 아미노산, 비타민, 무기질 등이 얼마나 보충될지 미지수다(폴 Z. 필처,《건강 관리 혁명》).

지방질의 과다 섭취 못지않게 심각한 것은 경제성을 이유로 동식물 생육에 과다 투입되는 항생제, 성장 촉진제 및 제초제 등의 폐해다. 제초제 등 고독성 농약의 폐해는 이미 유전자조작 식품의 유해성과 더불어 일반인에 널리 알려졌지만 성장 촉진제나 항생제 투입의 심각성은 덜 알려져 있다. 대부분 화학적 합성제인 항생제는 과용 또는 남용될 경우 그에 내성을 갖는 새로운 생명체의 출현을 불러온다. 그리고 유전자조작제인 성장 촉진 호르몬(rBGH)을 비육우나 젖소 등 가축에 투입할 경우 그 제조사인 몬산토의 비공개 정부 제출 자료대로 8~17퍼센트의 증체 또는 증산을 가져다준다고 한다. 그러나 부작용으로 25퍼센트가량의 젖소에서 유방감염, 유방암, 결장암을 유발한다. 이를 퇴치하기 위해 다시 항생제가 투입된다. 그런데 최근 청소년들의 키와 가슴(유방) 발육이 현저히 커지고 어린 소녀들의 초경이 수년씩 빨라진 조기 성숙화 현상을 두고 성장 호르몬을 투입한 가축들의 살코기와 우유에서 원인을 찾는 가설들이 미국 사회에 널리 회자되고 있다. 기형 성장통 현상도 심상치 않다.

한편 2500두의 소를 사육하면 인구 41만 1000명 도시 규모만큼 분뇨가 발생하며, 도축 과정의 비위생적인 처리로 인해 세균 감염과 질병 발생의 위험이 증대된다는 경고도 나온다. 공장식 농축산이 건강 및 환경 생태계에 미치는 부정적 현상이다(에릭 슐로서 외, 박은영 역, 《식품주식회사》, 따비, 2010).

미국화한 우리나라 식품 체계의 위험성

지금까지 소개한 '건강·질병 최빈국' 미국의 이야기는 남의 이야기로 들리지 않는다. 식문화의 서구화(정확히 말해 미국화)가 급속도로 진행되는 것과 함께 거대 가공식품 회사들이 우리나라에 진출하면서 전체 식품 공급 체계를 장악했다. 국민들, 특히 어린이들이 해가 다르게 '미국식 소비=비만화'의 길로 내닫고 있다. 이쯤 해서 우리가 매일 슈퍼마켓이나 편의점, 식당에서 사 먹는 음식이 어디서 유래하였고 무엇으로 어떻게 만들어졌는지 제대로 알고나 있는지 자문해봐야 한다.

식품의 안전을 책임지고 있는 우리 정부 당국은 유럽식 GMO 완전표시제의 실시를 머뭇거리고 있으며, 정부가 일단 표시를 인증한 식품(두부, 콩나물 등)마저 관리가 부실하다. 괜스레 이런 글을 쓰는지 모를 만큼 무신경이다. 오히려 일부 식품 대기업의 장학생들이 "유기농은 비싸다", "영양가 차이는 별로 없다" 등의 험담을 늘어놓고 있으며 엉뚱한 이유를 달아 안전성과 인체에의 기여 효과마저 폄훼한다. 광화문 한복판에 진출해 있는 몬산토 등 유수 식품회사 장학생들이 정부와 연구기관, 학계에 꽤 자리 잡은 모양이다.

진짜 그들이 주목하고 연구해야 할 대목은 소비자 국민들이 싸구려 정크푸드나 유전자조작 가공식품, 유해 식품첨가물 등을 계속 과다 섭취할 경우 인체에 어떠한 결과를 초래할지 규명하는 것이다. 신체적 질병과 정신적 고통, 그에 따른 의료비 지출부터 계산해보았으면 싶다. 대한민국 질병관리본부에는 현재 식품 섭취에 기인한 상당량의 현대 질병 관련 발생 통계가 축적되어 있다. 비만, 치매, 불임, 당뇨병, 고혈압, 심혈관 질환, 유방암 등 각종 유병 통계가 최근 급격히 상승했다. 일부 어른들의 전유물이나 다름없던 각종 성인병과 비만, 탈모 증상이 이제 어린이들에까지 번지고 있다.

우선 자라나는 어린이들의 건강부터 먼저 배려하는 식품 안전성 임상 연구와 정책이 좀더 활발히 전개되어야겠다. 미국화한 국민의 식문화 패턴과 보통 국민들의 비만율 증가가 과연 정상적인 현상인지도 검증해보아야 한다. 공장식 농축업과 산업화한 거대 식품기업들의 독과점화 행태, 과다한 액상과당과 유전자조작 농산식품들의 수입 증가, 그리고 유해색소 등 첨가제로 맛과 향기, 모양을 꾸민 가공 식음료품 소비의 위해성 등에 대하여 대답할 수 있어야 한다. 혹시 담당 부처나 기관들이 거대 식품유통업체 및 제조산업과 동침, 동행하고 있는 것은 아닌지 궁금하다.

북미 지역에서 순수 유기농축산물과 그 가공제품만을 취급하는 온전한 식품(whole food) 마켓이 최근에 부쩍 번창하고 식품 네트워크 슈퍼마켓이 소비자들의 사랑을 받으며 쑥쑥 자라나는 이유는 무엇인지, 농민장터(farmers' market, 가족농 직접 출하 시장)나 로컬푸드, 슬로푸드 운동에 대한 관심이 늘고 있는 이유는 무엇인지, 젊은 전문 요리사들이 속속 늘어나는 이유는 무엇인지에 관심을 갖고 들여다봤으면 싶다. 이미 우리나라에서도 한살림, 아이쿱, 무공이네 생협 등이 이렇다 할 정부 지원 없이도 빠르게 성장하고, 자생적인 각종 꾸러미(소비자-농민 직거래) 운영단체, 사회적 기업, 자생적 식품 관련 협동조합이 속속 생겨나는 배경은 무어라고 해석해야 할지 궁금하다. 유기농 식당, 토종 식품점 등이 속속 출현하고, 나아가 콜라와 소다수, 햄버거, 핫도그 같은 정크푸드를 학교 구내에서는 물론 인근에서 판매하는 것을 금지하자는 움직임이 보이기 시작한다. 원산지는 물론 주요 재료의 성분에 관한 식당 메뉴 표시제나 친환경 농업식품 생산자들에 의한 자발적인 '비GMO 표시 운동' 그리고 '동물복지 표시 축산물 시장 출하' 같은 움직임이 나타나고 있다.

각계각층에 뿌리내린 식품 대기업의 장학생들

문제는 책임지고 대답해야 할 당국자들이 침묵하거나 본질을 호도하는 사이에 2012년 한 해에만도 790여 만 톤의 유전자조작 콩과 옥수수, 147만 톤의 GMO 유래의 액상과당, 카놀라유, 과자류 등

GMO 성분의 가공식품이 수입되었다는 점이다. 그런데 슈퍼마켓에 즐비하게 진열되어 있는 주요 메이커의 식음료 상품들엔 눈을 씻고 보아도 GMO 표시가 전혀 없다. 그러면 그 많은 유전자조작 식품들은 다 어디로 갔는가. 이 상태가 계속 방치될 경우 우리나라도 미국처럼 2000년대 이후 출생한 어린이의 3분의 1 이상이 당뇨병(미국 질병관리예방본부 추계, 2010) 등 각종 성인질환으로 고통받게 될 날이 곧 다가올지 모른다. 아니, 지금 일어나고 있을지 모른다.

우리나라의 농축산업 생산 방식과 식품 공급 체계에 일대 혁신이 있어야 하고 식문화가 다시 원점에서 시작하여야 할 이유가 바로 이 때문이다. 국민건강 지키기도, 환경 생태계 보전도, 식품산업의 왜곡을 바로잡는 일에서부터 시작해야 한다. 그래야 박근혜 대통령의 4대 사회악, 불량식품 근절이 헛 공약으로 끝나지 않을 수 있다.

이미 우리나라 각계각층에 뿌리내린 국내외 식품 대기업 장학생들이 뭐라고 말하든, "건강하게 살기 위하여 올바르게 먹자"는 시민(단체)들의 자각 운동이 요원의 불길처럼 전국의 도시와 농산어촌으로 번져나갈 날이 머지않았다. 왜냐하면 그것은 신이 에덴동산을 만들 때 설계한 원형이며, 오늘날의 시대정신이고 현대의 세계 사조이기 때문이다.

| 프레시안 2013년 10월 25일 |

엿장수 맛뵈기론
— 두 가지 질문에 대한 답변

지난 번 칼럼('올바르게 먹고 건강하게 살려면')을 읽고 평소의 궁금증이 더해졌다는 분들의 여러 가지 질문을 적잖게 받고 있다. 그중 대표적인 질문은 "그럼 무엇을 어디서 사 먹을 것인가?"와 "도시 소비자 가정마다 베란다, 옥상 텃밭농사를 지어 먹으면 우리 농민들은 어떻게 살라고 하느냐?" 하는 두 가지다.

현재 세계에서 식품·건강·질병·의료 문제가 가장 취약하다는 미국의 1인당 연평균 유전자조작 식품 소비량은 68킬로그램이다. 이에 비해 우리 한국인은 현재 평균 38킬로그램의 유전자조작 식품을 소비하고 있다. 그러나 이는 그보다 네댓 배를 더 먹여 키우는 우리나라 축산사료 통계는 뺀 수치이다. 이러한 사실이 알려지자 소비자들이 더욱 불안해진 것 같다. 불완전한 식품표시제도 때문에 GMO가 함유돼 있는지 아닌지도 모르고 각종 수입산 농산물과 가공식품을 사 먹어야 하기 때문이다. 애써 번 내 돈으로 건강 대신 고질병을 사 먹는다고 생각하면 이보다 더 억울한 일도 없을 것 같은 소비자 국민들의 심정이 충분히 이해된다.

현대인의 질병은 나쁜 먹거리 탓

그런데도 불량식품 추방을 사회 4대악으로 선언한 박근혜 대통령과 그 정부는 오히려 식품 대기업과 다국적 식품산업 감싸기에 바쁘다. 먹거리 문제보다 더 중요한 국정의제가 또 어디 있는가. 미국 케네디 대통령은 당선되자마자 정적이었던 맥거번 상원의원을 단장으로 임명하여 1000여 명의 식품영양·의료 전문가로 하여금 미국에 날로 증가하고 있는 비만, 당뇨, 탈모, 심혈관 질병, 고혈압, 뇌졸중 등 성인병과 어린이들의 비만에 대한 원인과 의료비 지출 증가 현상을 근본적으로 치유할 대책을 연구 조사하도록 지시하였다. 그 결과 유명한 〈맥거번 보고서〉가 방대한 부피로 출간됐다. 내용을 한마디로 축약하자면, 현대 질병은 미국인이 매일 먹는 식음료에 근원을 두고 있다는 것이다. 이른바 우리 조상들이 일찍부터 깨닫고 말해온 식원병(食源病, Food Originated Disease)이라는 결론이다. 지나친 육식 문화와 정크푸드, 패스트푸드, 맛과 색을 더해주는 유해 화학첨가물과 색소들이 가공 식음료품에 만연함을 경고한 것이다. 〈맥거번 보고서〉는 미국 학교 급식에서 쓰레기(Junk)와 같은 속성식품(햄버거, 핫도그, 햄, 피자, 콜라, 환타 등)들이 사라지는 계기가 되었다. 하지만 지금은 그 빈자리에 10여 년 전부터 유전자조작 식품이 들어서 있다. 세계 최대 유전자조작 종자 및 제초제 공급자인 다국적 기업 몬산토 출신들이 미국 정·관·언론계에 회전문 인사로 진출해 어떻게 해볼 수도 없다. 감히 토를 달거나 반대하면 요즘 우리나라 정치 풍속대로 '종북 좌파'로 낙인찍힌다.

그래서 다시 등장한 서구의 오래된 속담이 'You Are What You Eat!'이다. '지금의 당신 모습과 건강 상태는 그동안 당신이 무엇을 어떻게 먹고 살아왔느냐에 달려 있다'라는 뜻이다. 우리가 어렸을 적 가족 중에 누가 앓아눕거나 심한 병증에 시달릴 때 "그애, 뭔가 잘못 먹은 모양"이라고 진단 내리고 처방하시던 할머님의 말씀이 생각나는 속담이다.

공장식 농법과 공장식 축산에서 허접하고 비인도주의적으로 생산된 농축산물, 맛과 향기와 모양을 더 내기 위해 각종 화학첨가물로 분칠한 공장식품(factory foods), 고엽제(Agent Orange) 살포에도 끄떡없고 벼멸구 침입에도 의젓할 수 있도록 유전자 형질을 변경 조작한 GMO 식품을 오랫동안 포식한 결과 지구촌의 환경 생태계는 붕괴되고 있고, 국민건강의 미래는 기초부터 흔들리고 있는 추세다.

번져가는 '유기농 소비자 운동'

이에 탄수화물, 지방질, 단백질의 에너지 함유량으로만 평가되는 칼로리 열량 개념에서 한 걸음 더 나아가 질병 치유력, 자연 회복력, 항산화 기능, 항암 성분, 인체에 활력을 불러일으키는 비타민

등 천연 동식물 식품의 고유한 기능과 역할을 살리자는 유기농 소비자 운동이 세계 각국에서 보편화되고 있다

현재 한살림, 아이쿱 등 각종 생활협동조합에서 친환경 농산물과 자체 가공한 전통 슬로푸드(된장, 간장, 고추장, 젓갈, 유제품, 식혜, 막걸리 등) 가게들이 도시 동네 가까이에 열려 소비자들의 발길이 끊이지 않는다. 일부 도시 소비자들은 작은 규모라도 직접 아파트 베란다, 옥상, 집 근처 빈터, 학교 귀퉁이 텃밭에서, 그리고 도회지 주말농장에서 무농약 무화학비료의 친환경 농산물을 재배하는 등 쿠바식 도시농업이 서울과 지방 주요 도시에서 끊임없이 퍼져나가고 있다.

이러한 친환경 생명농업 대세와 도시농업의 붐에 기생하는 것들도 생겼다. 북미 대륙에선 거짓 식량안보를 기치로 내세운 유전자조작 종자산업이 횡행하고 있으며, 우리나라에선 수십억 원을 투자하여 빌딩을 짓고 햇볕 대신 고가의 LED 전광을 장치하고 성분이 불안전한 양액을 먹이며 온도 및 습도 조절까지 인공으로 해야 하는 수직빌딩 농업을 친환경 도시농업이라 부르는 이상한 현상이 일어나고 있다. 빌딩 농업의 생산단가가 평지농사에 비해 상추의 경우 열다섯 배가 넘는데도 그러하다. 관변 학자들과 관리들이 앞장서 GMO를 선전하며, 심지어 몬산토로부터 돈을 받아 생명공학 및 농과계 학생들에게 GMO 장학금을 전달하는 대학이 보도되고 있다. 농민이 없는 농사, 농지가 없는 농사, 태양이 없는 농사를 도시생명농업이라고 부르며 억지 주장을 펴고 있다.

유럽의 선진국은 친환경 무농약 유기농산물의 생산량이 총생산

량 중에 15~30퍼센트를 차지할 만큼 성장하고 있는데 우리나라는 기껏 0.6퍼센트 정도에 머물고 있다. 그런데도 우리나라 한 귀퉁이에서는 국민의 혈세로 빌딩 농업을 미래형 농업이라고 하고 유전자조작 종자사업을 황금 종자 계획이라고 하며 기염을 토하고 있다. 아직은 유전자조작 종자가 상용화되지 않았지만 우리나라 농업의 앞날이 크게 걱정된다. 이에 어머니들이 먼저 분노하고 있다. 유전자조작 콩으로 만든 콩기름, 콩나물, 두부, 두유, 유전자조작 옥수수로 만든 식용유와 각종 과당(果糖), 유전자조작 카놀라로 만든 기름이 100퍼센트인 참치 통조림을 먹일 바에야 '차라리 아이들을 굶겨라' 하는 어머니들이 안전한 밥상 차리기 책들을 연달아 펴내고 있다. 우리의 어머니들이 앞장서 밥상 혁명을 일으키고 있다. 일찍이 유전학자 루이센코 박사는 '후천적 획득 유전형질'이라는 연구를 통해 어렸을 때의 식생활과 식습관이 초면화(初面化) 현상으로 어른이 되어서까지 지속되며 일생 동안 그 사람의 건강과 신체 질병을 좌우한다고 하였다. 유아기와 초등학교 시절의 식생활이 얼마나 중요한가를 학술적으로 증거하는 연구 결과다.

도시농업, 친환경 농업 공생 가능

피땀을 흘려 친환경 유기농업을 하는 농민들 입장에서 볼 때, 정당한 의문점이 생길 수밖에 없다. 그러면 우리는 농사지어 어디에다 팔라는 말이냐 하는 의문이다. 대답은 지극히 간단하다. '엿장수의 맛뵈기론'이다. 어렸을 때 시골 생활을 해본 사람은 다 아는 이야기지만 동네에 요란한 가위소리를 내며 찾아온 엿장수가 몰려드는 아이들에게 엿가락을 조금씩 떼어내 공짜로 맛을 보여준 다음, 돈이 없으면 헌 고무신, 헌 접시, 도자기, 어머니 댕기머리를 가져와 엿으로 바꿔 먹으라고 권한다. 그러면 엿판은 금세 동이 난다. 한번 엿조각의 달콤한 맛에 길들면 그 다음 순서는 불문가지다.

마찬가지로, 옥상농사나 텃밭농사에서 무농약 무화학물질 유기농산물이나 무항생제 자연방사 달걀 등 친환경 식품 본래의 맛에 길들면 자연스레 발걸음이 친환경 유기농산물 판매 코너로 가고 손길이 뻗친다. 한살림 등 생협의 도시매장이 번창하는 이유다. 소규모 도시농업이 진짜 유기농민들에 의한 친환경 생명농산물의 소비 진작에 길잡이 역할을 톡톡히 한다는 것이 생협 가게 경영자들의 한결같은 소회다.

이제 세상은 이상기후로 지구촌의 농축산물 생산의 성장 추세가 점점 둔화되어 총수요를 밑돌기 시작했다. 더욱이 농산물 수출국 정부들이 다국적 식품 대기업들의 앞잡이가 되어 WTO/FTA 등으로 식량 부족 국가의 시장을 강제로 열어 식량주권을 짓밟고 있다. 이러한 변화 가운데서 우리 겨레 한민족이 살아남으려면 도시 소비자 국민의 각성이 가장 중요하다. 기후변화도 줄이고 환경 생태계도 살리면서 국민 소비자들의 건강과 생명을 보전하는 길은, 국민 모두가 어렸을 적 건강한 어머님의 젖가슴에 매달렸듯 농촌과 도시 방방곡곡에서 자연순환 농법에 기반한 현대적 친환경 유기농업으로 돌아가는 길뿐이다.

| 한국농어민신문 2013년 11월 25일 |

'정치'가 아닌 '문화'로 치유해야

선거를 치른 지 달포가 지났음에도, 유권자의 90퍼센트가 반새누리당 후보에게 투표했던 전라도 사람들은 아직도 정신적 충격과 혼란·허탈감에 젖어 있다고 한다. 그 허탈감 속에는 호남인의 역사적인 한이 내재되어 있다고 생각된다. 수많은 세월, 부당히 차별받고 수모와 고통을 받아온 역사적 한이 이번 대선 결과 다시 나타난 것이다. 부정과 비리, 부패 세력들이 자본 및 언론 세력과 결합함으로써 집단적인 탐욕의 화신으로 등장하고 있는 약육강식, 승자독식의 시대에, 단순히 어느 특정 세력에게 선거에 졌다고 해서 전라도가 이처럼 총체적인 멘탈 붕괴(정신적 충격)에 빠질 수는 없다. 심도의 차이는 있겠지만, 역사적으로 켜켜이 쌓여온 전라도의 한이 대선 결과 또다시 나타난 현상을 두고 어떻게 해석할 것이냐에 따라서 처방이 달라진다.

호남의 좌절과 상처

역사적으로 보면 전라도의 정신적 충격은 세 가지 유형으로 나타났다. 첫 번째가 백제의 부흥운동에서다. 고구려, 백제, 신라 삼국 중 가장 허약했던 신라 정권과 그 비주류 세력 김춘추, 김유신 등이 삼국 통일의 명분을 내세워 정권을 장악하고 초강대국 당나라에 빌붙어 고구려를 내주고 백제를 얻어낸다. 엄밀히 말하면 한강 이남의 땅만 가지고서는 삼국 통일이라 말할 수 없다.

신라에 나라를 빼앗긴 백제 후예들은 복신과 도침, 흑치상지라는 걸출한 장군을 중심으로, 일본으로 건너간 왕자 풍을 불러들여 부흥 운동을 전개한다. 이들은 한동안 강력한 세력을 떨쳤다. 백제 부흥을 향한 무력 투쟁을 크게 벌인 것이다. 그러나 결국 내부 분열에 의해 복신과 도침이 죽고 풍마저 고구려에 투항한다. 또 흑치상지 등 나머지 세력은 뿔뿔이 흩어져 결국 백제 부흥 운동은 좌절하고 만다. 그 후 두 세기가 지났을 무렵, 즉 신라 말기에 다시 희대의 걸출한 영웅 진훤(견훤)이 무진주(광주)와 완산주(전주)에서 제2의 (후)백제 건국 운동을 일으킨다. 45년간 한강 이남을 휩쓸던 진훤의 후백제 세력도 부자 간의 불화로 고려국 왕건에게 패퇴하고 만다. 앞의 두 백제 부흥 운동의 성격은 정치적 부흥 운동이었다. 결국 이들 사례의 역사적인 교훈은 정치 권력을 다투어서는 전라도의 한을 풀어낼 수 없다는 것이다.

또 다른 유형은 동학 농민 혁명으로 나타난다. 전봉준에 의해 전라도 황토현에서 봉기한 동학 혁명은 조선 반도에서 외세와 탐관

오리들을 몰아내고 내정 개혁을 쟁취하자는 것이었다. 왕권을 갈아치우자는 것이 아니고 국정을 개혁하여 백성이 제대로 대접받는 나라를 만들자는 순수한 민중·민초들의 봉기였다. 인내천(人乃天) 사상을 바탕으로 한 동학 혁명은 오늘날의 민권·인권 운동으로 함축되고 5.18 광주 민주 항쟁 정신으로 이어졌다. 순수한 민초들에 의한 외세 배척, 내정 개혁 운동이었던 동학 농민 혁명 역시 외세를 등에 업은 기득권 세력에 의해 전라도 장흥 땅에서 처참한 최후를 마감하였다.

위 두 가지 유형에서 나타나는 공통점이 있다. 결국, 무력에 의한 투쟁과 정치적 항거로써 권력을 쓰러뜨리는 노력은 너무나 희생이 크고 성공하지도 못한다는 것이다. 외세와 거대 자본의 뒷받침을 받는 신라 원형의 정치 세력은 예나 지금이나 정(情)의 문화와 의리(義理)에 기초한 전라도의 민생·민주·민권 운동을 태생적으로 억압할 수밖에 없다. 그 때문에 정치에서 잃은 것을 정치 투쟁으로 풀기 어렵게 고착화된 사회구조에서는 민초들의 순수성만으로 한을 풀 수 없다.

세 번째 유형이 장보고의 창조적 에너지다. 신라 후기(그들은 통일 신라로 부른다) 허망하게 나라를 잃은 백제인들이 정신적 충격에 빠져 정치·경제·사회·문화적으로 자포자기 상태에 놓여 있을 때 등장한 인물이 바로 장보고, 동양 3국에 빛나는 위인이다. '안에서 잃은 것을 밖에서 찾자,' '저항적 에너지를 창조적 에너지로 바꿔서 우리 힘으로 스스로 잘 살아보자'는 것이 장보고의 정신이었다. 이것이 바로 한·중·일 동양 3국의 정사에 기록된 장보고의 청해진 활동이다.

장보고가 청해진 운동을 전개한 수단은 세 가지였다. 하나는 고구려·백제 유망민들과 신라 민초들의 단결이었다. 지금으로 보면, 사회적 협동 운동이고 사회적 기업 활동이다. 장보고는 중국과 일본의 주요 교통 요지에 진출해 3국의 후예들과 공동으로 상권과 생산, 무역 활동을 장악하고 군산(軍産) 복합체를 뿌리내렸다.

또 다른 수단은 자치권을 확보하는 것이었다. 중앙 정치는 경주에 있는 신라 왕이 하지만, 장보고는 경제·문화·군사에 이르기까지 자치권을 행사했다. 그러면서 중국의 상업 요충지에 신라방과 신라촌 등의 교두보를 스물네 곳이나 구축하였다. 모두 정경 분리 정책에 입각하였다.

마지막으로 그가 사용한 수단은 '정'과 '의리'에 기초한 문화·예술·학술·종교의 진흥이었다. 장보고에 의해 많은 승려와 관료, 학자들이 선진 학문과 문물을 배워왔다. 문예 부흥을 이룬 것이다. 완도에서 멀지 않은 강진을 중심으로 고려 청자를 일으켰다. 엄밀히 말하면 신라 말부터 시작해 고려 시대에 꽃을 피웠기 때문에 '신라·고려 청자'다. 하동, 보성 등 남해안 일대에 차(茶) 문화를 일으키기도 했다. 도자기와 녹차는 장보고 선단의 주요 교역품이 된다. 우리나라 불교의 구산 선문과 일본 불교의 천태종도 장보고 시대에 전성기를 맞이했다. 장보고로 인해 전라도 일대와 신라가 문화·예술·종교에서 꽃을 피우는 중흥기가 되었다.

그러나 장보고는 지나칠 정도로 정과 의리가 많은 사나이였다. 신라 정부가 전라도 땅 광주에 설치한 도독으로 와 있던 김우징이 장보고를 찾아와 신라 왕권 경쟁에서 패해 죽임당한 아버지의 억울함을 호소한다. 장보고가 볼 때 그것은 정녕 이치와 의리에 어긋나는 것이었다. 장보고는 정년(鄭年)을 시켜 군사 5000명을 경주로 보내 신라 조정을 정리하고 김우징을 왕(신무왕)으로 세운다. 그가 일찍 죽자 아들 문성왕이 뒤를 잇는다. 문성왕은 아버지 신무왕이 장보고에게 약속한 대로 장보고의 딸과 결혼하려 한다. 그러자 신라의 기득권 세력은 섬놈(海島人)의 딸은 안 된다고 반대한다. 그리고 장보고의 옛 친구인 염장을 보내 그를 암살한다. 친구를 믿고 의리를 지켰던 장보고는 대취해 잠들었다가 염장에게 옆구리를 찔려 죽임을 당한다('염장을 지르다'는 말은 여기서 유래했다). 요컨대 장보고가 의리에 끌려 정치에 관여한 것은 비극이었다.

저항의 에너지를 창조의 에너지로

이처럼 전라도 사람들이 가장 중요하게 여기는 것이 정이며 의리다. 이것은 호남인의 장점이지만 현대 시장경제 문명사회에는 맞지 않는 치명적인 단점이다. 갖은 음모술수와 모략으로 싸움을 벌이는 정치판과 탐욕의 시장경쟁 구도에서는 도저히 맞지 않는다. 아무튼 신라 정권으로부터 배신당한 장보고의 죽음과 청해진의 완전 혁파는 전라도로서는 또 하나의 한이 되었다.

결국 어떤 동기와 계기에서건 정치적, 무력적 해법은 정신적 충격에 대한 해결점이 되지 못했다. 백제의 부흥 운동, 후백제의 건국 투쟁이 다 그렇다. 또 동학 농민 혁명에서도 나타났듯, 무력 저항과 정치 투쟁은 전라도의 정신적 붕괴를 해결하는 해답이 되지 못했다.

근본적으로 전라도가 겪고 있는 정신적 붕괴의 해법은 '저항적 에너지를 창조적 에너지로 만들어내는 것'이다. 창조적 에너지로의 변화는 정치에서 찾을 것이 아니라 전라도가 가진 문화·예술의 원력과 자연 환경과 천혜의 다도해 자원 및 친환경 농수산업을 6차 산업으로 새롭게 일으켜세우는 데서 찾아야 한다. 이는 호남이 가진 천혜의 인적·자연적 자원을 창조적 문화·예술로 융합해내야 한다는 뜻이다.

문화·예술이 무엇인가. 바로 호남인이 살고 있는 삶 그 자체다. 인적·물적·문화적 자원과 천혜의 대자연을 찬미하고 사랑하는 자연 환경주의로 가는 것이다. 이를 바탕으로 한이 아닌 창조적인 에너지로 승화시켜야 한다. 또 '안에서 잃은 것을 밖에서 찾자'는 것도 중요하다. 이민과 같이 해외로 도망가자는 것이 아니다. '가장 지역적인 것이 가장 세계적'이라는 사실을 깨닫는 것에서 시작해야 한다. 그리고 친환경적이고 인문학적인 국내외 자본과 기술, 사람을 호남으로 불러들이자는 것이다. 많은 사람이 호남을 찾아와서 투자하고 문화·예술·자연 환경을 찬미하도록 해야 한다.

이것은 진정한 지방자치의 실현과 연결된다. 중앙의 시혜에 매달려 있는 지금과 같은 무늬뿐인 지방자치가 아니라 협치(協治)에 기반한 진정한 지방자치다. 전라도 사람들이 스스로의 살길을 찾는 방법은 관 주도에 의한 것이 아닌 백성이 주인으로 참여하는 자치다. 그것이 협동이고 공동체의 길이다. 구체적으로는 지방 분권제다. 그리고 중앙집권 세력에 의해 조종되는 지역별 부익부 빈익빈 체제를 깨뜨리는 것이 재정 분권이다. 분권과 협동에 기반을 둔 문화·경제 공동체 건설의 중요한 수단은, 각 분야의 협동조합과 사회적 기업 활동이다. 이것을 엮어내어 우선 전라도 사람부터 사람답게 가꿔야 한다. 그리고 지리산과 다도해 등 천혜의 자연자원을 세계적 문화·예술, 관광 그리고 사람과 경제의 보물단지로 키워나가야 한다.

현대에 들어 영남 정권 46년 동안 호남은 완전히 버림받았다. 신라 통일기부터 계산하면 1500년 동안 버림받아온 천형(天刑)의 땅이었다. 그러나 버려졌던 전라도가 이제금 다시 보니 신이 아껴놓은 천혜의 땅, 소중히 가꿔나갈 아름다운 강산으로 남아 있다. 산업개발 낙후로 환경 파괴와 오염이 가장 적은 지역인 것이다.

이 땅을 지방 분권과 재정 분권을 통해 진정한 지방자치로 가꿔나가고, 이곳에 사는 민초들이 오순도순 고유한 삶의 문화인 두레·품앗이 정신으로 살림살이를 엮어내자는 것이다. 핵심 역할은 문화와 예술이 되어야 한다. 호남은 그동안 한의 문화, 저항의 예술을 가꿔왔다. 그 한을 승화시킨 창조적인 문화·예술을 정신줄로 각 방면, 각 분야에서 창조적인 에너지로 만드는 데 지방 분권적 지자체가 핵심 수단이다.

한반도의 미래를 여는 주역이 되어야

기득권을 가진 정권이 흔히 쓰는 지배 수법은 '분열시켜 지배

한다(divide and rule)'는 책략이다. 원래는 하나였던 광주와 전라도가 현재 광주광역시와 전남 그리고 다시 전북으로 나뉘어 선의의 경쟁을 넘어 사사건건 대립하는 것이 그 결과다. 광주와 전남의 분리는 군사 쿠데타로 정치 권력을 장악하기 위해 이 지역에서 천인공노할 대량 살상행위를 저질렀던 전두환 정권의 음모적 시혜의 소산이다. 그리하여 광주와 전남북은 부지불식간에 그 책략의 마수에서 벗어나지 못하고 지금 이 순간에도 소지역 이기주의에 매몰되어 암투하고 있다. 소지역 이기주의부터 극복하지 못한다면, 중앙정권에 의한, 46년간의 영남 정권에 의한, 그리고 지금도 이어지고 있는 신라 정권에 의한 지배구조의 틀 안에서 전라도 사람들은 놀아날 수밖에 없다.

이를 정치 논리로 풀어서는 해결이 안 된다. 정치 행위에 대한 내실로 풀어나가야 한다. 광주와 전라남북도가 하나가 돼 호남만의 고유한 문화·예술·생활 공동체를 이루어야 500년간 백제가 누렸던 찬란한 문화와 경제·사회를 다시 새로이 창조해나갈 수 있다. 정치적 투쟁이 아니라 창조적인 문화·예술로, 자연 환경 보전과 공존으로, 해외의 친환경적 자본과 기술의 도입으로, 문화, 예술, 역사, 자연을 사랑하는 국내외 관광객 유치로, 그리고 남북한 간에 서로 이익이 되는 교류와 협력 증진으로 새로운 돌파구를 만들어내야 한다. 그것이 명실상부한 지방자치이고 분권이며 공동체의 부활이다. 정의 문화, 의리의 문화의 현대화다. 한을 저항적 에너지로 불사를 것이 아니라, 마한·백제·장보고·동학 혁명의 에너지를 세계가 주목할 예술과 문화가 중심이 된 창조적 공동체의 에너지로 키우는 것이다.

그런 의미에서 호남 특유의 자연 환경과 경관, 문화·역사 유산은 크나큰 자산이다. 그렇기 때문에 농업도, 임업도, 축산업도, 수산업도 친자연적인 유기농법이 중심이 돼야 한다. 온고이지신의 유기농업은 전라도의 자랑이다. 1998년 11월 11일 당시 김대중 대통령을 모시고 유기농업 원년을 선포할 때만 해도 전남은 가장 낙후된 농업도로 평가받았다. 그러나 박준영 도지사가 도백이 되면서 관민이 함께 유기농업에 나서, 이제 전남의 유기농과 무농약 인증 비율이 전국의 61퍼센트를 점유한다. 이로 인해 1억 원 이상 수입을 내는 농업인이 5000명을 헤아린다. 곧 1만 호, 10만 호도 가능하다. 자연자원과 환경 생태계를 최대한 활용한 결과다. 농업을 하면 가난하다는 기존의 생각을 뒤엎은 것이다. WTO/FTA 등 시장개방 체제와 기후변화에 직면해 세계의 식량 공급이 절대적으로 부족해지면서 농림수산업은 단순히 민초가 살아가는 생계수단이 아니라 앞으로 우리 인류가 살아남을 길이 돼가고 있다.

친환경 농산물이 넘쳐나고 외국 자본이 친환경 농산업에 투자하고 백성들이 협동으로 서로 도우며 건강히 배불리 먹고 춤추며 노래하고 이웃을 서로 도와가는, 군사와 외교를 제외한 나머지 권력을 중앙정부와 나눠 갖는 명실공히 분권화된 소공화국과 같은 지방자치의 나라로 살아갈 미래의 모습을 그려보면 '정치적 한'을 품고 있을 공간이 없다. 행복이란 무엇인가. 결국 마음과 몸이 건강하고 삶과 일상생활이 풍족하며 문화·예술 활동이 풍부하다면 그것이 행복이 아니던가. 30년 넘게 미국의 철저한 경제 봉쇄로 인해 비록 외양은 초라하지만, 유기농업의 전국화와 의료·교육 전면 무상화로 내실은 행복하게 사는 쿠바의 성공 사례가 이를 증명한다.

호남 땅에서 일찍이 영광 원자력발전소 건설을 막아내지 못한 것은 그래서 통탄스럽다. 만일의 사태에 광주와 전라남북도를 일거에 초토화할지 모를 영광 원전에 대한 폐쇄 운동을 제일 먼저 호남인들이 펼쳐야 한다. 이는 평화 운동, 환경 생태계 복원 운동, 자연 자원 신재생 에너지 운동으로 연결돼야 한다.

또 북한과의 협력관계도 중요하다. 역사적으로 볼때, 삼국시대에 고구려와 정립해 있을 때 백제는 오히려 발전했고 찬란한 문화를 누렸다. 중국 요서 지방을 100년간 지배하기도 했다. 신라의 배신으로 고구려가 중국에 넘어가고 장보고 선단의 해양 진출 길이 끊기면서, 호남은 남녘 섬나라와 같은 신세로 전락하여 영남 정권과 재벌기업들의 독식으로 쇠퇴하기 시작했다. 그로 인해 이곳에는 저항의 역사만이 남게 됐다.

남북 공동협력 사업에 앞장서야

우리나라 정치 안보가 허락하는 한도 내에서 고구려를 이어받은 북녘땅과 경제·문화·예술·체육·관광 분야에서 협력·합작 관계를 강화해야 한다. 원래 한 형제가 아니었던가. 남쪽 논농사와 북쪽 밭농사는 예부터 보완관계였다. 우리의 우수한 양식어업을 북한의 청정해역에서 경영하여 이익을 나눠 갖고, 논농사 작물을 주고 밭작물을 받을 수 있다면 얼마나 좋은가. 또 우리의 우수한 농업 생산 기법을 가르쳐주고 남아도는 가축분뇨로 퇴비를 만들어 북한에 주는 대신 그들의 생산품을 받아오면 좋지 않은가. 남북이 서로 이익이 되는 것부터 호남이 앞장서서 교류와 협력을 시작하자는 것이다. 예컨대 북한에 대대적인 조림 사업을 지원하여 금수강산을 푸르게 가꾸면 누이 좋고 매부 좋은 식이다. 교토 의정서에 따라 국제적으로 돈이 되는 탄소 배출권을 우리가 행사할 수 있기 때문이다.

전라도와 광주가 앞장서서 서로간에 이익이 되는 분야부터 남북간 경제·문화·예술 분야 협력의 물꼬를 터야 한다. 이익을 나눠 갖는 것이 어째서 퍼주기인가. 평화와 행복을 공유하자는 것이 어째서 퍼주기인가. 남과 북이 문화와 예술을 교류, 공유하는 시도는 그래서 전라도와 광주가 앞장서야 한다.

신라 정권의 오랜 반북방, 반호남, 반통일 정책의 굴레로부터 과감히 벗어날 출구는 먼저 호남 특유의 문화 예술의 향기를 한반도와 세계에 드높이고, 천혜의 자연 경관과 환경을 세계가 주목할 만한 명소로 가꾸어내며, 남북이 실질적인 면에서 공생 협력하여 평화 공존·공생 체제를 만들어나가는 데 있다. 저항적인 에너지를 창조적인 에너지로 바꿔, 호남의 해묵은 멘붕 현상을 문화·예술·자연 사랑으로 해소할 날을 헤아려본다.

| 프레시안 2013년 2월 11일 |

엄습하는 지구촌 환경 재앙

⋮

알다시피 미래 인류의 재앙을 몰고 올 지구 온난화의 주범은 바로 인간 자신이다. 우리 인간이 경제 활동에서 배출하는 이산화탄소, 프레온, 메탄가스, 이산화질소 등으로 이루어진 온실가스가 대기 중에 축적됨으로써 온실효과를 일으킨다. 그 주범은 지나친 화석원료 의존형 경제 생활이다. 이 상태로 계속 자동차, 공장, 가정에서 석유를 소비하고 화학물질로 오염시키며 쓰레기를 뱉어낼 경우 지구 온난화로 2020년이면 지구상의 약 17억 명이 물 부족에 시달리고 생물종의 30퍼센트가량이 사라지며 해수면이 24센티미터 상승해 세계 곳곳의 저지대가 물에 잠길 것이라고 유엔 산하 '정부 간 기후변화위원회(IPCC)'가 경고한 바 있다.

유엔은 2020년까지 지구의 온도 상승을 2도 이하로 제한한다는 목표를 달성하기 위해서 온실가스를 1990년 대비 40퍼센트를 줄

여야 한다고 예측한다. 그렇게 해봐야 지구 평균온도 상승을 2도 이하로 낮출 확률이 50퍼센트에 불과하다는 견해도 있다.

온실가스 감축 움직임, 더딘 걸음

이런 경고가 잇따르면서 자국의 이익을 위해 교토 의정서에 서명하는 것을 거부하던 미국도 달라지고 있다. 부시 대통령이 2007년 7월 G8 정상회의를 계기로 기후변화의 중대성을 인정했고, 오바마 대통령 때에 비로소 본격적인 역할과 대책을 모색하기 시작했다. 제2, 제4의 탄소 배출국들인 중국과 인도 정부는 그동안 선진국들이 공업화를 통해 먼저 저질러놓고는 왜 현재 기준으로 자신들을 윽박지르느냐고 배째라 식 배짱을 부리고 있다.

G8이니, G20 정상회의니 하는 대형 국제 정상회의들은 구호와 주제만 거창할 뿐, 온실가스 감축 의무이행에는 상호비방과 핑계만 대며 구속력 있는 합의를 이루지 못한다. 2009년 11월의 코펜하겐 정상회의 결과가 좋은 본보기다. 예컨대, 1992년 리우 정상회의에서 선진국들은 2000년까지 탄소 배출량을 1990년 수준으로 줄이겠다고 약속했고, 1997년 교토 회의에서는 2010년까지 온실가스 배출량을 1990년 수준에 비해 평균 5.2퍼센트 감축하기로 결의했다. 그러나 결과는 완전한 실패로 끝났다. 2009년 기준으로 지구촌의 온실가스 배출량은 오히려 41퍼센트나 늘어났다. 다만 삶의 질을 중시하는 유럽은 코펜하겐 정상회의에서 2020년까지 이산화탄소 방출량을 1990년 대비 20퍼센트 삭감(주요국들의 반응에 따라

30퍼센트 감축도 가능)하기로 약속했고, 미국은 2005년 대비 17퍼센트 감축안을 마련했다. 일본은 가장 선도적으로 2020년까지 온실가스를 1990년 대비 25퍼센트까지 감축하겠다고 발표하였다. 이미 일본은 세계 최고 수준인 에너지 이용 효율화 시책을 전개하고 있다.

2006년 기준 온실가스 총배출량이 5억 9000만 톤으로 세계 9위이고, 1인당 화석원료 소비량은 세계 5위인 대한민국은 저탄소 녹색성장이라는 성대한 말잔치에 비하여 실제 온실가스 감축 목표는 보잘것없다. 2020년까지 겨우 2005년 수준(유엔은 1990년을 기준 연도로 하고 있다)에서 4퍼센트 감축한다는 것이다. 이는 일본의 8분의 1, 영국의 5분의 1 수준이다. 지난 15년 동안의 온실가스 배출량 증가율이 OECD 국가 중 1위로 99퍼센트나 증가한 우리나라의 2005년 기준 1인당 온실가스 배출량은 무려 11.1톤으로 이미 독일, 일본, 영국 등 선진 산업국 수준을 훨씬 넘어섰다.

세계적인 기후변화 전문가인 니콜라스 스턴 교수는 지구의 이산화탄소 배출량이 예상보다 매우 빨리 증가하고 있어 그것을 흡수하는 바다와 삼림과 농업의 능력을 훨씬 초과한다고 밝혔다. 지난 2008년 여름 한국의 환경재단 기후변화센터 관계자들과 만난 자리에서 그는, 2006년에 발표한 자신의 예측치(*The Economics of Climate Change*, Cambridge, 2007)를 확대 수정하였다. 지구촌 대재앙을 막으려면 2050년까지 이산화탄소 방출량을 1990년 기준으로 평균 50퍼센트(선진국 80퍼센트, 개도국 20~25퍼센트) 감축해야 한다고 강조했다. 이는 개인별 이산화탄소 배출량을 현재의 5분의 1 수준인 연간 2톤으로 낮춰야 함을 뜻한다. 그러자면 전 세계적으로 평균 국내총생산의 2퍼센트에 해당하는 비용이 투입되어야 한다.

녹색산업 비중 두 배 이상 늘려야

우리 정부도 감축목표를 최소 2005년 대비 20퍼센트 이상으로 높이고, 에너지 효율을 일본 수준으로 끌어올려야 한다. 또한 신재생 대체에너지 사용을 대폭 늘리고 산림, 농업, 갯벌, 습지 등 녹색산업 비중을 지금의 두 배 이상 확충해야 한다는 환경단체의 주장에 귀를 기울일 필요가 있다.

온실가스 배출량이 세계 9위인 우리나라는 지구 온난화의 피해 또한 크게 나타나고 있다. 세계 평균의 두 배가량 기온이 상승하고 있는 한반도가 점차 아열대 기후대로 변하고 있는 것이 그 증거다. 동해에 명태가 오지 않고 사과와 배가 강원·경기 북단의 인제와 양구, 철원 등지에서 대구, 나주보다 더 잘 자라고 있다. 지구 온난화 추세가 이대로 방치된다면 2050년쯤엔 우리나라의 등온선이 400킬로미터 북상할 것이고, 그렇게 되면 남쪽엔 열대성 병해충과 미생물이 창궐해 식량 증산에 적신호가 켜지고, 지금의 남쪽 작물 식생대가 북쪽으로 이동할지 모른다.

무엇보다 지구 온난화와 기후변화는 우리 자신이 만들었고 우리 사회에 팽배해 있는 토건 개발주의가 불러들인 인재(人災)라는 사실을 인정하는 인식의 대전환이 필요하다.

| 한국농어민신문 2010년 4월 26일 |

부처드 가든에서 생각하는 참살이 인생

⋮

서양 속담에 "인생살이는 가볍게, 먹을거리는 올바르게 하라(Live Light, Eat Right)"는 말이 있다. 깨끗하고 푸르른 인생살이(Clean & Green Life)의 지침이다. 그 뜻을 인생 칠십이 되어서야 조금씩 깨닫게 되었다.

어차피 인생이란 공수래공수거. 하니 되도록 삶의 짐을 가볍고 간소하게 견지해야 세상을 떠날 때 미련과 아쉬움 그리고 회한이 덜하다. 바로 연전에 박경리 선생이 불후의 명작《토지》등 주옥같은 작품을 남기고 타계하시기 전 "버릴 것만 남아 참 홀가분하다"라는 말을 자주 하셨다. 그러한 삶을 살다가 가셨다. 생전에 당신의 작품들로부터 거둬들인 인세 수입을 전부 털어 원주 매지리에 토지문화관과 작업실, 숙소를 짓고 후대 문인들에게 개방하여 가난한 문인들이 대작을 집필할 산실을 제공하였다. 그리고 손수 텃밭을 가꿔 100퍼센트 자연산 유기농 채소를 친지들과 집필 중인 문인들에게 먹이는 것을 즐거움으로 삼았다. 떠나실 때 가지고 간 것이라곤 삼베 옷 한 벌뿐이었다. 그보다 더 가뿐한 삶, 올바른 먹을거리의 인생이 또 어디 있겠는가.

경북 청송의 깊은 산골짜기에서 평생 농사를 지어오며 살아온 배용진 선생(전 가톨릭농민회 회장)은 농사 때문에 진 막중한 빚을 감당치 못해 조상 대대로 물려받은 전답을 농촌공사에 잡히고, 그러함에도 계속 그 땅에서 농사를 짓도록 허용해준 것에 대하여 특별수혜라도 받은 양 행복한 웃음을 짓고 사는 분이다. 언제나 그는 자기가 가난한 농부의 아들로 태어나 살아온 것을 고맙게 받아들인다. 어렸을 적부터 농약을 치지 않은 거친 음식만 먹고 살아 잔병에 걸리는 일도 없으며 추운 날씨에 두둑한 솜옷으로 황토벽 누옥에 살다 보니 건강한 천연체질이 되었노라고 조상들께 감사드리는 글을 썼다. 간소한 삶, 정농(正農)의 식사가 건강과 장수의 비결인 것을 지천명(知天命)의 나이가 되어서 새삼 깨달은 것이다.

폐허에 세운 세계 최대의 꽃 정원

내가 초빙교수로 방문한 캐나다 밴쿠버의 브리티시컬럼비아 대학 시절에 알게 된 밴쿠버 섬 빅토리아의 부처드 가든(Buchard Garden) 이야기는 배경과 환경이 조금 다르지만 맥락을 같이한다. 북아메리카 서부 연안에서 황금 광맥이 발견되어 서태평양 해안 일대에 개발 붐이 한창이던 무렵, 시멘트가 불티나게 팔렸다. 그

때 빅토리아 시 인근에서 석회석 광산을 경영한 로버트 핌 부처드 씨는 석회석을 캐다 팔아 돈방석에 앉았다. 그런데 마지막 석회석을 싣고 떠나가는 배를 환송하던 그의 부인 제니의 손에 누군가가 가만히 야생화 씨앗을 한 움큼 쥐어주었다. 그때 제니는 그 뜻을 바로 깨달았다. 석회석을 캐낸 광산의 해골 같은 폐허를 원래의 자연상태로 되살려내라는 뜻으로 받아들인 것이다.

결심을 굳힌 부처드 부부는 시멘트 사업에서 벌어들인 돈으로 석회석을 캐내 움푹 팬 광산 바닥에 흙을 다시 메우고 세계 각국을 찾아다니며 수집한 갖가지 꽃씨와 종묘들을 심어 커다란 정원을 가꾸었다. 1904년, 그러니까 지금으로부터 105년 전에 시작한 일이 현재 그의 손자 이언 로스 부부에까지 이어진다. 그리하여 부처드 가든은 문자 그대로 세계 최고 최대의 꽃 정원으로 탄생하였다. 그리고 22만 제곱미터의 정원 가장자리에 아담한 저택을 짓고 모든 사람을 '환영'한다는 뜻의 이탈리아어 '벤비뉴토(Benvenuto)'라는 이름을 붙였다. 시멘트를 파내 황폐해졌어야 할 폐허가 지상에서 가장 아름다운 정원으로 환생해 해마다 100만 명이 넘는 관광객이 세계 각국에서 찾아든다. 세계에서 가장 빼어난 원예 및 화훼 기술로 1년 사계절 내내 기화요초들을 화사하게 피게 하여, 한때나마 자연환경을 훼손했던 마구잡이 개발 행위를 보상하고 있는 것이다. 입장료 수입은 전액 자연환경 복원과 식물 연구 및 보급에 재투자한다.

엉뚱한 이야기 같지만 지금 독일, 스위스, 오스트리아, 미국 등 서구 사회에서는 죽어서 흙이 되어 꽃과 나무로 환생하자는 수목장(樹木葬) 운동이 한창이다. 아예 기존의 묘지를 꽃밭으로 만들어 그곳에 묻히자는 화목장(花木葬) 운동으로까지 발전하고 있다. 시신을 화장한 분골을 종이나 나무상자에 담아 나무나 꽃밭 밑에 심는 장례 방식이다. 자연에서 왔으니 자연으로 돌아가 꽃과 숲이 되자는 정신이다. 삶의 방식도 친자연 친환경적이고, 하루 세 끼 먹고 자는 것도 친환경적이다. 그러자니 자연히 인생살이는 되도록 가볍고 가뿐하게 살고, 죽어서도 사회에 환원하려는 깨끗하고 푸르른 인생살이가 목표이며 가치가 된다.

가뿐하게 살다 가는 게 참살이

바야흐로 우리나라 산과 들에 2000만 기의 무덤 봉분이 가득하다. 전국의 주택 면적을 1.2배나 넘게 차지하고 있다. 게다가 해마다 20만 기의 새로운 봉분이 들어서 산지를 깎아내리고 있다. 그중에서도 넓은 면적에 갖가지 석축물을 호화롭게 장식하여 자연경관을 훼손하고 있는 큰 봉분들이 이제는 혐오 시설물로 지탄받고 있다. 누구나 저세상으로 가는 것이 인생인데 죽어서까지 후손들과 사회의 공해가 되어서야 되겠는가. 이미 있었던 봉분을 헐어 그 자리에 꽃과 나무를 심는다면 전국 산하 곳곳이 꽃밭과 푸른 정원이 되지 않겠는가. 요즘 죽어서 화장하겠다는 인구가 점점 늘어나는 추세에 맞춰 국가 기관들과 지자체, 종교단체들이 지난 20일 산림청에서 개원한 '하늘숲 추모공원' 같은 수목장림을 조성하거나 기존의 묘지를 꽃과 나무 정원으로 바꾸어 가꿨으면 한다.

이왕에 버리고 갈 것을 잘 가꾸어 사회에 환원하는 것이야말로 고상한 인간의 품성이며 진정 성공적인 삶의 방식이 아닐까. 자식들은 그들 방식대로 자신의 인생을 새로이 개척하여 성공할 기회를 스스로 갖게 하는 것이 참살이(well being)다. 올바른 음식을 먹으며 가뿐하게 살다 가는 삶이야말로 참살이 인생인 것을 사람들은 왜들 모르는 체할까.

| 한국농어민신문 2009년 5월 28일 |

워낭소리, 인생 삼모작의 이야기

한창 혈기가 왕성했던 청년 시절, 나는 타이완의 두 농촌 지방 창화(彰化)와 자이(嘉義)라는 곳에서 3개월 동안 견습농민 생활을 한 적이 있다. 국제 농촌청소년교환계획(IFYE)에 따라 농가에서 현지 농민들과 함께 생활하면서 현장 체험을 한 것이다. 말이 통하지 않아 손짓, 발짓, 눈치와 몇 마디 한자, 콩글리시가 의사소통 수단의 전부였다.

그래도 크게 불편을 느끼지 않았던 것 같다. 따뜻한 인정, 서로 간의 애정과 믿음이 언제나 함께 있었기 때문이다. 이국의 낯선 땅에서도 서로 간에 알아주고 사랑해주고 믿어주는 것이 현란한 말재주와 제스처, 그리고 돈과 물질과 기술보다도 더 먼저고 더 중요하다는 것을 체득하였다. 사람살이〔人生〕에서 사랑과 믿음이 가장 소중한 자산이라는 사실을 깨달았다고나 할까. 하여튼 따뜻한 인정이 소망보다 더 중요하고, 사랑과 믿음이 웅장한 야심보다 더 먼저라는 것은 부정할 수 없다.

사랑과 믿음이 가장 소중한 자산

타이완이 아열대 지역이어서 이모작은 기본이고 농가에 따라서는 삼모작, 사모작 농사를 짓고 사는 것을 보며 기후 환경이 좋기 때문이라고 내심 부러워했다. 그러나 그것은 기후 조건에 의해서만 결정되는 것이 아니라 사람의 의지, 근면성 그리고 기술과 경제 조건이 맞아야 가능하다는 사실을 깨닫게 되었다. 속된 말로 농사란 아무나 하는 직업이 아니고 사람에 따라 여러 조건과 환경이 맞아야 한다. 언제부터인가 '수지(收支) 맞는 농업'이라는 이윤 개념이 우리 사회를 지배하면서 우리나라 농촌에선 돈이 되지 않는 이모작 농사가 사라졌다. 겨울철 푸른 들판이 보이지 않게 되었다. 농촌에서 30~40년 전까지만 해도 자주 대하던 친근한 작물과 가축들이 지금엔 거의 보이지 않는다. 어디 그뿐인가. '워낭소리'도 뚝 끊긴 지 오래다.

요즘 저예산 독립영화로 사람들의 관심을 불러모으는 영화 〈워낭소리〉를 보았는가. "소 팔아, 팔아!"라고 다그치는 할머니의 성화에도 끄떡 않던 할아버지의 이야기는 우리로 하여금 많은 것을 생각케 한다. 40여 년을 봉화 산골에서 부리는(일하는) 소 한 마리에 의지해 농사지으며 아들딸 성가시키고, 소에게 맛있고 안전한 풀을 베어 먹이려 '농약 치는 손쉬운 농사'를 끝까지 거부한 팔순 노인의 소 사랑 이야기.

낭군이 농약 치고 기계 쓰는 손쉬운 농사를 거부하느라 사서 하는 고통이 그놈의 늙은 소 때문이라 믿는 할머니는 "소 팔아, 팔아!"라고 성화를 댄다. 그 소리가 마치 "논밭 팔아, 농사 그만둬, 농촌 떠나!"라는 말로 들리는 것은 비단 나만의 오해일까? 우리 농업을 가리켜 가격이 비싸 이익이 별로 나지 않는다느니, 국제 경쟁력이 낮아 더 이상 지원할 수 없다느니, 밑 빠진 독에 물 붓기라느니 하는 소리가 바로 그 성화 소리가 아닌가.

팔순 노인의 소 사랑이 준 깨달음

무릇 농업·농촌은 하늘과 통하고 땅과 물, 자연과 소통하며 두고두고 사람이 살아가는 도리다. 천직이요, 생업인 것이다! 돈으로 따져 수지를 따지기만 할 바에야 국민을 모두 장사꾼이나 실업수당을 받는 실직자로 만드는 것이 더 낫다. 농업·농촌에는 눈에 잘 보이지 않는 수많은 생물이 하늘의 뜻에 따라 생명을 창조하는 살아 움직이는 세계가 있다. 천직인 양 그 일을 묵묵히 행하는 사람들의 주름 잡힌 얼굴에 화사한 햇살이 따뜻이 찾아든다.

농업은 경제, 경영의 대상이기 이전에 삶의 한 방식이며 문화적 정신적 밑뿌리인 것이다. 농민을 땅에서 몰아내고 농업을 죽이는 어떠한 경제 정책도 바로 반환경·반생태·반인간적인 정책임을 알아야 한다. 천륜을 어기는 행위다. 그 대가가 다름 아닌 자연의 엄중한 보복이다. 지금 전국의 대도시에 제대로 숨을 쉬지 못하고 아토피, 천식, 비염, 당뇨병 등 각종 환경성 질환에 고통받고 있는 민초들을 보라! 아니 부자일수록, 높은 사람들일수록 자기 자신과 자손들이 이미 입고 있고, 앞으로도 입을 피해를 생각해보라.

아직도 우리 농촌엔 조상 대대로 물려받은 농법을 생물학적으로 개량하여 생산성도 높이고 환경 생태계도 살리며 먹는 이들의 건강과 생명을 보살피는 보살 같은 농업인들이 수두룩하다. 화학농법을 거부하며 이윤을 지나치게 따지지 않는 순박한 농민들이 늘어나고 있다. 온고이지신의 친환경 유기농법에 전통적인 발효 가공식품으로 망외의 재미를 쏠쏠이 보는 농가들도 생겨나고 있다. 벤처농업이니 신지식 농민이니 뭐라고 명명하든, 농업은 점점 올바른 방향으로 돌아오고 있다. 수요가 있고 이를 선호하는 소비자들의 수가 늘어나기 때문이다. 정부와 정권의 호의에 매달리기보다 소비자를 감동시켜 국민을 움직이는 생명농업의 시대가 열리고 있다. 호남의 들판에도, 봉화의 산골에도 이 땅의 착한 농민, 정직한 농업인들에게 하늘은 서서히 서광을 비춰주고 있다.

그동안 그만큼 배불리 먹고 잘살았으면 이제 남은 인생은 생명 살리기, 어려운 사람 돌보기, 하늘과 자연의 뜻에 순종하기를 시늉이라도 시도할 때가 아닌가. 그것이 삼모작 사모작 인생이었으면 그 얼마나 좋을까! 아, 옛사람들은 어찌하여 인생 칠십을 고희(古稀)라 이름 하였던가. 그만큼 오래 살았으면 그런 만큼은 세상에 돌려주고 가야 하지 않겠느냐고 먼저 생각하는 것이 삼모작 인생의 시작이었으면 싶다. 살아가면서 뭇 생령들을 보살피지 못했으면 여생이라도 그들을 돌보며, 못 다한 책무를 이행하는 것이야말로 삼모작 사모작 인생이라고 감히 정의 내리고 싶다. 바로 이것이 〈워낭소리〉가 나에게, 그리고 당신들에게 들려주고 싶은 메시지가 아닌가 싶다. 서로 인정하고 서로 믿고 의지하며 사랑하라고.

| 한국농어민신문 2009년 2월 26일 |

새해 모두 '유쾌한 농민'이 되자!

임진년(2012)의 새 아침을 먹구름 속에서 맞이하였다. 동해 앞바다에 솟아오른 해님 또한 먹구름에 싸여 맨 얼굴을 환히 보여주지 아니했다. 장차 이 구름이 어떠한 폭풍우를 몰고 올지 근심과 걱정에 가슴이 조인다.

세계의 저명한 지구환경 전문가들은 20년 후인 2030년이면 이상기후로 인한 '최악의 폭풍'이 몰아닥칠 것이라고 한 목소리로 전망한다. 유엔의 정부 간 기후변화위원회(IPCC)도 그때쯤이면 인류 역사상 최악의 식량 부족과 물·석유에너지 고갈에 직면할 것이라고 경고하고 나섰다.

기후변화 속도와 온도 변화가 지구 평균보다 두 배나 빠른 대한민국에는 설상가상으로 한·미 FTA마저 발효되면 이명박 정권 들어 급격히 내리막길을 걸어온 식량과 농축산물 자급률이 그나마 명맥을 유지할 것인지에 대한 걱정이 현실로 다가오고 있다. 농지와 산지는 토지 투기 세력의 먹잇감으로 난개발되고, 외국 농축산물의 홍수로 상업적 국내 농업은 초토화되고 있으니 현재의 식량 자급률 25퍼센트가 20년 후에는 15퍼센트 이하로 떨어지지 않으리라는 보장이 없다.

정신 바짝 차려 덜 나쁜 놈 고르고

그러면 장차 누가 이 농산어촌에 남아 농림축수산업을 지키고 가꾸어나갈 것인가? 누가 과연 5000만 국민의 식량과 생명줄을 붙잡아 버티게 해줄 것인가. 바야흐로 국민의 생존권이 흔들리고 위협받고 있다. 농업이 망하면 농민들만 죽는 것인가? 아니다. 국가 자주권과 국민의 생존권이 위협받는다. 15퍼센트의 식량 자급률을 가지고 어찌 독립국가로서 제 기능을 수행할 수 있다는 말인가. 말로는 농촌의 고령화·부녀자화 추세를 걱정하면서도 그 대안이란 게 고작 '수출농업' 입국이라니, 언제부터 해대던 잠꼬대던가. 국화꽃, 장미꽃이 잘 팔리고 파프리카, 선인장 수출이 잘된다고 농업·농촌을 살릴 수 있다는 말인가. 국민의 세금으로 먹고사는 농업 기관이 밥상용 쌀 수입에 열을 올리고, 한식 세계화 한다고 농산물 원료 수입을 부추기고 앞장서며 물가 3퍼센트선 유지를 위해 할당관세, 무관세 수입이나 남발하면 수출 입국이 된 것인가. 농민 조합원들의 자주독립기관인 농협중앙회가 농민의 사활을 좌우하는 한·미 FTA에 임하여도 찍소리 한마디 못 하는 참담한 몰골을 보며 우리나라 농업·농촌·농민의 운명을 자탄할 수밖에 없는 현실이 아니던가.

이제는 농업을 버린 정권과 정치권과 정부를 욕해봤자 소용이 없다. 농업 관련 기관과 농민단체의 어용 지도자들을 탓해봤자 별 무소득이다. 믿을 놈들이 하나도 없다. 우리 농민 스스로가 살길을 찾아나서야 한다. "산 첩첩 물 겹겹 길 없는가 여겼더니, 뿌연 구름 검은 숲 사이에 또 한길(마을)이 있는 것을……"이라고 노래하던 옛 성현들의 시구에 맞춰 우리 농업이 스스로 살길을 찾아 일어설 때다. 분노에 가득 차 얼굴을 찡그리고 공중에 삿대질을 해보아야 알아줄 사람도 없고 아스팔트 위에 볏단을 불사르고 황소를 몰고 나서봐야 들어줄 놈들이 아니다.

그러면 어떡해야 하나. 고민할 필요도 없다. 첫째, 정신을 바짝 차리고 똑같은 말장난에 속아 넘어가지 않는 것이 제일 중요하다. 선거 때 특히 정신을 바짝 차려야 한다. 선거란 '더 나쁜 놈을 배격하고 덜 나쁜 놈을 찍는 것'이라는 함석헌 선생님의 말씀을 깊이 가슴속에 새겨 담아두어야 한다. 정치가들은 다 나쁜 놈, 다 도둑놈이라고 말해서는 희망이 없다. 정치는 좋은 사람 착한 인간을 만드는 종교가 아니다. 덜 나쁜 놈을 골라 당선시켜야 더 나쁜 놈들이 반성하고 후회할 것이 아닌가. 우리 농업·농촌·농민을 해코지한 사람, 당리당략에 따라 우리 농업을 헌신짝처럼 저버린 정당, 한·미 FTA에 찬성했거나 부추긴 사람들이 그렇지 않은 정치가들보다 더 나쁜 놈들이다. 그리고 한바탕 실컷 웃자. 한 번은 속았지만 두 번째는 속지 않았다고 유쾌하게 웃어보자.

둘째, 지방자치단체들을 친농업·친농민적으로 만들어가자. 지방자치제가 WTO/FTA 완전개방 체제하에서 우리 농업·농촌의 마지막 희망이다. 지방자치단체가 지역 주민들의 삶과 생업을 북돋고 지원하는 것은 WTO와 각종 통상 협정에서 비교적 자유롭다. 이것이 우리보다 일찍 완전개방 체제를 도입한 선진국들이 자국의 농업·농촌·농민을 지킨 비결이기도 하다. 마찬가지로 지역농협과 중앙회의 의결기구도 진정한 농민대표들이 접수해야 한다. 농협과 지자체가 우리 농업·농촌을 살려낼 선진국형 개방 농정의 대안이다. 그리하여 한·미 FTA를 폐기하고 무효화하는 범국민적 운동에 성공하면 그 아니 유쾌한 일인가!

지자체를 농민 편으로 만들어야

셋째, 마음을 단단히 다잡아 친환경 유기농업에 정진하자. 세계 각국의 가장 저렴한 농축산물이 관세 하나 물지 않고 쏟아져 들어오는데, 가격이나 생산 비용으로 버틸 장사는 없다. 우리나라 땅값이 제일 비싸고 호당 영농 규모는 선진국들의 10분의 1, 20분의 1도 되지 않는데 가격으로 경쟁한다는 것은 참으로 낙타가 바늘구멍으로 들어가는 것만큼 힘든 게 현실이다. 그 대안은 품질과 안전성, 자가 식품가공으로 맞서는 것이다. 그것은 친환경 무농약 농업 또는 유기농업이다. 결코 유전자조작 종자를 사용하지 않는 안전한 식품 생산과 조상 대대로 전수된 발효식품의 세계화를 도모할 때다. 식량 자급률이 떨어질수록 친환경 농축산물과 안전한 가공·발효식품을 생산해내는 우리 농민들이, 건강·생명 의식이 투철한 우리 국민 소비자들에게 우리 농식품을 "사려면 사고 말려면 마세요!"라고 유쾌하게 큰소리 칠 수 있어야 한다. 소비자의 마음을 감동시키는 안전하고 건강한 농식품을 제값 받고 파는 유쾌한 농부가 되어야 한다. 그러면 다시 농촌으로 돌아오라고 애원하지 않아도 도회지로 나간 젊은이들에게 스스로 돌아올 것이다.

끝으로, 온 세상 지구촌에 식량 생산이 부족해지면 수출무역 자유화에 미쳐 있는 정치권·재계·언론계 인사도, 제아무리 비싼 돈을 주고도 제때 수입하지 못한다. 그러면 상대적으로 값이 싸진 안전하고 맛 좋고 품질 좋은 우리 농산물을 다투어 찾을 날이 올 것이다. 그때까지 길어야 20년 동안 논밭을 절대 팔지 말고 일흔 살, 여든 살, 아니 아흔 살까지 버텨내기만 하면 우리나라 농업에 새날이 찾아올 것이다. 그때 유쾌하게 우리 모두 웃어보자. 제발 농사지어 떼돈을 벌 생각만 접으면, 슬기로운 우리 농민들은 그까짓 개방체제, 개방 정권의 무지와 농업 경시 언행쯤이야 거뜬히 참아 버틸 수 있을 것으로 확신한다.

참 재수 없는 정치 세력들을 만나 요즘 우리 농업·농촌·농민들이 이 모양 이 꼴로 천대를 받고 있지만, 해가 뜨면 지는 것이고 달이 차면 기우나니, 정권인들 어찌 무한하랴. 어리석은 백성들을 어여삐 보사 문맹에서 해방시키고자 우리 말을 우리 글로 표현하는 한글을 제정·반포할 때 한사코 제지하던 수구보수파들을 세종 대왕은 "지랄하고 자빠졌네!"라고 통쾌하게 꾸짖으며 웃으면서 밀고

나가셨다. 그래서 우리 모두 새해에는 세종 대왕의 말씀에 따라 한·미 FTA를 "지랄하고 자빠졌네" 웃으면서 무효화해나가자. 그것은 유쾌한 농부의 첫걸음을 다시 시작하는 것이다.

| 한국농어민신문 2012년 1월 5일 |

■ 인터뷰

역지사지할 능력 없는 사람, 외교·통일에서 손떼야

김성훈 전 농림부 장관은 쌀 수입개방 반대에 앞장선 학자로 각인돼 있다. 우루과이 라운드 반대 투쟁이 한창이던 1990년대, 김 전 장관은 중앙대학교 교수 신분으로 범국민대책위원회의 집행위원장을 맡아 현장을 누볐다. 그 뒤 국민의 정부 초대 농림부 장관을 비롯해 시민단체에서 여러 가지 직함으로 많은 역할을 했지만 20여 년 전의 기억은 선명하다.

서울 강남의 작은 호텔 커피숍에서 만난 김 전 장관은 '갑을 현상'과 경제 민주화, 남북 관계, 5.18 역사 왜곡 등 현안에 대해 거침없이 의견을 밝혔다. 박근혜 정부 들어 전쟁 위기, 개성공단 폐쇄, 6.15 남북 공동행사 불허 등 남북관계 개선의 실마리가 풀리지 않는 상황에 김 전 장관은 우려를 금치 못했다. 아울러 정부의 대승적인 자세를 촉구했다.

그는 "남북 관계는 역지사지하는 지혜가 필요하다"며 "서로 이익이 되는 일부터 하고, 자주 만나야 하며, 주고받을 수 있는 것을 교류협력해야 한다"는 세 가지 원칙을 강조했다. 이어 "민간이든 정부든 만나야 한다. 만나는 데 조건을 붙여서는 안 된다"며 6.15 남북 공동행사 허용을 강력히 촉구했다.

불평등한 계약관계 바로잡자는 게 '갑을 현상'

민중의소리 직함이 많아서 어떻게 불러야 하나, 뭐가 제일 듣기 좋으신가?

김성훈 장관도 하고 대학 총장도 했지만, 모두 임시직이고 변하지 않는 것은 교수 같다. 지금은 중앙대 명예교수다.

민중의소리 지난(2013) 3월에 경실련 소비자정의센터 초대 대표에 취임하셨다. 원로 농업학자이자 전직 장관, 대학 총장으로 널리 알려져 있는데 이해가 상충하는 문제에 뛰어든 것은 의외다. 보통 책을 쓰거나 하지 않나?

김성훈 39년생이다. 환갑이 한 바퀴니 빼고 열세 살 반이라고 생각한다. 이명박 대통령이 그만두는 것을 계기로 환경정의 이사장을 6년 만에 내려놓고 벌 · 나비 따라서 자유롭게 살려고 했는데 세상이 나를 가만히 두지 않는다(웃음).

경실련 대표였던 사람에게 산하의 센터 대표를 맡기니 대통령 하던 사람에게 구청장 하라고 하는 것 같아 미안하다고 하더라. 내가 아직도 필요하구나 생각했고, 또 삼고초려하는 것이 싫지만은 않았다(웃음).

민중의소리 '갑을 관계' 또는 '을의 반란'이 요즘 화두다. 없던 일이 생긴 것이 아니라 있던 것이 수면 위로 올라왔다.

김성훈 경제 민주화라는 것이 거시적으로 볼 때는 재벌 독과점을 규제하는 차원의 문제지만, 서민 입장에서는 가진 자들에 의해서, 힘 있는 자들에 의해서 일방적으로 당하기만 하는 불평등 계약 관계를 바로잡자는 것이다. 이게 요즘 '갑을 현상'의 바탕이다.

9세기 초 장자크 루소가 '계약론' 얘기할 때부터 개인 간이든 국민과 나라 간이든 계약관계는 평등과 민주, 자유를 전제로 했다. 프랑스에서 더 이상 불평등한 관계를 못 참겠다고 터진 것이 요즘 상영 중인 영화《레미제라블》에 나오는 혁명이었다. 지금의 갑을 논쟁도 을을 탈출해서 대등한 관계를 맺자는 움직임이다.

민중의소리 대표를 맡으신 소비자정의센터는 유전자조작 식품 정보 공개, 망 중립성 보장과 애플리케이션 다운로드 제도 개선, 고속도로 통행료 무료화, 프랜차이즈 영세 자영업자의 생존권 보장 등을 다루고 있다. 소비자단체는 이미 많은데, 센터는 어떤 역할을 하고자 하나?

김성훈 자본주의는 소비자가 왕이다. 그런데 지금은 봉이다. 이제 봉에서 왕이 되자는 것이다. 우리 센터는 30~40대 젊은 변호사와 전문가들이 주축을 이루고 있다. 기존 소비자단체처럼 피해 사례를 접수받아 정부 대신 풀어주는 역할도 중요하지만, IT 등 새로운 소비자 문제를 발굴해 대안을 만들고 법적으로 대응하는 것이 더 중요하다. 우리 센터는 정보와 전문성을 바탕으로 소비자 문제를 해결하는 새로운 유형을 선보일 것이다.

민중의소리 CJ를 비롯한 재벌 대기업이 조세 피난처를 통해 불법 자금을 '세탁'하거나 탈세를 했다고 비난받고 있다. 경제정의가 경제민주화의 바탕인데 기득권층이 솔선수범하지 않고 있다.

김성훈 그동안에 경실련과 참여연대 등 많은 단체와 학자들이 재벌 비리를 지적할 때, 이를 옹호했던 것이 정치권과 보수 언론이다. 자금 흐름을 투명하게 하라고 하면, 고소고발하고 시민단체가 곤욕을 치르게 했다. 자기 이익만 도모하는 사람은 보수가 아니라 극우 세력이며, 우리 사회의 좀비다.

박 대통령, 역사 왜곡 꾸짖어야

민중의소리 '임을 위한 행진곡' 제창 논란이 5.18 역사 왜곡으로 번지며, 결과적으로 박 대통령의 5.18 기념식 참석 의미도 퇴색됐다. 정부의 태도를 어떻게 보나?

김성훈 국가가 밝혀놓은 역사적 사실을 부정하는 것은 한마디로 우습다. 장관 후보자들이 인사 청문회에서 '5.16이 쿠데타인지 말할 수 없는 것 이해해달라'고 한다. 보훈처장도 그런 사람일 것이다. 박근혜 대통령이 '눈 가리고 아웅'해서는 안 된다. 장관들이 교과서에 나온 5.16을 말하지 못하는 것을 호통치고 나무라야 한다.

(일베 등) 인간도 아닌 좀비 세력에 박 대통령은 왜 한마디도 안 하나? 박정희 대통령 총 맞은 사건을 그런 식으로 말하면 뭐라고 할까. 일국의 대통령이면 만인의 어머니 아버지이자 아들딸이 돼야 한다. 5.18 민주화 운동 때 돌아가신 분들을 욕보이면 대통령은 마땅히 꾸짖어야 한다. 그러지 않으면서 행사에 참여하는 것은 겉 다르고 속 다른 행동이다.

민중의소리 최근엔 '일베' 등은 역사 왜곡은 물론 특정 인사, 특정 지역을 비하하고 괴롭히는 양태를 보이면서 학계에도 충격이 일고 있다.

김성훈 일베 등은 우리 사회의 잡초다. 잡초는 아무리 베어내도 자라난다. 성장할 토양을 없애야 한다. 곰팡이를 없애려면 토지의 습기를 씻어 없애고 흙을 정화해야 한다.

또 일희일비하는 것은 진정한 선비가 아니다. 선비는 항상 사안에 임하여 바르게 생각하고 바르고 말하고 역사를 보고 살아가야 한다. 연구비를 안 주고, 위원회에서 몰아내는 일이 이명박 정부에서 일어났는데 나도 위원회에서 두 개나 밀려났다.

민중의소리 장관님도 우루과이 라운드 투쟁 때부터 좌파라는 말을 들었으니 오래됐다.

김성훈 김대중 정부 때까지는 개혁파로 불렸다. 노무현 정부 때는 경실련 대표였는데 청와대 수석 모임에서 보수파의 리더라고 했다더라. 이명박 정부에서는 정반대로 중도좌파라고. 그 당시 나온《한국의 300인 성향 분석》인가 하는 책에 개혁 중도좌파라고 돼 있었다. 존경하는 한승헌 변호사에게 물으니 "오른쪽에서 볼 때는 오른쪽 얼굴만 보이니 우파고, 왼쪽에서 보면 왼쪽 얼굴만 보이니 좌파고, 정면에서 보면 중도다. 누가 뭐라고 하면 고개를 돌려서 눈을 마주치며 정시(正視)해라" 하더라. 그 뒤 초연해졌다.

민중의소리 이명박 정부 들어 최악으로 치달았던 남북 관계가 풀릴 계기를 잡지 못하고 있다. 개성공단 폐쇄로 입주 기업은 엄청난 피해를 보고 있고 남북 관계도 완충지역이 사라져버렸다.

김성훈 우리민족서로돕기 운동본부 공동대표로 북을 10여 차례 다녀왔다. 우리 눈으로 그쪽을 보면 받아들이기도 어렵고 욕이 나올 수도 있다. 그쪽 시각으로는 우리 쪽이 못 봐주게 친미, 사대, 종속, 퇴폐일 수도 있다. 남북 관계는 역지사지하는 지혜가 필요하다.

이익 되는 일부터, 자주 만나서 교류 협력해야

민중의소리 남북 교류협력에 오래 관여하시며 터득한 원칙 같은 게 있나?

김성훈 세 가지로 정리할 수 있다. 서로 이익이 되는 일부터 해야 한다. 자주 만나야 한다. 그리고 주고받을 수 있는 것은 적극 교류 협력해야 한다. 대표적인 것이 개성 공단과 금강산 관광이다. 우리는 이것을 경제 사업만 아니라 평화 사업이라고 생각했다.

민중의소리 6.15 남북 공동행사를 허용해달라는 민간 통일운동과 불허하겠다는 정부가 마찰을 빚고 있다.

김성훈 정부가 눈 질끈 감고 승인해줬으면 좋겠다. 정부끼리 하자는 것은 거절하고 공격이나 하면서 민간을 꼬셔 이간하려 한다고 의심한다. 모 장관이 북한이 진정성을 보이라고 하는데 그럼 우리 쪽은 진정성을 보였나.

역지사지할 능력 없는 사람은 '통일'이나 '외교' 자 붙은 자리에서 물러나야 한다. 민간이든 정부 차원이든 서로 이익이 되는 것을 해야 하고, 보수층도 설득할 수 있어야 한다.

정부가 대승적이어야 한다. 북에서 기업인을 초청하거나 6.15 기념행사 오라고 하면 신변 보장해줄 테니 남쪽으로 오라고 초청하고, 민간만 오라고 하면 '좋다, 가는 김에 정부 관계자도 같이 가자'고 하고.

민중의소리 박근혜 정부가 곧 100일을 맞는다. 이명박 정부와 같은 길을 갈 것인지, 다를 것인지가 관심사다. 어떻게 보나?

김성훈 국무총리실 사찰 명단에 70대 이상으로는 유일하게 내가 있었다. 이명박 정부 끝나니 전화기가 맑아졌다고 자식들이 좋아한다(웃음). 이명박 정부 초기에 우리 후원하던 기업인이 모처에서 전화를 받았다며 현금 봉투를 들고 왔다. 미안하다고, 이게 끝이라고……. 시민단체 대표들이 간사 월급 줄 돈이 없어 직접 돈을 모았을 정도였다.

얼마 전 식약처에서 점심 같이 하면서 주제 정하지 말고 좋은 말씀 해달라는 연락이 왔다. 그래서 뒷방 늙은이 말고 실세를 만나보라고 다른 사람 추천했다. 그 전과는 다른 태도다.

— 인터뷰 • 고희철 민중의소리 기자

| 민중의소리 2013년 6월 4일 |

이제는 제가 뭔가 되기를 바라는 것이 아니라, 뭔가 이루어지도록 희망하고 봉사하고 싶습니다. 제 희망을 이야기하자면, 첫째로 환경 생태계가 살아났으면 좋겠고, 둘째로는 공동체 정신이 다시 살아났으면 좋겠어요. 그리고 셋째로 기후변화에 대비하고 싶어요. 우선 나무를 많이 심는 것부터 실천할 생각이에요.

그리고 평화를 지키고 싶어요. 평화라는 말은 음식을 서로 나누어 먹고 공평하게 잘살자는 걸 의미해요. 한쪽에서는 남아도는 음식 때문에 18조 원이나 되는 어마어마한 음식물 쓰레기를 만들어내고, 다른 한쪽에서는 어린 아이들이 영양실조로 죽어가고 있는 상황에서는 평화가 이루어질 수 없습니다. 평화는 나눔과 배려, 함께 더불어 사는 삶이에요. 인생에서 자기 혼자, 자기 가족만 잘 먹고 잘살면 그게 무슨 웰빙이 되겠습니까? 더불어 잘 먹고 잘사는 균형된 사회를 만드는 것. 그게 제가 바라는 삶이에요.

5부

•

續
나의 삶, 나의 생각

김성훈 전 농림부 장관의 '관료들과의 전쟁' 29개월

"홍시도 때가 되면 떨어집니다. 나무가 붙잡을 수도 없고, 나무에 붙어 있을 수도 없는 겁니다."

2000년 8월 7일 오전 청와대의 개각 발표가 나온 직후, 2년 6개월 동안 농정 개혁을 진두지휘했던 김성훈(63) 전 농림부 장관이 과천 정부종합청사를 떠나면서 남긴 말이다. 김 전 장관은 마치 오래전부터 퇴임을 예상했다는 듯이 이틀 뒤 가족들을 데리고 캐나다로 떠났다. 김 전 장관은 "대통령에게 물러나게 해달라고 간곡히 요청했다"고 털어놓았다. 건강 문제도 있었지만 '장관으로서 할 수 있는 일은 다 끝냈으니, 학자로 돌아가고 싶다'는 뜻을 대통령이 받아들인 것이다.

김 전 장관은 학자로 돌아온 뒤 여러 곳에서 유혹을 받았다. 김대중 정부의 농정 개혁 프로그램을 완성시킨 사람으로서 나름의 '상품가치'를 인정받은 셈이다. 하지만 김 전 장관은 응하지 않았다. 8년 된 소나타 승용차를 직접 운전하고 다니면서도 이권이 예상되는 장(長) 자리를 거듭 거절하고 그가 새롭게 뛰어든 곳은 비정부기구(NGO)였다. 경실련 통일협회 이사와 내셔널트러스트 운동 공동대표를 포함해, 그가 현재 참여하고 있는 시민·사회 단체만도 무려 8개에 이른다.

김 전 장관은 정치권이 요동치고 개혁 정책이 좌초할 때마다 하고 싶은 말이 목구멍까지 치고 올라와서 참느라 힘들었다고 말한다. 그러나 그는 사석에서 안타까움을 털어놓을 뿐 공식적인 발언은 자제했다. 공직에서 물러난 사람이 정부 현안을 두고 왈가왈부하는 것은 옳지 않다는 소신 때문이었다. 그는 퇴임 직후 가진 《신동아》 인터뷰에서 '그 자리를 떠나서는 그 자리의 일을 논하지 말라'는 맹자의 문구를 떠올렸으며, 2001년 9월《신동아》에 기고한 '벼슬자리에 나아갈 때와 물러날 때'라는 수필에서도 다산 정약용의 《목민심서》를 길게 인용한 뒤 현직에 있을 때 최선을 다하는 것이 공직자의 미덕이라고 밝혔다.

"무릇 벼슬살이란 국민이 위임한 공권력을 국리민복을 위해 대리 행사하는 자리다. 관직은 영원히 소유할 대상이 아니다. 구한다고 해서 뜻대로 얻어지는 자리도 아니다. 주인인 백성의 뜻에 따라 임시 관리하는 자리에 불과하다. 공직자의 마음가짐이 이와 같아야 그 자신은 물론 나라가 평안하다."

그러나 연말연시를 전후로 각종 게이트가 터져나오면서 김 전 장관의 심경에 작은 변화가 생겼다. 1월 14일 김대중 대통령의 연두 기자회견을 지켜본 뒤에는 위기 불감증에 빠진 정부 관료와 복지부동으로 일관하는 일부 각료를 향해 뼈 있는 비판을 던지기도 했다. 그러면서도 대통령이 모든 사태를 파악하고 개각 과정에서 민심을 반영할 것으로 전망했다. 하지만 1.29 개각은 국민의 기대와 어긋났다. 김 전 장관의 우회적인 표현처럼 "처세에 능해 스스로 물러나야 할 사람"이 살아남았다.

인사는 만사

이 무렵부터 김 전 장관은 고민에 빠졌다. 김대중 대통령을 '성공한 대통령'으로 만들기 위해 '국민의 정부'에 참여한 사람으로서 더 늦기 전에 뭔가 해야 한다는 책임감을 안게 된 것이다. 처음에는 대통령에게 고언을 하는 방법도 생각했지만, 물러난 공직자의 자세가 아니라고 결론지었다. 그다음으로 떠오른 것이 자신이 직접 경험한 관료사회의 문제점을 낱낱이 공개하는 문제였다. 아무리 뛰어난 사람이라도, 관료를 휘어잡지 못하면 실패할 수밖에 없다는 것이 김 전 장관의 경험적 판단이기 때문이다.

김 전 장관은 인터뷰를 약속하고도 며칠을 망설였다. 아무리 좋은 뜻에서 관료사회의 문제점을 비판한다고 해도 그로 인해 공무원들과 맺은 인간적 관계가 틀어질까 우려한 것이다. 하지만 김 전 장관은 대를 위한 소의 희생을 택했다. 자신이 지인들로부터 받게 될 비난은 작은 손실이요, 후퇴하고 있는 개혁의 물줄기를 되돌리는 것은 국가적 대사라고 판단한 셈이다. 그는 내친 김에 학자 출신 장관이 관료를 어떻게 길들여야 하며, 청와대와 국회 그리고 언론을 어떻게 상대해야 하느냐 하는 방법론까지 제시했다. 말하자면 김성훈판 '관료학개론'을 발표한 셈이다. 2월 9일 오전 김 전 장관의 집을 찾았다.

김 전 장관은 국민의 정부가 아니었다면 장관이 될 수 없는 이력의 소유자다. 김대중 정부가 들어서기 전까지 그는 농림부의 골치 아픈 존재였다. 대학교수 신분으로 1992년 농민단체와 함께 우르과이 라운드 협상 반대운동을 벌일 때부터 그는 정부의 농업 정책을 줄기차게 비판해왔기 때문이다. 이 바람에 김 전 장관은 '신운동권 교수'라는 별명을 얻었으며, 농림부 산하기관의 각종 자문위원직에서 물러나야 했다. 김대중 대통령이 조각을 할 때도 농림부는 자민련 몫으로 분류돼 있었다. 하지만 김 대통령이 막판에 김종필 국무총리 내정자와 의견일치를 보면서 극적으로 그에게 기회가 찾아온 것이다.

김 대통령이 김 전 장관을 선택한 이유는 당시의 특수한 상황과 무관치 않다. IMF 환란 이후 한국경제는 급속한 위기를 맞았는데, 특히 농촌의 피해가 극에 달했다. 축산농가는 돼지를 내다버렸고, 젖소 송아지는 고양이 값보다도 싸게 팔렸다. 농산물 값도 바닥까지 떨어져 파산하는 농민들이 속출하고 있었다. 김 대통령으로서는 농정 개혁을 과감하게 추진할 사람이 필요했던 것이다.

김 전 장관은 농림부 장관으로 임명되면서 가장 먼저 '인사 개혁'을 떠올렸다고 한다. '인사는 만사'라는 말처럼 인사가 잘못되면 개혁은 성공할 수 없다고 본 것이다. 요즘 일부 언론과 시민단체들이 김대중 정부 4년을 평가하면서 인사 정책을 가장 호되게 비판하는 것을 보면, 인사 문제에 대한 김 전 장관의 독특한 대처방식은 매우 돋보이는 대목이다.

김 전 장관이 농림부 인사에 온 신경을 집중한 이유는 또 있다. 그건 바로 농림부가 구 정권에서 '찬밥' 대우를 받는 과정에서 호남 출신 인사들의 집합소처럼 돼버렸기 때문이다. 실제로 김 전 장관이 임명될 당시 13명의 국장 중 7명이 호남 출신이었다. 과장급도 30퍼센트 이상이 호남 출신으로 다른 정부 부처와 큰 차이가 있었다.

하지만 많은 부처에서 정권 교체 이후 호남 인사들의 약진이 이루어진 반면 농림부에서는 그런 현상이 나타나지 않았다. 김 전 장관이 재임하는 동안 승진한 사람이 모두 127명(4급 이상)인데, 이 중 영남이 28.5퍼센트로 가장 많고, 호남 27퍼센트, 서울·경기 15.3퍼센트, 충청 11.7퍼센트의 순이었다. 전남 목포가 고향인 김 전 장관으로서는 호남 편중 인사시비에 휘말리지 않기 위해 최선을 다한 셈이다.

기업인은 직원 입회하에 만나

김 전 장관은 취임 직후 불필요한 오해의 소지를 없애기 위해 두 가지 원칙을 공개적으로 밝혔다. 첫째, 재임 중 농림부와 산하기관 직원은 절대로 장관의 집에 찾아올 수 없다. 볼 일이 있는 사람은 사무실에서 절차에 따라 만나야 한다. 둘째, 기업가와 만날 수는 있다. 하지만 장관실에서 해당 국장의 입회하에 기록하면서 만난다. 이것은 비리사건의 상당수가 사적인 만남에서 비롯된다는 점에 착안한 아이디어였다.

며칠 뒤 첫째 원칙을 어긴 사람이 나타났다. 역대 호남 출신 장관의 심부름을 도맡았다는 농림부 과장급 직원 Y씨가 두 차례에 걸쳐 김 전 장관의 집으로 찾아온 것이다. 그는 "그동안 여러 장관을 모셨습니다. 어려운 일이 있으면 저를 활용해주십시오. 제 고향은 전라도 ○○이고, 장관님을 예전부터 잘 알고 있습니다"라고 말하기까지 했다.

바로 다음 날 김 전 장관은 간부회의에서 이 사실을 공표하고 Y씨를 한직으로 전보 발령했다. 그리고 얼마 뒤 구조조정 과정에서 Y씨를 명퇴시켰다. 김 전 장관은 "지금 생각하면 아주 미안한 일이지만, 기강을 바로잡기 위해 어쩔 수 없는 조치였다"고 회고했다.

김 전 장관의 가족 중에서도 원칙을 위반한 사람이 있었다. 바로 칠순을 넘긴 큰누나다. 큰누나는 김 전 장관을 어릴 때부터 뒷바라지해준 어머니 같은 존재다. 하지만 큰누나가 "내 초등학교 동창의 아들이 농림부 산하기관에 근무하는데 본부로 승진시켜달라"고 부탁하면서 이력서를 건네자, 김 장관은 불같이 화를 냈다고 한다. "누님이 나를 장관 시켰소? 나는 이렇게 부탁하는 놈을 벌줘야겠습니다. 누님은 내가 장관 그만둘 때까지 우리 집 출입금지요. 대신 철마다 인사는 하겠습니다." 그러자 큰누나는 통사정을 하면서 "처벌만은 말아달라"고 애원했다는 것이다. 김 전 장관은 그때의 일을 떠올리면서 "나도 참 못된 사람"이라고 말했다.

관료는 집단으로 행동한다

김 전 장관은 자택을 공개하지 않은 탓에 '봉변'도 겪었다. 취임 직후 터진 김강용 절도사건이 그것이다. 당시 김강용의 변호사는 "삼성동 현대빌라 김성훈 장관의 집에서 운보 그림 300호 등을 훔쳤다"고 말했다. 김 전 장관의 집은 큰 그림을 걸어놓을 만큼 넓지 않았음에도, 농림부 직원 가운데 장관의 집에 가본 사람이 한 사람도 없다 보니 아무도 대꾸할 수 없었던 것이다. 뒤늦게 김강용이 현장검증에서 또 다른 '현대빌라'를 지목하면서 오해가 풀렸는데, 김 전 장관은 그때서야 직원들을 초청해 저녁을 대접했다.

기업가와는 반드시 기록하면서 만나겠다는 원칙은 김포 매립지 사건이 터졌을 때 위력을 발휘했다. 동아그룹 최원석 회장은 김포 매립지의 용도를 바꾸기 위해 다양한 루트로 로비 활동을 추진하고 있었는데, 김 장관은 "김대중 정부의 도덕성이 걸린 문제다. 김포 매립지를 풀어줄 경우 수서 비리 이상의 게이트가 터질 수 있다"며 완강히 반대했던 것이다.

이 무렵 김 장관은 최 회장과 장관실에서 만난 일이 있다. 물론 농림부 간부 두 사람이 대화를 기록했다. 이날 최 회장은 김 장관의 '국가 기강론'에 설복당해 마침내 "그렇다면 그냥 농사를 짓죠"라며 물러섰다고 한다. 하지만 얼마 뒤 최 회장은 용도 변경을 추진한다며 일본 용역회사와 계약까지 맺었다. 그러자 일부 신문에서는 김 장관의 뇌물수수 의혹을 흘리기도 했다. 이때 김 장관은 '비장의 무기'인 회의록을 전격적으로 공개했고, 김포 매립지를 둘러싼 용도 변경 논쟁은 막을 내렸다.

김포 매립지를 둘러싼 농림부와 동아건설의 힘겨루기가 벌어지는 과정에 김 장관은 수많은 압력을 받았다. 그는 퇴임 직후 당시의 고충을 솔직하게 털어놓은 일이 있다.

"대한민국의 한다 하는 정치인은 거의 다 나한테 전화를 걸어서 '김포 매립지를 풀어주라'고 했습니다. 관계 부처 장관회의에서도 농림부 장관 빼고는 전부 풀어주자고 했어요. (중략) 워낙 압력이 세게 들어와서 김종필 총리에게 보고했습니다. 대부분의 언론과 정치권이 다 허용해주라고 했지만, 김 총리는 내 얘기를 듣고 고개를 저었습니다. 그래도 동아그룹이 포기하지 않아 대통령께 말씀드렸습니다. 대통령께서는 '아무리 기업이 어려워도 부정한 방법으로 도울 수는 없다'며 농림부에 힘을 실어주셨습니다."

김 전 장관은 김포 매립지 사건을 통해 관료는 위험이 따르는 사안이 발생할 경우 집단으로 행동한다는 것을 뼈저리게 깨달았다고 한다. 농림부에 대한 로비가 관계 부처 관료들을 통해 아주 치밀하게 들어왔다는 것이다. 이 과정에 학연과 지연이 개입해 도저히 견딜 수 없는 지경에까지 이르렀다고 한다. 결국 코너에 몰린 김 장관은 마지막 카드를 뽑았다. '책임지기 싫어하는' 관료의 아킬레스건을 공격한 것이다.

"'여러분들이 정말 특정 기업에 특혜를 줘야 한다고 생각하면, 당신들 이름으로 결의하라. 농림부 장관은 용도 변경에 반대했는데, 누구 누구가 찬성해서 용도 변경을 할 수밖에 없다고 써라.' 그러니까 아무도 더 얘기를 못하더라고."

김 전 장관은 이 과정에 대통령과 교감이 있었다고 한다. 그 내용을 들어보면 대통령의 마음을 돌려놓기 위해 여러 명의 장관과 청와대 수석비서관들이 움직인 흔적이 보인다. 그럼에도 대통령은 끝까지 김 장관에게 힘을 실어줬다는 것이다. 김 전 장관의 말을 더 들어보자.

"나는 대통령이 이 문제에 대해 어떤 생각을 갖고 있는지 이심전심으로 알고 있었어요. 하지만 그걸 아무한테도 공개하지 않고 묵묵히 버텼던 거죠. 그런데 얼마 후 어떤 장관이 나한테 대통령이 해주랬다고 말하는 겁니다. 대통령이 하지도 않은 말을 전하면서 나를 협박한 거예요. 나는 그게 거짓말이라는 것을 알면서도 대통령 얘기는 한마디도 꺼내지 않았어요. 계속해서 압력을 넣길래 내가 그분에게 '대통령께 물어보겠다'고 하니까 금세 얼굴이 빨개지면서 '해주라는 게 아니라 협의하라는 얘기'라며 꼬리를 내리더라고요. 그 사람과 동아그룹 고위 관계자가 모 대학 동문이거든요. 그러니까 자기들의 이익을 위해 대통령까지 속이려고 든 겁니다."

정치인을 통한 로비

김 전 장관은 동아그룹 측이 자신을 회유하기 위해 금품을 제공하려 했던 사실도 공개했다. 최 회장은 김 전 장관이 "장관실이 아니면 절대 만나지 않겠다"고 말하자, 전직 장관 K씨를 내세워 "호텔에서 만나자. 한 번만 만나주면 평생 후회하지 않도록 해주겠다"는 말을 전해왔다고 한다. 이 일이 있은 뒤 김 장관은 농림부 직원들에게 "누구든 기업인들과 밀실에서 만나 협상하는 사람은 그냥 두지 않겠다"고 엄명을 내렸다.

김 전 장관이 취임한 시기는 IMF 직후였다. 따라서 기업은 물론 정부 부처에도 구조조정의 찬바람이 불고 있었다. 어느 조직이든 사람을 정리하면 잡음이 생기게 마련이다. 하지만 농림부는 23.6퍼센트를 잘라내면서도 별다른 구설수에 휘말리지 않았다. 그것은 김 장관이 도입한 과거 불문의 원칙과 상향평가 방식 덕분이었다.

김 장관은 9개 국장급 인사를 단행하기에 앞서 서기관급 이상 간부 80여 명을 소집했다. 그러고는 9개 국장 자리가 공란으로 남겨진 설문지를 돌리고 "여러분이 생각하는 최적임자를 쓰라"고 말했다. 농림부는 오랫동안 순환보직제를 실시해왔기 때문에 능력 있는 사람은 여러 부서에서 골고루 표가 나올 것이라고 본 것이다. 실제로 김 장관의 예상은 적중했다. 인사기록 카드를 검토하고 개별적인 탐문자료를 취합해 김 장관이 직접 작성한 국장 후보와, 농림부 직원들의 평가는 거의 일치했다. 이렇게 해서 인사시비를 사전에 차단한 것이다.

청탁하면 불이익당한다

상향식 평가에 전혀 문제가 없었던 건 아니다. 투표 결과 두세 표밖에 얻지 못한 4명의 국장을 명퇴시키는 일이 순조롭지 않았던 것. 이들을 출신지로 보면 호남 3명, 충청 1명이었는데, 해당 지역 국회의원들이 김 장관을 압박한 것이다. 하지만 김 장관은 흔들리지 않았다. 장관이 외압과 청탁을 거부해야만 관료들을 설득할 수 있다고 본 것이다.

동교동계의 실력자 A씨는 세 번에 걸쳐 전화를 걸어왔다. A씨는 "어떻게 좀 해주십시오"라고 부탁했지만, 김 장관은 "이러시면 대통령께 누가 됩니다. 어쩔 수가 없습니다"라며 설문 결과를 알려주었다. 그러자 A씨도 "알겠습니다"라며 물러섰다.

야당 의원 L씨도 전화로 "충청도 사람을 왜 치려고 하느냐. 전라도 놈이 다 해먹는 거냐"며 원색적으로 비난했다. 이때도 김 장관은 설문 결과를 제시하며 "2표밖에 안 나온 사람을 국장으로 앉힐 수는 없지 않습니까. 충청도는 1명이지만, 전라도는 3명이나 잘렸습니다"라고 답했다.

재야 인사 출신의 또 다른 야당 의원 L씨는 노골적으로 자신의 후배를 승진시켜달라고 요구했다. 김 장관은 L의원에게 인사의 배경을 설명했지만, 막무가내였다고 한다. 김 장관은 그 뒤 L의원이 추천한 사람에게 오기로 불이익을 주었다고 털어놓았다. 정치인에게 부탁이나 하는 사람은 공직자로서 기본 자질이 부족하기 때문에 그렇게 했다는 것이다.

"강원도의 모든 국회의원이 부탁한 사람이 있었어요. 나는 지금도 그 사람이 그런 방법을 동원하지 않았다면 더 빨리 승진했을 거라고 생각합니다. 장관이 어떠한 경우에도 청탁이 통하지 않는다는 모습을 보일 때 비로소 직원들이 열심히 따르는 겁니다."

하지만 빈틈 없이 인사 문제를 처리하던 김 장관도 실수한 일이 있다. 바로 1999년 말의 소값 파동을 진정시키는 과정에서 J과장을 과도하게 징계한 것이다. 김 전 장관은 최근 자료를 정리하면서 이 같은 사실을 확인했다고 한다. 당시엔 워낙 급박한 상황이었기 때문에 농림부가 일종의 희생양을 만들었다는 것. 김 전 장관은 자신의 실수를 바로잡기 위해 김동태 현 장관에게 공문을 띄웠다. J과장에 대한 인사조치는 잘못된 판단에서 비롯된 것임을 감안해달라는 내용이었다. 퇴임한 장관이 자기의 잘못을 인정하는 장면은 여러모로 신선해 보인다.

김 장관이 이처럼 농림부 인사에 신중을 기했던 이유는 산하기관에 끼칠 영향 때문이었다. 김 장관은 농림부가 먼저 모범을 보이지 못하면 산하기관의 구조 개혁은 불가능하다는 결론을 내리고 많은 사람들이 동의할 수 있는 '상향식 평가'를 도입했다고 한다. 김대중 정부가 들어선 뒤 많은 부처의 산하기관 수장이 바뀐 것과는 대조적으로 농림부에서는 기존 인물이 구조조정을 단행한 것도 눈길을 끄는 대목이다.

김 장관이 취임할 당시 유통공사 사장은 군 출신인 최일근 씨였다. 김 장관은 최 사장에게 구조조정 30퍼센트, 해외 부실 지사 폐지 등을 제안하고, "이것을 실행할 경우 대통령께 보고해서 임기를 보장하겠다"고 말했다. 그러자 최 사장은 흔쾌히 동의했고 별다른 잡음 없이 그 이상의 개혁을 단행했다. 김 장관도 약속한 대로 최 사장이 임기를 무사히 마칠 수 있도록 배려했고, 최 사장은 구정권 군 출신 인사로 끝까지 자리를 지킨 유일한 기관장으로 기록됐다.

"주변에서는 정권이 교체됐으니까 다 바뀌야 한다는 분위기가 많았죠. 실제로 특정 인물들이 정치권에 줄을 대고 있었어요. 그때 대통령께 보고했습니다. '개혁을 제대로 하려면, 과거 정권 사람을 참여시키는 것도 방법입니다'라고요. 결과적으로 최 사장의 경우 구 정권 사람이었지만 구조조정을 잘 해냈잖아요."

하지만 농협·축협·인삼협 등 협동조합을 통합할 때는 어려움이 많았다. 김 장관은 1999년 3월 5일 정부 시안을 발표하면서 사표를 썼다. 차관과 차관보, 담당 국장도 그 뒤를 따랐다. 실패할 경우 책임을 지고 모두 물러나겠다는 결연한 자세였다. 김 장관은 이날 농림부 전 직원을 소집해 조회를 열고 동참을 호소했다. 10만 명을 거느린 조직을 상대로 800명밖에 안 되는 농림부가 싸움을 건 만큼, 전 직원이 똘똘 뭉쳐야만 승산이 있다고 본 것이다.

농민을 울린 부패 커넥션

그로부터 2개월 뒤 김 장관은 최대의 고비를 맞았다. 전국을 돌아다니며 열심히 뛰던 농림부 직원들이 갑자기 움츠러든 것이다. 이렇게 된 원인은 여러 가지가 있지만, '지난 5년간 떡값을 받은 공무원의 명단을 발표하겠다'는 축협 노조의 선전포고가 결정적이었다. 순환보직제가 관례로 돼 있는 농림부에서 지난 5년 동안 축산국을 거치지 않은 사람은 소수였던 것이다. 결국 이 해프닝은 농림부 직원들이 축산국에 머무는 동안 '부적절한' 돈을 받았다는 것을 대변해주는 결정적 증거인 셈이다.

김 전 장관은 농림부 축산국의 실태에 관한 감사 결과를 보고받고 혀를 내둘렀다고 한다. 물론 대부분이 구 정권에서 비롯된 사건이었지만, 공무원들의 무사안일주의에 분노하지 않을 수 없었다는 것이다. 김 전 장관이 밝힌 몇 가지 사례를 들어보자.

먼저 '소귀 표 사건'이다. '소귀 표'는 김영삼 정부 때 추진한 것으로 전국 모든 소의 귀에 표식을 달아서 소의 호적을 만드는 사업이다. 소를 품종별로 관리하겠다는 것은 나름대로 의미 있는 발상이었지만, 진행 과정에서 본래 의도는 사라지고 어떤 표식을 사용할 것인가에 관한 이권 사업으로 변모했다. 업자들의 로비전이 치열하게 벌어졌고, 결국 김대중 정부가 들어선 뒤 수십억 원의 예산을 낭비하고 중단됐다.

다음으로 '브루셀라병 백신 사건'이다. 소에게 많이 발생하는 브루셀라병을 예방하기 위해 백신을 개발하는 것은 바람직한 일이다. 문제는 1997년 대통령 선거 기간의 혼란한 틈을 이용해 성급히 백신 개발을 허가해주면서 시작됐다. 더 심각한 것은 그렇게 출시된 백신의 성능이다. 소의 유산을 막으라고 만든 백신이 오히려 유산을 촉진하는 등 심각한 부작용을 일으켰다. 이 사건으로 농림부가 축산농가에 물어준 돈만 500억 원이 넘는다.

동물약품 파동도 있었다. 이것은 비타민, 아미노산 등을 특정 동물약품회사가 독점 공급하게 한 뒤 매년 100억 원 이상의 이권을 챙긴 비리사건이다. 김 장관의 주도로 규제완화 조치가 공개된 뒤 모 약품회사는 김 장관을 비방하며 헌법소원까지 냈다. 김 전 장관은 이 사건을 회고하며 "선후배들이 똘똘 뭉쳐서 법까지 뜯어고치고, 관료들은 부정한 돈을 받아먹었다. 개혁은 땅 짚고 헤엄치면서 돈을 벌어들이는 잘못된 관례를 뿌리 뽑는 것"이라고 말했다.

1999년 3월엔 농림부 감사 결과가 파문을 일으켰다. 감사원은 문민정부 시절 농업 구조개선 사업을 위해 조성한 42조 원의 행방을 추적했다. 그 결과 농민을 지원해야 할 돈이 엉뚱하게 쓰여진 것으로 밝혀졌다. 심지어 노래방을 짓는 데 농민 지원금을 쓴 일까지 있었다. 김 장관은 이 내용을 보고받고 '현장감시단'을 출범시켰다. 어떤 지방자치단체든 부정하게 돈을 쓰면 예산을 대폭 삭감하겠다는 경고 메시지까지 띄웠다.

하지만 아무리 명분이 좋은 개혁도 독불장군 방식으로는 불가능한 법이다. 김 장관은 축협 노조가 관료비리를 폭로하겠다고 선언한 이후 움직이지 않는 농림부 직원들을 '우군'으로 끌어들일 필요가 있었다. 그래서 또다시 '과거 불문론'을 내걸고, 직접 사정 당국 관계자를 만나 "과거의 관행으로 챙긴 떡값은 앞으로 다시 되풀이 하지 않는다는 조건하에서 사면해야 한다"고 건의했다. 김 장관의 노력 때문인지는 몰라도 그 무렵 김 대통령이 국무회의 석상에서 "과거에 받은 경미한 떡값이나 향응은 불문에 붙인다. 하지만 앞으로 또 그런 일이 생기면 인정사정 봐주지 않겠다"고 말했다. 김 장관으로서는 천군만마를 얻은 셈이었다.

이 사건으로 김 전 장관은 중요한 교훈을 하나 얻었다. 관료는 개인의 이익과 국가의 이익이 합치될 때만 움직이고, 명분이 아무리 훌륭하더라도 개인에게 위해의 소지가 있으면 나서지 않는다는 사실이었다. 김 전 장관은 "장관이 아랫사람을 보호해주지 못하면 곧바로 역포위를 당한다. 장관의 얘기가 순식간에 밖으로 흘러나가고 그것이 다시 장관을 공격하는 무기가 돼서 돌아오기도 한다"고 말했다.

관료, 명분만으로는 안 움직여

농림부 인사와 산하기관 구조조정 문제를 매듭지은 김 장관은 본격적인 내부 개혁에 돌입했다. 김 장관은 오랫동안 재야단체와 함께 농림부를 비판해왔기 때문에 농림부의 문제점을 너무나 잘 알고 있었다. 하지만 김 장관은 환부를 잘못 건드릴 경우 덧날 수도 있다는 생각에서 관료들과 함께 수술에 들어가기로 했다. 모든 간부에게 과거 불문과 비밀 보장의 원칙을 천명하고 현재까지 관행으로 지속되고 있는 부조리와 비리 사례를 구체적으로 보고하는 '자술서'를 쓰게 만든 것이다. 여기에는 서기관급 이상 간부 63명이 참여했다.

"'장관 혼자만 볼 테니 아는 대로 써라. 만약 불성실하게 대답한 것이 확인되면 불이익을 감수해야 한다'고 말했죠. 나는 그때까지 농림부를 많이 안다고 자부했는데, 자술서를 받아 보고 놀라지 않을 수 없었어요. '공직사회가 이렇게 썩을 수가 있을까? 이걸 몰랐으니 장관이 관료에게 당할 수밖에 없었구나' 하는 생각이 들었습니다."

자술서에서 가장 많이 나온 내용은 각종 '떡값'이었다. 이밖에 외상값을 '고의로' 갚지 않은 행위, 산하기관에 비용을 떠넘기거나 예산을 배정하면서 부담을 전가하는 사례 등이 낱낱이 공개됐다. 김 장관은 자술서를 자세히 검토한 뒤 각 부서를 순회하면서 수술을 시작했다. 김 전 장관이 일부 공개한 자술서의 내용과 조치 내용을 보면, 감히 현대판《목민심서》에 견줄 만하다.

산하기관 회의에서 농림부 직원이 상습적으로 돈을 받고 있었다. 특히 산하기관이나 협회 사람들은 농림부 직원이 혼자 참석했을 때 집중적으로 돈봉투를 내밀었다. 그래서 사적인 만남을 엄격히 통제하자 모 협회 L회장은 '김성훈이 때문에 밥도 제대로 못 산다'고 항의했다. 그래서 회의에는 참석하되 반드시 사전에 상급자에게 보고하도록 조치했다.

농림부 직원들이 잘 다니는 식당이 있었다. 산하기관 사람들은 농림부 직원들이 밥 먹으러 오는 시간에 맞춰 이곳을 찾았다. 그들은 밥을 먹기 전에 의례적으로 고스톱을 치면서 돈을 잃어주었다. 거의 날마다 노름을 하면서 밥값을 내주는 것이다. 그래서 통상적인 단체식사 외에 개별적으로 만나는 것을 금지했다.

직원들이 곳곳에 외상값을 쌓아놓고 갚지 않았다. 1000만 원이 넘는 부서도 있었다. 그래서 모든 부서에 밀린 외상값 명세서를 제출하라고 지시했다. 장관의 판공비로 50퍼센트를 갚아주고 나머지는 국과장 책임하에 변제하라고 말했다. 또 부서장들에게 '큰 산하기관을 거느린 부서도 불고기 대신 뚝배기를 먹어야 한다'고 강조했다.

장관이 늦게 퇴근하기 때문에 밥값이 늘어난다고 항의하는 직원도 있었다. 밤 9시를 기준으로 밥을 시키는데, 장관이 12시까지 자리를 지키기 때문에 아무도 퇴근을 못한다는 것이다. 그래서 9시만 되면 장관 방에 불을 모두 끄고 퇴근하라고 지시했다.

A부서는 산하에 힘 있는 기관을 두고 있다. 그래서인지 자가운전을 하게 돼 있는 국장이 자동차와 운전기사를 제공받으면서 출퇴근했다. 곧바로 자동차와 운전기사를 해당 기관으로 돌려보냈는데 모 방송사에서 재경부와 농림부의 직권 남용 문제를 터트렸다. 결국 재경부 직원은 경고조치를 받았지만, 농림부는 화를 면할 수 있었다.

B부서는 최신형 복사기가 각 과마다 있었다. 다른 부서는 구형 복사기를 여러 과가 함께 쓰는데 A부서만 남달랐다. 그것은 농림부 산하의 모 기관에서 그냥 가져온 복사기였다. 산하기관의 약점을 노린 농림부의 횡포였다. 그래서 복사기를 반환하도록 조치했다. 이밖에 임의로 가져온 팩스기, 컴퓨터 등도 모두 주인에게 돌려주었다.

이밖에 각종 사업자들이 농림부를 자유롭게 출입하는 문제점을 지적한 의견도 있었다. 김 장관은 가장 공정하게 사안을 처리해야 할 정부 부처가 업자들의 로비 현장으로 전락한 것을 그대로 둘 수 없다고 생각했다. 그래서 각종 규제를 완화하는 한편 이권 업무를 대폭 지방자치단체로 이양했다. 물론 지방자치단체에는 '공정하게 처리하지 않으면 예산배정 시 불이익을 주겠다'는 지침을 내려보냈다.

"농림부 청사에서 업자를 추방하자"면서 김 장관이 제시한 것이 유명한 '곰팡이 이론'이다. '물기가 있는 곳에는 곰팡이가 산다. 아무리 물기를 닦아도 곰팡이는 죽지 않는다. 곰팡이를 잡는 유일한 방법은 물기를 없애는 것이다.' 김 장관은 업자들의 농림부 출입을 막는 것만이 부패를 없애는 길이라고 본 것이다.

관례를 깨는 것이 개혁

김 장관은 비용절감 측면에서도 수많은 관례를 깨뜨렸다. IMF 상황이기는 했지만, 김 장관의 지나친 '결벽증'에 불만을 터트리는 농림부 직원들이 속출했을 정도다. 김 장관은 취임 직후 미얀마에서 열리는 식량농업기구 회의에 참석하기로 돼 있었다. 김 장관은 출국을 앞두고 산하단체 사장들과 10분씩 릴레이 면담이 짜이는 것을 보고 놀랐다고 한다. 명분은 현안을 논의하자는 거였지만, 실제 목적은 다른 데 있었다.

이날 산하단체 사장들은 예외 없이 돈봉투를 내밀었다는 것. 일부 농림부 간부들도 '축 장도금'이라고 적힌 봉투를 내놓았다. 그들은 관례에 따라 그렇게 했으니 받으라는 말도 덧붙였다. 그러자 김 장관은 "시대가 달라졌다. 장관은 판공비를 쓰면 된다. 왜 여러분 돈을 받느냐. 판공비는 부족하지 않을 것이다. 다녀와서 명세서를 제출하겠다"고 맞섰다. 실제로 김 장관은 재임 중 다섯 번 해외출장을 떠났는데, 다섯 번 모두 출장비를 남겨서 국고에 반납했다.

김 장관의 결벽증은 여기에 그치지 않았다. 공무원 출장 규정상 비행기를 탈 때 장관은 퍼스트클래스, 국장은 비즈니스클래스를 이용하게 돼 있다. 그런데 김 장관은 항상 비즈니스클래스를 고집했다. 한 푼이라도 아껴야 한다는 논리였다. 이 바람에 이코노믹클

래스를 탈 수밖에 없었던 담당 국장은 하소연을 늘어놓았다. 보다 못한 항공사 관계자가 "업그레이드를 해드리겠습니다"라고 권했지만, 김 장관은 "나는 비즈니스 요금을 지불했다. 그러니 업그레이드는 직권 남용"이라고 말했다.

김 장관은 전임 장관들이 10여 명씩 데리고 다니던 수행원도 5명으로 줄였다. 숙소도 스위트룸이 관례였지만 일반 객실로 낮췄다. 김 장관은 경제가 어려운 만큼 공직자는 모범을 보여야 한다는 소신을 내세웠지만, 웃지 못할 해프닝이 벌어지기도 했다.

미얀마에서 생긴 일이다. 김 장관은 비용을 절약하기 위해 수행비서와 같은 방을 썼다. 김 장관은 방에서, 비서는 거실 소파에서 잠을 잤던 것. 그러자 담당 국장이 "외국인들이 동성애자라고 오해한다"며 적극적으로 말렸다. 이때 김 장관은 "상관없다. 자꾸 의심하면 '미얀마는 전두환 대통령 시절 폭파사건이 벌어졌기 때문에 신변 안전을 위해 함께 잘 수밖에 없다'고 얘기하라"는 말까지 했다.

김 장관은 태평했지만, 곁에서 잠을 청하던 수행비서 K씨는 뜻하지 않은 '봉변'을 겪었다. K씨는 한밤중에 소변이 마려웠지만 김 장관의 방을 통해 화장실에 들어가는 것이 결례일 것 같아서 밖으로 나갔다가 길을 잃어버렸다고 한다. 이 사실을 전해 들은 김 장관이 "괜찮으니까 오늘부터는 내 방의 화장실을 쓰라"고 말했는데, K씨는 어둠 속에서 화장실로 들어가다가 김 장관의 애프터쉐이브 로션병을 깨뜨렸다.

김 장관의 자린고비 일화는 또 있다. 장관이 집무실에 들어가면 모두 24개의 전등이 켜지게 돼 있었다고 한다. 김 장관은 이 가운데 머리 위에 있는 것만 빼고 모두 끄고 지냈다. 이 바람에 김 장관의 집무실은 캄캄했다고 한다. 장관이 솔선수범하자 다른 사무실도 변하지 않을 수 없었다. 전구별로 스위치를 따로 연결하고, 전등에서 전구를 빼내는 작업이 일제히 벌어졌다. 김 장관의 절전 노력은 아주 엉뚱하게 결실을 보았다. 행정자치부 산하 정부종합청사 관리공단이 농림부에만 예외적으로 수해상황실에 개별 에어컨 설치를 인정한 것이다.

학자가 관료로 성공하려면

일반적으로 학자 출신은 공직사회에서 성공하기 어렵다고 한다. 관료의 속성을 파악하지 못해 좌절하는 경우가 많기 때문이다. 김 전 장관은 퇴임한 뒤 이 문제를 다각도로 고민했다. 유능한 인재가 정부에 들어가 뜻을 펴보지도 못하고 물러나는 사태를 지켜보면서 안타까운 마음이 솟구쳤다고 한다. 학자 출신 관료의 성공조건이라고 할까. 김 장관은 공직에 뜻을 둔 학자들이 지녀야 할 자세를 조목조목 설명했다.

김 장관은 먼저 "정책 수요자를 우군으로 확보해야 개혁 작업이 가능하다"고 강조했다. '국민을 움직여야 농업이 산다'고 주장해온 김 장관은 부임 첫날, 관료들과의 상견례에 앞서 전국의 농민·소비자·시민 단체 대표 30여 명을 초청하여 농·소·정 협력위원회를 발족시켰다. 김 전 장관은 이들이 적극적으로 도와주었기에 농정 개혁이 가능했다고 말한다.

김 전 장관은 청와대와의 관계도 개혁의 성패에 결정적 영향을 끼친다고 주장했다. 김 전 장관은 "나의 경우 청와대 비서실에서 대여섯 번이나 비판적인 보고가 올라갔다고 들었다. 하지만 결정적인 고비에서 대통령이 믿어주고, 언론과 국민이 도와주었기 때문에 밀어붙일 수 있었었다"고 회고했다.

김 전 장관은 청와대의 지지를 얻기 위해서는 될수록 자주 보고하는 것이 상책이라고 덧붙였다. 그는 "대통령, 국무총리, 국정원장, 감사원장, 수석비서관 등에게는 공식회의 또는 보고를 통해 미리 알려야 한다. 보고서를 올리기 전에 불려가서 해명하는 것은 이미 찍혔다는 증거나 다름없다. 언제 누가 묻더라도 완벽하게 상황을 파악하고 있어야 한다"고 강조했다.

관료는 정부 조직의 특성상 타 부처와의 관계 설정이 중요하다. 김 장관은 "왕따당하면 아무것도 못하기 때문에 무조건 협조할 수밖에 없다. 하지만 관계 장관 회의에서 밀려버리면 일을 시작하지도 못한다. 그래서 때로는 강하게 나갈 필요가 있다"고 말했다. 흔히 경제 부처에서는 재경부와 기획예산처 등이 파워그룹에 속한다. 김 장관의 말은 결국 이들 부처와의 정책 조율 과정에서 운영의 묘를 살려야 한다는 얘기다.

농림부의 경우 오랫동안 한직으로 분류됐기 때문에 힘 있는 부서와의 협의 과정에서 밀리는 경우가 많았다고 한다. 이러한 딜레마를 풀어주는 것은 장관의 몫이다. 김 전 장관은 "우두머리가 무능하고 성격적 결함이 있거나 발언권을 행사하지 못하면 그 부처는 한없이 추락한다. 일반적으로 관료 출신 장관은 자기들이 이길 수 있다고 생각할 때 마구 공격한다. 하지만 자기들이 불리하거나 이기더라도 상처를 입을 것 같으면 휴전을 제의한다. 약한 부서는 그 틈새를 노려야 한다"고 주장했다.

김 전 장관은 한마디로 장관의 리더십이 부처의 경쟁력을 결정한다고 본다. '강장 밑에 약졸 없고, 약장 밑에 강졸 없다'는 말처럼 김 전 장관은 "장관이 '너 죽고 나 죽자'는 식으로 밀고 나가면 어떤 상황이든 돌파할 수 있다. 그런데 '너 죽고 나 살자'고 처신하면 저항에 부딪힐 수밖에 없다. 이제까지 학자나 비전문가 또는 정치인 출신 장관들은 이런 각오로 싸우지 않았다. 그래서 관료 출신에게 밀린 것이다. 장관이 밀리면 국과장들은 꼼짝도 안하는 게 관료 사회의 속성이다. 그래서 '정권은 유한해도 관료는 무한하다'는 말이 나오는 것"이라고 강변했다.

김 전 장관은 김대중 정부가 실정을 거듭하는 원인과 관료사회의 무사안일주의에 대해서도 날카롭게 꼬집었다. "관료는 국리민복에 도움이 된다고 해서 움직이는 사람들이 아니다. 관료는 자기에게 이익이 되지 않는다고 생각하면 아무리 거창한 국가적 대사라도 침묵하게 마련이다. 그러니까 현실적으로 최선의 방법은 국리민복에 기여한 사람들을 포상하고 그들에게 성공의 지름길을 열어주는 것이다. 국민의 정부는 그것을 제대로 못하고 있다. 또한 '싸움닭'이나 '돈키호테'를 자처하는 관료도 없다. 그저 자리에 연연하고 개각 때마다 감언이설을 남발하는 사람들이 포진해 있을 뿐이다."

강하게 나가되 겸손하라

하지만 김 전 장관은 타 부처 장관과 관계가 틀어지는 것을 경계했다. 회복할 수 없을 정도로 사이가 벌어지면 엉뚱한 곳에서 불이익을 당할 수 있기 때문이다. 흔히 학자 출신들이 원칙만을 강조하다가 '적'을 많이 만들고 그 때문에 억울하게 당한다는 얘기다.

김 전 장관은 김대중 정부에서 장수하고 있는 J장관과의 좋은 관계를 예로 들면서 "큰 뜻을 실현하기 위해서는 자존심을 꺾고 더욱 겸손해질 필요가 있다. 학자 출신이 친화력을 갖추면 미움을 사지 않고 보복당할 우려도 사라진다"고 말했다. 또 관료사회에서 남을 험담하거나 비방하는 것은 스스로 무덤을 파는 행위라고 지적했다.

"자기보다 높은 사람이나 제3자를 만나서 현안과 관련된 인사의 문제점을 얘기하거나 불만을 털어놓는 것은 금물이다. 바로 그 순간 상대는 칼을 빼들고 달려든다. 모든 내막을 알고 있어도 특정인을 거명하거나 언행을 인용해서는 안 된다. 나는 대통령의 의중을 확인하고도 타 부처 장관에게 알리지 않았다. 그때 참지 못하고 털어놓았다면 곧바로 나에게 화살이 날아왔을 것이다."

김 전 장관은 국회의원과의 협력도 강조했다. 모든 개혁의 필요충분조건은 법률의 제개정에서 출발하기 때문이다. 김 전 장관은 "국회의원에게 중요한 것은 첫째 표, 둘째 돈, 셋째 명예다. 따라서 국민들이 지지하는 분위기를 만드는 것이 국회의원을 설득하는 데 가장 용이하다. 어떤 정책을 지지하더라도 최소한 표는 떨어지지 않는다는 확신을 심어줘야 한다"고 말했다.

국회의원도 우군이다

김 전 장관은 재임 중 37개에 달하는 개혁 법안을 통과시켰다. 이를 위해 국회의원들에게 엄청난 공을 들였다. 관계 상임위 소속 여야 의원들을 찾아다니며 법안에 대해 설명한 것은 물론이고, 취임 초기에는 후원회에도 열심히 찾아다니며 성의를 표했다. 1999년 말 '공직자 윤리 규정'이 제정돼 기부행위가 금지된 뒤에는 부인의 이름으로 후원금을 냈다. 물론 판공비가 아닌 자비였다. 이 과정에 재임 시절 받은 원고료와 강연료를 모두 털어넣었고 개인 돈도 적지 않게 들어갔다. 실제로 김 전 장관은 장관 임기를 마친 뒤 4700여 만 원이 줄어든 재산을 신고했다. 이것은 농민들에게 준 격려금과 대신 갚아준 밥값, 행사비용까지 포함된 액수였다.

"장관이 그렇게 뛰어다녀야만 우군이 생기는 게 현실입니다. 돈이 없으면 인사라도 해야죠. 저는 전국을 돌아다니며 '이동 장관실'을 운영했는데, 가는 곳마다 그 지역 국회의원을 치켜세웠어요. 그건 국회에서 법을 통과시키는 데 엄청난 힘이 됐습니다."

김 장관과 언론의 관계는 멀고도 가까웠다. 크고 작은 사건이 터질 때마다 김 장관은 언론과 싸움을 벌였지만, 결과적으로 언론은 김 장관이 추진하는 개혁에 동참했다. 그는 재임 중 단 한 번도 출입기자들에게 촌지를 준 일이 없다고 단언한다. 그런데도 김 장관이 퇴임하면서 기자단으로부터 받은 기념패에는 애정이 듬뿍 담긴 문구가 들어있다.

"이제 농정 개혁의 책무를 완수하고 물러남의 때를 찾아 명예롭게 퇴진하는 아름다운 그 모습을 오래 기억하고자 그동안 '감시자'의 입장에서 지켜보았던 우리 출입기자단의 석별의 정을 이 패에 담아드립니다."

김 장관의 재임 중 판공비 사용 내역을 보면 폭락한 농산물을 사들이는 데 가장 많은 돈을 썼다. 이렇게 구입한 농산물을 각계 인사들과 출입기자단의 가족에게 보내고 '우리 농산물을 애용해주십시오'라고 부탁한 것이다. 기자에 대한 촌지와 향응이 사회 문제로 대두된 현실에서 기자사회를 바라보는 김 전 장관의 시각이 이채롭다. "모든 기자가 돈이나 술, 그리고 골프로만 움직인다고 생각하는 건 잘못이다. 기본적으로 기자도 사람이기 때문에 진실하게 대하면 진실한 응답이 온다. 솔직하게 시인하되 쓰지 말아달라고 부탁하는 게 좋지, 거짓말을 하는 것은 옳지 못하다. 정말 말할 수 없는 상황이면, 아예 말 못하겠노라고 양해를 구하는 게 정도다."

김 장관의 언론관을 엿볼 수 있는 두 가지 일화가 있다. 협동조합 통합 과정에서 A일보는 김 장관을 도덕적으로 매장할 수도 있는 기사를 내보냈다. 물론 실명을 밝히지 않고 K장관이라고 처리했지만, 누가 봐도 농림부 장관임을 알 수 있는 보도였다. A일보는 "K장관이 농림부 산하단체 고위 관계자로부터 취임 축하비 5000만 원, 매달 활동비로 3000만 원씩 받았으며, 아들이 결혼할 때도 5000만 원의 축의금을 수령했다"는 내용을 실었다. 이것은 통합을 반대하던 모 단체에서 김 장관을 비난하면서 뿌린 유인물에 들어 있던 음해성 루머였다. 하지만 김 장관은 일체 대응하지 않았다. 답변할 가치가 없다고 판단한 것이다. A일보의 모 기자는 김 장관에게 자기 회사를 상대로 소송을 걸라고 권하기까지 했다. 그 기자는 뒷날 김 장관이 겪은 또 다른 오보 파동을 소재로 논문을 써 석사학위를 받은 것으로 알려졌다.

B일보는 구제역 파동 때 "구제역 고기를 먹으면 인체에 해롭다"는 기사를 썼다. 김 장관은 이 문제에 적극 대처할 필요가 있다고 판단했다. 그래서 "옛날 교과서에는 그런 내용이 나오지만, 현재는 그 이론이 바뀌었다"고 해명했다. 그런데도 B일보는 "장관이 '구제역이 인체에 유해하다'는 보고를 받고도 무시했다"며 공격했다. 김 장관은 이때도 사실무근이라고 맞섰다. 김 장관이 밝힌 B일보의 오보 파동을 들어보면 웃음이 절로 나온다. 구제역은 영어로 'Foot and Mouth'인데, B일보는 'Hand Foot and Mouth(수족구병)'를 구제역으로 오해하고 기사를 썼던 것이다. 언론의 특종 경쟁이 빚은 해프닝인 셈이다.

김대중 정부의 임기는 앞으로 1년이다. 남아 있는 기간 동안 두 번의 선거와 월드컵 등 국가적 행사가 기다리고 있다. 이런 시기에 김 전 장관은 1년간 한국을 떠난다. 캐나다 브리티시컬럼비아 대학교의 초빙교수로 부임하는 것이다. 그의 오랜 관심사인 남북한과 캐나다의 농업 협력과 동북아 경제권을 연구하는 것이 주된 목적이며, 이 기간 동안 북한 방문 계획도 세워놓고 있다. 이를 위해 그는 지방선거 출마를 비롯해 모처에서 제안한 유혹을 모두 물리쳤다. 많은 지식인들이 대통령 선거를 앞두고 일찌감치 줄서기에 들어간 것과 대비되는 모습이 아닐 수 없다. '나이가 들수록 포기의 철학을 터득해야 한다'는 김 전 장관. 그가 레임덕에 걸린 대통령을 보좌하는 관료들에게 보내는 메시지도 바로 '포기의 철학'이다.

'벼슬 그만두기를 벼슬 얻을 때처럼 스스럼없이 생각하고, 언제 그만두더라도 당황함이 없어야 한다. 기왕 갈릴 자리인데 길고 짧음을 슬퍼한다면 그 아니 부끄러운 일인가.'

— 글 • 육성철(신동아 기자)

| 신동아 2002년 3월호 |

난형난제, 김성훈 농림부 장관과 김성호 조달청장

1958년 김성훈 전 장관이 목포고를 졸업하고 산정리에서 최초로 서울대(농업경제학과)에 진학했을 때 부친은 남은 밭 두 마지기를 모두 처분하고 빚까지 얻어 마련한 돈을 쥐어주며 "1년 학비다. 그다음은 네가 알아서 해라"고 말했다. 김 전 장관은 서울대에 3등으로 합격했지만, 당시는 어수선한 전후 복구기라 수석합격자 외에는 장학금 혜택을 주지 않았다. 그래서 김 전 장관의 학비와 하숙비를 대느라 그해 목포여고에 합격한 동생 승자(勝子) 씨와 목포중에 3등으로 합격한 김성호 청장은 진학을 포기해야 했다. 이것이 김 전 장관에겐 평생 벗지 못할 부채로 남게 된다.

그때 김 전 장관의 형인 장남 성용(成鎔) 씨는 전남대부속병원에서 임시직 전기기사로 일하며 조선대 공대에 다니고 있었는데, 집에서 2년 가까이 놀고 있던 막내동생을 보다 못해 이듬해 조선대

부속중학 야간부에 등록시키고 낮에는 전남대병원에서 사환으로 일하게 했다. 김 청장은 새벽에 병원으로 출근해 병실을 청소하고 직원들의 심부름을 하면서 야간중학을 다녔다.

그 후 고교 장학생 선발시험에서 1등을 해 조대부고 주간부에 학비를 면제받고 입학하게 된다. 김 전 장관보다 두 살 아래인 동생 만웅(萬雄, 일명 成洲) 씨는 고교 졸업 후 대학에 갈 형편이 못 되자 해군 장기하사관을 지원해 군 복무 중 베트남전에 참가한 덕분에 마산에서 야간대학을 마쳤다.

하나를 위한 둘의 희생

대학에 진학한 김 전 장관은 아르바이트와 장학금으로 학비를 조달했고, 은사 김준보 총장을 따라 전남대에서 석사를 마친 후 500대 1의 경쟁을 뚫고 미국 유학생 선발시험에 합격, 하와이대에서 박사학위를 받았다. 1976년부터 중앙대에서 교편을 잡은 뒤 부친의 뒤를 이어 농민운동에 헌신했다. 1984~86년에는 유엔 식량농업기구에 스카웃되어 중국, 북한을 포함한 아시아 태평양 40여 개국을 관장하는 유통·금융·협동조합 책임자(P5)로 우리나라에서는 최초로 중국·북한 담당이 되었다. 1993년 영국에서 돌아온 김대중 대통령이 이듬해 아태재단을 세운 후 중국 및 북한 경제 문제를 조언하면서 맺은 인연으로, 1998년 김대중 정부의 초대 농림부 장관에 올라 2년 5개월이라는 최장수 재임 기록을 세웠다(이 기록은 최근 김명자 환경부 장관에 의해 깨졌다). 김 전 장관은 재임 중 농지개량조합·농지개량조합연합회·농어촌진흥공사 등 3대 물 관리 기관을 축소 통합한 농업기반공사를 출범시켜 1894년 동학 농민 혁명의 숙원이던 농민들의 수세를 전면 폐지한 것과 농협·축협·인삼협 중앙회를 축소 통합하여 농업금리를 인하시킨 이른바 '2대 개혁'과 친환경 유기농업 원년 선포, 생협법 제정 산파, 농촌정보화 사업 실시를 가장 큰 보람으로 여긴다. 김 전 장관은 동아일보 정보화 MVP 장관, 한겨레 Best of Best 장관, 매일경제 역대 공무원 베스트 10에 선정되었고, 환경운동연합 환경인 특별상을 재임 중 받았다.

"공무원 연습부터 해라"

김성호 청장은 조대부고 졸업생으로는 최초로 서울대(경영학과)에 진학했다. 서울에서 공부하며 스스로 숙식을 해결하려면 좋은 조건의 가정교사 자리를 얻어야 했고, 그러려면 커트라인이 가장 높은 인기학과에 들어가야 한다는 생각에 무조건 상대 경영학과를 목표로 삼았다고 한다. 1971년 행정고시(10회)에 합격, 국세청 사무관으로 출발해 기획관리관, 재산세국장, 징세심사국장, 경인지방국세청장, 서울지방국세청장을 거쳐 2000년 8월 조달청장에 올랐다. 그가 청장으로 부임한 후 조달청은 '민원 행정 서비스 최우수기관' '공공 부문 혁신 최우수기관' '정보화 수준 최우수기관'으로 잇달아 선정됐다.

장남 성용 씨는 부친이 타계한 후 전기통신공사를 대행하는 작은 사업을 꾸려가며 실질적인 가장으로서 5남매 자식들과 7남매 형제들을 돌봤다. 벌이가 빠듯해 성용 씨의 부인은 그날그날 수입으로 하루 먹을 봉지쌀과 연탄 10장씩을 사들여 생계를 이어갔다.

성용 씨는 공부를 잘했으면서도 형편이 어려워 제때 학교를 못 간 막내 김 청장을 "내 아들보다 아낀다"며 살뜰하게 보살폈다. 중학부터 대학까지 뒷바라지한 것은 물론, 김 청장이 공직에 진출한 후에도 보직이 바뀌거나 승진할 때마다 "남의 신세 지지 마라", "월급 아닌 돈은 받지 마라"고 신신당부하며 경제적으로 도움을 줬다. 호남 출신이 드물고 유혹이 많은 국세청에서 김 청장이 깨끗한 처신으로 자리를 지킬 수 있었던 것은 성용 씨의 지원에 힘입은 바 크다는 게 주변의 얘기다.

성용 씨는 김성훈 전 장관이 교수가 된 뒤에도 "한눈팔지 말고 연구에 진력하라"며 5~6년에 한 번꼴로 승용차를 바꿔줬다. 사업이 크게 번창했던 것도 아니다. 성용 씨는 1961년 단칸방에서 사업을 시작한 지 40년 만인 지난해(2009) 봄에야 어렵사리 3층짜리 사옥을 마련했다.

성용 씨가 사옥에 입주하던 날, 김 전 장관과 김 청장은 "청빈(淸貧)의 표상인 이 3층 건물이 저희에겐 30층, 300층보다 더 높이 우러러 보입니다"라는 글이 담긴 액자를 만들어 사무실에 걸었다.

성용 씨는 동생들에게 그저 베풀고 관대하기만 한 맏형이었지만, 김 전 장관이 동생들을 사랑하는 방식은 전혀 딴판이었다. 엄격한 '훈육주임'을 자임했던 것. 특히 자신 때문에 진학이 늦었던 김 청장에겐 미안한 마음에 더 혹독하게 대했다.

김 전 장관이 박사학위를 받고 돌아와 농촌경제연구소에 근무할 때 서울 역촌동의 방 두 개짜리 전셋집에서 풋내기 사무관인 김 청장을 데리고 살았다. 버스를 타고 종점까지 와서 다시 2킬로미터를 걸어 들어가야 하는 미나리밭 동네였다. 그때 김 청장은 워낙 박봉이라 생활비를 내놓기는커녕 가끔 형수에게 용돈까지 타 썼다고 한다. 김 전 장관은 그런 생활자세를 못마땅하게 여겼다.

그러던 어느 날 김 청장이 택시를 타고 귀가하는 것을 본 김 전 장관은 동생에게 "내일 당장 내 집에서 나가라"고 통고했다. "너는 지금껏 큰형의 도움을 받고 살았는데, 사무관이 된 지금도 혼자 힘으로 살 생각은 않고 나한테 기대 살겠다는 거냐? 공무원 봉급으로 못 살겠으면 왜 공무원을 하겠다는 거냐. 계속 공무원을 하겠다면 공무원 생활 살림연습부터 해라. 그렇게 하지 않으면 너는 평생 국가와 국민에게 짐만 될 거다."

이튿날 동생을 내보낸 김 전 장관은 부인에게 "성호 때문에 한 달 평균 먹고 쓰는 돈이 얼마나 되냐"고 물어보고는 매달 그 액수만큼 김 청장 명의로 만든 통장에 돈을 넣었다. 그 통장 잔액은 김 청장이 결혼할 때 쥐어줬다.

형제가 나란히 비밀로 올린 자식 결혼식

김 전 장관은 농림부 장관에 취임한 지 두 달 후에 차남의 혼사를 치렀는데, 친구는 물론 친인척에게도 알리지 않았다. 결혼식 이틀 전에 직계 형제들에게만 알리며 "비밀을 지키라"고 당부했다.

결혼식장도 처음엔 시내로 잡았으나, 남의 눈에 띌 것 같아 구로동의 변두리 예식장으로 옮겼다. 결혼식은 토요일 오후였는데, 김 전 장관은 수행비서에게 "구로동에서 먼 조카의 결혼식이 있는데, 차로 가면 막힐 테니 지하철을 타고 가겠다"며 전철역까지만 태워달라고 한 뒤 승용차를 돌려보냈다. 식장에서도 혼주 자리에 앉아 있으면 누군가 알아볼 것 같아서 밖에서 담배를 피우다 신랑이 입장할 때 슬쩍 들어가 식을 마친 후 사진 한 장만 찍고 빠져나왔다. 완벽한 '007 결혼식'이었다. 물론 축의금도 받지 않았다.

얼마 후 경인지방국세청장으로 있던 김 청장도 장녀를 결혼시켰다. 개혼(開婚)이지만 민폐와 관폐를 끼치지 않도록 보안유지를 당부했다. 그런데 결혼식 며칠 전 김 전 장관의 비서과장이 "동생분이 개혼하신다면서요?" 하며 물어왔다. 김 전 장관 아들의 비밀결혼식으로 물을 먹은 비서과장이 한껏 안테나를 세워놓고 있다가 '한 건'을 잡은 것이다. 그날 김 전 장관은 퇴근하자마자 김 청장을 불러다 다그쳤다. 동생이 "가까운 친구들에게만 알렸다"고 실토하자 김 전 장관은 노발대발했다.

"네가 뭔데 자식 혼사를 소문내고 난리냐. 경인국세청 관내 기업이 1만 2000개인데, 그중의 10퍼센트만 눈도장을 찍으러 봉투를 들고 와도 어떻게 되겠냐. 당장 청첩장 인쇄 중단하고 예식장도 변두리로 옮겨라. 친구들에겐 결혼 날짜가 바뀌었다고 해라."

날짜가 너무 임박해 식장은 옮기지 못했지만 김 청장은 연막을 피우느라 진땀을 흘렸다. 식장에선 수부(受付)를 없애고 축의금을 받지 않았다.

2000년 7월 1일 농협·축협·인삼협 중앙회의 통합을 완료하면서 2대 개혁을 마무리한 김 전 장관은 "내가 할 일은 다했으니 제발 나 좀 물러나게 해달라"며 요로에 호소하고 다녔다. 행시 10회인 김 청장이 차관급에 오를 연배인데, 같은 고향 출신의 형제가 정무직인 장차관에 앉아 '호남 대통령'에게 부담을 줄 수는 없으니 자신을 그만두게 해달라는 하소연이었다. 총리를 경유해 재임 중 과로로 치아가 다섯 개나 뺀 증명서를 첨부하였다.

사실인즉, 당시 김 청장은 서울지방국세청장이었는데, 고시 동기인 안정남 국세청장이 광주고 후배인 손영래 조사국장을 서울청장에 앉히려고 김 청장을 옷 벗기려 한다는 소문이 파다했다. 실제 안 청장이 동생의 사표를 받아 청와대에 품신하였음을 김 전 장관이 전해 듣고 선수를 친 것이다.

결과는 '해피엔딩'이었다. 김대중 대통령은 한동안 김 전 장관의 사퇴의사를 물리쳤으나, 그해 8월에 민주당과 자민련이 다시 손잡으면서 자민련 몫으로 농림부 장관 자리는 한갑수 씨에게 돌아갔다. 그리고 김 청장은 차관급인 조달청장으로 영전되면서 국세청의 언론사 세무조사 사태 때 손에 피를 묻히는 화를 면했다. 세월이 흘러 김 청장은 그 역량이 인정되어 국민의 정부 마지막 임기 보건복지부 장관으로 발탁되었다.

—글 • 이형삼(신동아 기자)

| 신동아 2002년 3월호 |

■ 인터뷰

환경 생태계, 농촌·농민과 함께해온 농업경제학자, 김성훈

농업경제학자로, 친환경 유기농 운동의 대부로, 농림부 장관으로 평생 농민과 함께해온 김성훈 박사. 학자, 시민운동가, 관료로서 여러 자리를 두루 거친 김성훈 박사는 환경과 생명의 가치를 무시하고 개발만을 부르짖는 우리 사회를 걱정하며 농촌과 농업 살리기에 앞장서고 있다. 시민운동가로 살아온 김성훈 박사는 농업의 가치를 어떻게 생각할까? 행동하는 학자 김성훈 박사의 삶을 만나보자.

네이버캐스트 농훈(農薰)이라는 아호(雅號)를 갖고 계십니다. 어떻게 이런 이름을 가지게 되셨는지요?

김성훈 1958~1962년 서울대 농대 재학 시절 '한얼'이라는 모임에서 활동을 했습니다. '큰 뜻의 한국인'이 되자는 모임이었는데, 사실은

1956년 목포고등학교에서 시작된 것이었어요. 방과 후에 늦게까지 남아 야간학교 지도를 자원했고, 아침엔 일찍 나와 공부하고 독서를 했죠. 모이면 주로 교양과 인격 수련, 농업과 국가 민족의 장래를 토론했는데, 당시 모임에서 자주 암송하던 경구는 '사람이 사람이면 다 사람이냐, 사람이 사람다워야 사람이지'였어요. 그 모임의 한 선배가 저에게 '농촌에 향기를 남기는 사람'이 되라고 '농훈'이라고 지어주셨습니다. 그때는 사람들이 대부분 아호를 하나씩 갖고 있었거든요. 그때 지어준 걸 지금까지 불러주고 있어요.

네이버케스트 선생님의 어린 시절 이야기가 궁금합니다. '농사꾼' 집안에서 태어나셨나요?

김성훈 제 고향은 전라남도 무안군 이로면 산정리입니다. 지금은 행정구역상 목포에 속해 있죠. 바닷가 갯벌을 두고 있는 농업지대예요. 저희 할아버지께서는 농지를 대단히 많이 가진 지주셨어요. 그런데 저희 아버지는 지주의 아들이시면서도 소작농들의 삶을 걱정하며 산 분이세요. 그래서 협동조합 운동을 하셨고, 해방 후엔 협동조합장까지 지낸 농부셨어요.

그런데 일제강점기였던 당시에는 그러한 행동이 독립사상을 고취시키고 공산주의 운동을 하는 것으로 간주되었어요. 결국 아버지께서는 소농 협동조합 운동을 하다 체포돼 광주형무소에서 미결수로 만 4년을 살게 되셨고, 후에는 만주로 떠나셨어요. 아버지께서는 만주로 먼저 떠나셨고, 그곳에서 가족이 오기를 계속 기다리셨다고 해요. 그래서 제가 태어나자마자 어머니는 핏덩이나 다름없던 저를 안고 목포에서 서울, 평양, 신의주를 거쳐 봉천(현 심양시)으로 향하셨어요. 제가 태어나기만을 기다리셨던 거죠.

어머니는 갓난아기였던 저를 강보에 싸고, 두 누나와 형을 이끌고 만주로 가셨어요. 태어나자마자 가서 일곱 살 때까지 살았으니, 말하자면 저는 만주에서 태어난 것이나 마찬가지인 거죠. 봉천 서탑의 조선인 교회 유치원을 거쳐 소학교에 막 들어갔을 때 해방이 되었는데, 그때 아버지께서는 모든 것을 버려두고 우리 가족 모두를 데리고 귀국길에 오르셨어요. 그래서 우리는 압록강과 삼팔선을 가까스로 넘어 고향 땅에 돌아올 수 있었죠. 아직도 그때의 기억이 생생합니다. 제 밑으로 만주에서 태어난 동생이 있었는데, 삼팔선을 넘어오는 동안 동생이 울기라도 하면 월경이 탄로날까 봐 동생을 껴안고 울면 입을 틀어막길 반복했어요. 그렇게 밤중에 노심초사하며 내려오지 못했으면 지금 조선족으로 살았을지도 모르지요.

천우신조로 아버지의 고향인 목포에 정착해 조부모님과 함께 살게 되었습니다. 저는 선비 농부이신 아버지 밑에서 가축도 기르고 채소도 재배하면서 농업·농촌·농민의 미래에 대한 생각을 많이 했어요. 아마 자연스럽게 스며든 것 같아요.

강보에 싸여 건넌 압록강

네이버캐스트 만주에서 어렵게 고향으로 돌아오셨는데요. 고향에서의 생활은 풍족하셨나요?

김성훈 6.25 전쟁이 터지기 전인 초등학교 4학년 때까지는 연 300석을 수확할 정도의 소지주 집안으로 제법 잘살았어요. 그때 저희 집에 축음기와 라디오, 풍금까지 있었으니까 당시로는 상당히 부자였던 셈이지요. 그러나 6.25를 겪으면서 가세가 급전직하로 기울었어요.

알고 보니 1950년 농지 개혁 때 아버지께서는 3헥타르 이상의 전답을 법 규정대로 정부에 자진 신고했고, 소작농들에게 농지를 모두 나눠주셨다고 해요. 그리고 그 대가로 유가증권을 받았는데, 6.25 전쟁 동안 인플레이션이 1,000배 이상 뛰는 바람에 증권은 휴지조각이 됐고 가세가 무너질 수밖에 없었던 거죠. 아버지께서는 그래도 그동안 고생하던 소작인들이 좋은 조건으로 땅을 분배받았으니 농민을 도운 것이라며 불평 한 마디 않으셨어요. 그렇지만 저희 가족에게는 남은 게 없었지요.

전쟁이 끝나고 5학년으로 복학했는데 그때도 집안 형편은 여전히 어려웠어요. 어머니께서 새끼를 꼬거나 남의 옷을 만들어줘서 하루 끼니를 유지하다시피 했죠. 그때 처음으로 배고픔의 설움을 알게 되었습니다. 어쩌다가 보리쌀을 조금 넣고 끓인 시금치죽이 나오는 날에는 식구들이 굉장히 반가워했으니까요. 하지만 시금치죽을 한두 그릇 마시고 돌아서면 배가 폭 꺼져버렸죠. 신발도 검정 고무신이었는데, 어찌 그리 잘 닳고 구멍이 잘 나는지, 하는 수 없이 신발을 들고 맨발로 학교에 다닌 적이 많았어요. 옷은 물론 말할 것도 없이 참 남루한 차림이었지요.

게다가 저희 작은아버지께서 일찍 세상을 떠나셔서 사촌 형제들이 갈 곳이 없으니 저희 집에 와서 함께 살게 되었어요. 저희 칠 남매에 사촌 네 명까지 합쳐, 한동안은 아이들만 열한 명이 된 거예요. 고구마를 한 솥 삶아내도 게 눈 감추듯 먹어 치워버렸고, 아버지께서 복숭아라도 얻어 오시면 하나라도 더 먹으려고 덤벼들었지요. 정말 정신 없이 먹었던 기억이 나요.

물론 당시에 가난하다는 것은 보편적인 일이었습니다. 아주 특별한 집을 제외하고는 전부 가난한 생활을 했으니까요. 그때 어머니께서 저희에게 당부하시던 말씀이 있었어요. "얘들아, 더 먹고 싶을 때 그만두거라." 어머니의 이 말씀이 지금껏 제 인생에 큰 교훈이 되었습니다. 어머니의 말씀은 먹는 것에만 해당되는 게 아니더라고요. 더 갖고 싶고 더 하고 싶은 욕심이 들 때 그만두는 것, 그것이 최소한으로 저를 채찍질하고 자제하는 데 힘이 되었죠.

전쟁 후 가난 속에서도 개구쟁이로

네이버캐스트 더 갖고 싶은 욕심이 들 때 그만둔다는 게 여간 힘든 일이 아닐 텐데요. 갈등과 유혹을 뿌리치는 게 힘들지는 않으셨나요?

김성훈 늙으면 더 욕심이 생긴다는 걸 의미하는 '노욕(老慾)'이라는 단어가 있습니다. 욕심은 나이가 들어도 마찬가지예요. 먹는 것에 대한 욕심, 물질에 대한 욕심, 자리에 대한 욕심 모두 마찬가지죠. 그러니까 스스로 자제해야 해요. 그리고 자제하려면 항상 남을 배려하는 자기 삶의 중심 철학이 있어야 하죠. 저 같은 경우는 '더 먹고 싶을 때 그만두거라'라는 어머니의 말씀이 절제할 수 있는 원동력이었습니다.

네이버캐스트 '소년 김성훈'은 어떤 아이였는지 궁금합니다.

김성훈 굉장한 개구쟁이였죠. 우리 형제에 사촌까지 함께 살게 되니 아이들만 열한 명인 집이었잖아요. 그렇게 아이들이 많으면 누가 와서 밥을 먹었는지, 누가 학교를 안 갔는지 모두에게 관심을 가질 수가 없어요. 게다가 어머니께서는 집안일 하랴, 논밭 일을 하랴 정신이 없으셨어요. 관심을 받으려면 튀는 행동을 해야 했으니까요. 한마디로 '부잡'했죠.

저는 학교를 마치고 집에 오면 가방을 집에 던져놓고는 하루 종일 밖에서 놀았어요. 마을 당근 밭에 가서 당근 서리를 하고, 언덕 너머 밀밭과 보리밭에 가서 밀과 보리를 구워 비벼 먹기도 했지요. 갯벌에 가서 망둥어, 낙지, 게, 고둥 등을 잡아서 먹기도 했고요. 어떻게 보면 어려서부터 자급자족하는 법을 익혔던 것 같아요.

네이버캐스트 공부에는 관심이 없으셨어요?

김성훈 그렇지 않았어요. 선생님께서 한 번 가르쳐주신 것은 절대 잊지 않았으니까요. 제가 중학교에 진학할 때는 전국적으로 일제히 실시된 학력고사로 입학시험을 대신할 때였어요. 목포 산정초등학교 출신이었던 저는 500점 만점에 444점을 받았는데, 당시 전국 1등이 446점이었습니다. 제가 2등이었죠.

그 시절 가장 힘들었던 것은 가난이었어요. 중학교 3년 동안 참고서는커녕 교과서도 제대로 사보지 못한 채 남의 책을 빌리거나 헌책으로 공부를 해야 했습니다. 공책도 제대로 사지 못해 벽지를 바르다 남은 종이를 묶어 깨알같이 필기를 하며 종이를 아껴 썼죠. 점심은 아예 걸렀습니다. 어쩌다 반 친구들이 너 왜 도시락을 안 가지고 왔냐고 물으면 '나는 아침과 저녁만 먹는 1일 2식 주의자'라고 대답하곤 했어요. 그러니 키가 자라지 못한 것은 당연하죠. 한창 나이에 굶기를 밥 먹듯 했으니까요. 중학교 3년 동안 키 순서대로 번호를 매겨 책상을 배정하는데, 저는 항상 반에서 5번 이상을 넘어보지 못했어요.

그런데 제가 교수 생활을 40년 넘게 하면서 터득한 진리는 '잘 노는 놈이 공부도 잘한다'는 거예요. 잘 놀지도 못하는 아이들은 공부도 제대로 못할 뿐 아니라 공부를 해도 죽은 공부가 돼요. 그래서 저는 제 후진들에게 항상 아이들을 자연 속에서 많이 뛰어놀게 하라고 강조합니다. 저는 대학교수 시절에도 학생들을 그렇게 가르쳤어요. 야외수업도 자주 하고 학생들 데리고 생태 관광, 역사 탐방도 많이 다녔어요. 학생들을 성적으로 분류하고 점수로 판단하는 건 아이들이 가지고 있는 무한한 개성과 능력, 감성의 성장 가능성을 저하시킵니다. 에디슨 같은 사람이 한국에서 태어났다면 아마 왕따가 되었겠죠. 아이들이 자연 속에서 놀도록 만드는 게 창조 교육이라고 생각해요. 그게 제가 실제로 경험해서 터득한 방법이기도 하고요.

네이버캐스트 그 시절, 인생에 큰 영향을 준 선생님을 만나셨다고 들었습니다.

김성훈 고1 때였어요. 중간고사 독일어 답안지를 한참 써내려가는데 교무주임 선생님께서 불쑥 교실 문을 열고 들어오셨어요. 험상궂은 얼굴로 제 이름을 부르더니 의무금(등록금)을 석 달째 내지 않았으니 시험을 볼 자격이 없다며 제 시험지를 빼앗아 찢어버린 후 저를 밖으로 내쫓았어요. 저는 망연자실해서 교실 밖에 울며 서 있었습니다. 100점 맞을 수 있었는데 설움이 북받쳤어요.

그때 시험 감독을 맡으셨던 오종근 한문 선생님께서 제 곁으로 다가오시더니 쪽지를 건네시며 학교 근처에 사시는 선생님 댁 사모님께 전해주고 오라고 하시더라고요. 친구 오형철의 아버님이셨던 선생님의 말씀에 저는 눈물을 훔치며 곧장 선생님 댁으로 달려갔어요. 사모님께서는 쪽지를 읽어보시더니 누런 봉투에 돈을 담아 저에게 주시며 빨리 서무과에 가서 의무금을 내라고 하셨어요. 그때 저는 속으로 훗날 꼭 성공해서 이 은혜를 갚고, 나같이 어려운 처지에 있는 사람들을 돕겠노라고 다짐했습니다.

제가 대학교수가 되었을 때 선생님께서 암 투병 중이시라는 소식을 들었어요. 한걸음에 병원으로 달려가 문병하고, 약값에 보태시라고 적으나마 정성을 표했더니 선생님의 눈에 눈물이 맺히더라고요. 어려운 사람을 만나면 주저 말고 베푸는 인생을 살라고 행동으로 가르치신 오종근 선생님이 제 인생에 가장 큰 영향을 주신 분이라 생각해요.

무기정학을 계기로 법대에서 농대로

네이버캐스트 농업에 관심을 갖게 된 것은 언제부터였나요? 어떤 특별한 계기가 있으셨는지 궁금합니다.

김성훈 중학교 3학년 때였을 거예요. 가축도 기르고 채소도 재배하면서 농민에 대한 생각을 많이 했죠. 농민은 왜 이렇게 가난할까, 왜 이렇게 핍박을 받을까. 제가 이러한 생각을 하게 된 것은 아버지의 영향도 적지 않았다고 생각해요. 닭, 오리, 돼지 같은 가축들을 스스로 기르고 가축의 분뇨를 퇴비와 섞어 발효시켜서 논밭에 주는 일이 제 일과였어요. 그런데 당시 뉴캐슬병이 돌아서 제가 기르던 닭과 오리가 모두 죽어버리는 일이 있었습니다. 또 돼지들은 폐사충에 감염돼서 죽어버렸어요. 우리 마을 농민들이 다 그렇게 당했어요. 이를 돕는 정부나 관련 기관이 하나도 없었어요. 그리고 공출만 해갔어요.

농민들이 겪는 일들을 나도 겪으면서 그들을 구제해야겠다고 다짐하곤 했어요. 아버님의 권유로 중학교 3학년 때 미국에서 시작한 '4H(Head: 지성, Heart : 덕성, Hand : 근로, Health : 건강) 클럽'이라는 농촌 청소년조직 활동을 시작하게 됐습니다. 고등학교 2학년 때는 4H 회원들과 리트머스 시험지로 동네 토양을 검사해서 밭 생산력을 높이는 일에 앞장서기도 했어요. 당시 마을 농민들이 주로 밭농사를 지었는데, 해마다 생산력이 떨어지고 있었거든요. 그래서 제가 4H 회원들을 불러모아, 토지별로 번호를 매기고 산성도를 조사했죠. 그리고 동네 어른들을 일일이 찾아다니며 석회석을 적절히 뿌려야 밭작물의 생산력을 높일 수 있다고 말했어요. 결과는 대성공이었죠. 수확이 눈에 띄게 증가한 거예요.

사실 저는 원래 법대에 진학해서 농민을 변호하는 변호사가 되려는 꿈을 갖고 있었습니다. 그런데 고등학교 3학년 때, 교장의 부정한 학교 운영에 반기를 든 학생들과 함께 시위를 하다가 무기정학을 당하고 말았죠. 그 기간에 생각이 바뀌었어요.

네이버캐스트 무기정학을 당한 일이 선생님의 인생을 바꿔놓은 셈이군요.

김성훈 네, 말하자면 그런 셈이지요. 무기정학을 당했으니 학교를 나갈 수가 없게 되었어요. 그때가 11월 말경이었는데 대학 입학시험이 2월에 있었거든요. 법대에 입학 지원서를 낼 수 없겠다고 생각한 저는 무작정 무전여행을 떠났습니다. 무등산 뒤 광주 충장동 일대와 조선시대 가사문학의 발생지인 담양 일대 등을 쭉 돌아다녔는데, 그때 들판에서 일하고 있던 농민들을 많이 만났어요. 그분들께서는 배고파 보이는 학생이 지나가니까 밥 한 끼 먹고 가라며 저를 붙들곤 하셨죠. 그렇게 여행을 하며 농민들과 함께하는 시간이 길어지면서 그들과 함께 세상을 바꿔 나가야겠다고 다짐하게 되었어요.

아버지의 영향 때문인지 저 자신도 모르는 사이에 '내 생각과 행동은 언제나 응달진 곳의 사람들에게 달려가야 하고 그들을 도와야 한다'는 생각이 본능처럼 박혀 있었습니다. 여유가 있을 때 약자를 돕는 일은 누구나 할 수 있겠지만, 그렇지 못할 때도 자기보다 어려운 사람을 도와야 한다고 생각했죠. 어른이 되어서도 산업화, 국제화, 개방화의 그늘 속에 신음하는 농업인들을 사람답게 살게 하는 연구가 농업경제학도로서 진리를 탐구하는 길이라고 굳게 믿게 되었어요. 사람을 놓친 경제 정책, 또는 농업 주체인 농업인이 그 대상에서 빠져버린 농업 정책은 그것이 아무리 효율성과 경쟁력을 키우는 대책이라 할지라도 반쪽짜리 정책에 불과하다고 생각하기 시작했습니다. 변호사가 되는 것만이 농민을 위한 길이라고 생각했는데, 그들과 함께 호흡하면서 농민들의 삶이 나아지도록 돕는 것이 더 농민을 위한 길이라는 생각을 하게 된 셈이죠.

그날부터 농대에 들어가기 위한 공부를 밤새워 하기 시작했어요. 입시를 두 달 앞둔 때였는데, 우선 법대에 지원하기 위해 공부해오던 '인문반' 과목에서 농대 지원을 위한 '자연과학반' 과목들로 새로 공부했습니다. 학기도 끝난 상태라 독학밖에 방법이 없었죠. 내용도 모른 채 달달 외우기를 두 달, 짧은 기간이었지만 결국 서울대 농대 3등, 농업경제학과 수석으로 입학하는 결과를 낳았습니다.

네이버캐스트 그렇게 농대에 입학하셔서 대학을 졸업하시고는 농업 관련 전공 대학원을 세 곳이나 다니셨습니다. 배움에 대한 열정이 정말 대단하셨나 봅니다.

김성훈 제가 서울대에 다닐 때 당시 학과장이셨던 분이 우리나라 경제학계의 태두이신 김준보 교수님이셨어요. 참으로 훌륭한 농업경제학자이셨지요. 그런데 그분께서 전남대 총장으로 가시게 되어 저도 선생님을 따라 무작정 전남대 대학원으로 진학했습니다. 훌륭한 스승을 쫓아다닌 셈이죠.

기회가 닿는 한 열심히 배워야 한다고 생각했어요. 이 분야에서 당시 장학금이 최고인 곳이 케네디 대통령이 만든 EWC(동서문화센터)였는데, 매월 400달러에 해당하는 장학금을 주면서 자매학교인 하와이대학교에서 공부를 하게 했어요. 경쟁률이 500대 1에 달했죠. 1년 반 만에 석사 학위를 받고, 록펠러 ADC장학금을 받아 바로 박사과정에 진학했습니다.

국내에서 공부할 때는 틈틈이 '한얼'과 '농사단'이라는 학생운동 단체에서 활동했고, 그 사람들과 농촌봉사 활동도 종종 갔어요. 방학이 되면 전라남도 진도에 있는 용산마을에서 봉사했죠. 끊임없이 독서하고 토론하며 자기 수련도 거듭했습니다. 학창 시절의 생각과 활동들이 제 인생에 큰 영향을 주었다고 생각해요.

유기농 원년을 선포하다

네이버캐스트 1990년대 후반에는 농림부 장관이 되어 유기농 원년을 선포하고 생활협동조합법 제정을 이끄셨습니다. 그로 인해 유기농업 활성화의 물꼬를 텄다는 평가를 받으셨어요.

김성훈 1998년 3월, 김대중 대통령 정부의 첫 국무회의에서 제가 제안했어요. 저는 '세계 중진국 중에 농민들의 생산자협동조합만 있고 소비자들의 생협이 없는 나라는 없다. 기존 상인단체의 반대 로비 때문에 20년째 생협 법안이 경제기획 당국 서랍에 묵혀 있다'고 대통령 앞에서 작심하고 발언했습니다. 우여곡절 끝에 법이 제정돼 1999년부터 시행되었어요. 그로 인해 생협들이 자리를 잡을 수 있게 됐고,

그해 11월 11일에는 친환경 유기농 원년을 선포했지요. 친환경 유기농민들의 숨통을 튼 셈이죠.

유기농 식품은 우리의 건강과 생명을 지탱하는 원천이에요. 1900년대 초 미국의 한 고위 농업 관료가 한국과 중국, 일본을 여행하며 쓴 수기를 읽을 기회가 최근에 있었습니다. 당시의 한국, 중국, 일본의 유기농업을 극찬하는 내용이었죠. 땅을 살리고, 모든 자연자원을 순환해서 다시 흙으로 돌려보내는 유기농업의 과정이야말로 서구 농업이 배워야 할 점이라고 기록했더군요.

유기농업의 비결은 땅, 바로 흙을 살리는 일에서 시작합니다. '유기농' 하면 안전한 식품을 먼저 떠올리지만, 그 이상으로 중요한 가치는 흙을 살려서 환경과 생태계를 살려나간다는 것이에요. 선진국에서 유기농 하는 사람들을 만나봤는데, 그들은 모두 생명의 뿌리인 흙과 생태계를 살려 세상을 구하고 있다는 자부심이 강했어요. 그 점이 인상적이었어요. 그런 가치의 성숙이 유기농 하는 사람의 기본 전제예요. 소비자들도 유기농을 믿고 그 가치에 감동하기 때문에 기꺼이 지갑을 여는 것이죠. 소비자들이 유기농가를 전적으로 믿을 수 있도록 정책환경을 만드는 것이 무엇보다 중요합니다. 그것이야말로 소비자도, 농가도, 지구도 살리는 길이니까요.

네이버캐스트 친환경 유기농업을 특별히 강조하시는 이유는 무엇인가요?

김성훈 무엇보다도 그것이 인간의 '먹을거리'를 직접적으로 다루는 문제이기 때문입니다. 그리고 식량 문제가 생각보다 심각해요. 현재 우리나라의 식량 자급률은 23퍼센트도 안 돼요. 쌀을 제외하면 5퍼센트도 채 안 되는 수준입니다. 농산물 가격이 갑자기 오르면 국가경제 전체가 무너질 수도 있어요. 마치 영화의 한 장면처럼, 돈이 있어도 식량을 못 구하는 시대가 올지 모릅니다.

어떤 면에서는 식량 자급률이 70퍼센트대에 달하는 북한보다도 못한 실정이에요. 그래서 저는 식량을 보완관계로 한 남북 교류가 필요하다고 생각합니다. 외국에서 들여오는 의무수입 쌀을 북한에 지원하고, 그 대신 북한에서 많이 나는 광산물과 밭 작물을 받아오는 것도 방법이죠. 연간 18조 원에 이르는 음식물 쓰레기를 국제 수준의 퇴비로 만들어서 북한에 지원해 생산성을 높이는 것도 하나의 방법이고요. 먹고사는 문제로 접근하면 남북 관계가 훨씬 수월해질 수도 있다고 생각합니다. 물론 먼저 인도주의적 지원으로 상호 신뢰관계를 구축하는 것이 중요하겠지요.

네이버캐스트 선생님께서 생각하시는 우리 농업의 가장 큰 문제점은 무엇인지요?

김성훈 땅이 투기의 대상이 된다는 것이에요. 농민이든 외지 사람이든 땅을 투기의 대상으로 본다는 것이 우리 농촌을 망치는 지름길이라고 생각합니다. 그 결과 농지가 사라지고 있어요. 1년에 여의도 면적의 몇 배나 되는 농지가 사라지고 있습니다. 그만큼 식량 농업기지가 축소되고 있고, 농업이 설 자리가 없어진다는 것이죠. 이게 제일 안타까운 일입니다.

'농촌이 잘살아야 진짜 선진국'이라는 말이 있는데, 그렇게 따지면 우리나라는 후진국으로 가고 있어요. 미국뿐 아니라 유럽, 일본도 모두 선진국이에요. 농촌에서 산다고 교육, 의료, 복지 문제에서 차별받거나 자녀 양육에 차별받는 나라는 없잖아요. 그런데 우리나라는 농촌에 살면 모든 면에서 불리한 점이 굉장히 많아요. 실제로 사람이 살기에 불편한 점이 너무 많고요. 선진국의 경우는 오히려 반대예요. 교육, 의료, 교통, 복지 등 차별이 없습니다. 그게 선진국 농촌의 모습이에요.

우리나라에서는 농촌에서 농사를 짓는다고 하면 사회적으로 존경은커녕 멸시를 받기 십상이고, 선거 때가 되면 정치적으로 이용만 당하죠. 농산물 가격이 폭락하면 정부는 모른 척하고, 가격이 오르면 소비자를 위해 물가를 잡는다며 마구잡이로 무관세 수입하여 외국 농산물을 쏟아붓습니다. 그러니까 젊은 사람들이 견디다 못해 농촌을 떠나는 거죠. 교육, 의료, 교통 등 생활 환경도 불편한데, 수입 농산물 때문에 그나마 우리 농업의 설 자리도 빼앗기니까요.

네이버캐스트 그렇다면 이런 문제들은 어떤 방법으로 개선해야 할까요?

김성훈 농업 문제야말로 환경 생태계의 문제이자 생명의 문제, 지역 공동체 문제, 국가와 국민의 안전·안보 문제라는 것을 인식해야 합니다. 단순히 농사를 가격과 이윤 비교의 대상으로 보고 화폐적 이익을 극대화하는 기업 운영과 같은 방법으로 접근하면 농업은 당연히 별 볼일이 없어지죠. 그렇지만 식량과 농업의 자립이 없는 국가는 없습니다. 이 문제는 국가 전체가 나서서 환경 생태계의 보전과 문화 전통의 보존, 나아가 상부상조의 공동체를 이끌어가는 차원으로 접근해야 해요.

그리고 기후변화가 몰고 올 재앙에 대비해야 합니다. 많은 분들이 지금 쌀이 남는다고 생각하지만, 우리나라의 쌀 자급률이 80퍼센트대로 현저히 떨어졌어요. 이대로 계속 가면 식량 파동은 물론 사회 혼란, 정치 파국으로 번져 나라의 기틀이 무너지게 될 겁니다. 이러한 부분을 간과하지 말고 식량주권의 차원에서 접근해서 해결해야 하는 지혜가 필요하다고 생각합니다.

"농촌이 잘살아야 진짜 선진국"

네이버캐스트 농촌을 위해 살았던 지난 인생을 후회하신 적은 없으신가요?

김성훈 선한 행위는 선한 대로, 악한 행위는 악한 대로 그 사람에게 되돌아온다는 말이 있습니다. 옛말에 '선행도 악행도 3대까지 미친다'고 했지만, 요즘은 인터넷 세상이 돼서 그런지 모든 것이 빨라져 하늘도 당대에 반응을 보이는 것 같아요. 생전에 상을 주고 당대에 벌을 내리는 현상이 잦아지고 있기 때문이죠. 그래서 사람들이 '인생은 베푼 만큼 거둔다'고 말하는 것 같아요.

저 역시 날로 황폐화되는 우리나라의 농업, 농촌, 농민의 삶과 환경 생태계를 지켜보면서, 이것을 평생의 화두로 삼고 살아온 제 인생이 혹시 헛된 것은 아니었나 회의에 빠질 때도 있습니다. 그럴 때마다 지난날 제가 살아온 길을 하나하나 점검해보죠. 정말이지 75년이라는 긴 세월이 눈 깜짝할 사이에 지나갔더군요. 그때마다 예전에 그랬던 것처럼 다시 '희망 찾기'를 노래하고 싶어져요. 어느 시인의 말마따나, 지금 알고 있는 것을 예전에 미리 알았더라면 어제보다 못한 오늘이 아니었을 것이고, 닥쳐올 날들을 미리 읽을 수만 있다면 오늘보다 더 나은 내일을 노래할 수 있을 거라고 생각합니다. 물론, 그렇다고 인생이 더 행복해지고, 그렇지 못했다고 더 불행해지는 것은 아니겠지만, 그런 생각을 하게 돼요. 그러다 보면 인생이 자기 뜻대로 되지 않는 데 생의 묘미가 있고, 살아가는 신비가 있는 게 아닐까 하는 생각이 들기도 하고요.

네이버캐스트 요즘 젊은이들에게 당부하고 싶은 말씀이 있으시다면 무엇일까요?

김성훈 요즘 한 가지 희망적인 것은 귀농하는 젊은이들이 많아지고 있다는 점이에요. 농촌으로 돌아가 환경 생태계를 살리는 유기농업을 하는 것이죠. 생명을 살리는 일을 하면서 보람을 만들고 있는 거예요. 농촌만 살리는 게 아니라 연평균 1억 원 이상의 소득을 벌어들이니 젊은 사람들에게도 좋은 일이죠.

저는 이러한 움직임이 더 많아져야 한다고 생각합니다. 한때의 붐으로 그칠 게 아니라, 환경을 사랑하고 생태를 사랑하는 젊은이들이

라면 서슴지 말고 농촌에 뛰어들어가 살라고 말하고 싶어요. 농업의 의미가 무엇인지 잘 생각하고 농촌을 위하는 길에 앞장서는 사람들의 앞길에는 반드시 신의 축복이 있을 거라고 말해주고 싶습니다.

다시 희망 찾기를 노래하며

네이버캐스트 선생님께서 앞으로 이루고 싶은 것은 무엇인지 궁금합니다.

김성훈 이제는 제가 뭔가 되기를 바라는 것이 아니라, 뭔가 이루어지도록 희망하고 봉사하고 싶습니다. 제 희망을 이야기하자면, 첫째로 환경 생태계가 살아났으면 좋겠고, 둘째로는 공동체 정신이 다시 살아났으면 좋겠어요. 그리고 셋째로 기후변화에 대비하고 싶어요. 우선 나무를 많이 심는 것부터 실천할 생각이에요.

그리고 평화를 지키고 싶어요. 평화라는 말은 음식을 서로 나누어 먹고 공평하게 잘살자는 걸 의미해요. 한쪽에서는 남아도는 음식 때문에 18조 원이나 되는 어마어마한 음식물 쓰레기를 만들어내고, 다른 한쪽에서는 어린 아이들이 영양실조로 죽어가고 있는 상황에서는 평화가 이루어질 수 없습니다. 평화는 나눔과 배려, 함께 더불어 사는 삶이에요. 인생에서 자기 혼자, 자기 가족만 잘 먹고 잘살면 그게 무슨 웰빙이 되겠습니까? 더불어 잘 먹고 잘사는 균형된 사회를 만드는 것. 그게 제가 바라는 삶이에요.

네이버캐스트 마지막으로, 우리 시대에 어떤 인물로 기억되고 싶으신가요?

김성훈 성실하고 정의롭게 살았다고 기억되고 싶어요. 자기보다 남을 더 생각하고, 개인보다 전체 사회와 인류를 걱정한 사람. 그리고 조금이나마 그렇게 고쳐보려고 노력했던 사람으로 기억해주면 합니다.

— 인터뷰 • 윤종수(네이버 팀장)

| 네이버캐스트 2014년 1월 22일 |